# 不貞慰謝料の算定事例集

## ―判例分析に基づく客観的な相場観―

編著　久保田　有子（弁護士）

新日本法規

# は　し　が　き

　弁護士であれば、不貞慰謝料についての相談を受ける機会は割と頻繁にあり、事件受任されることも多いと思います。

　したがって、多くの弁護士が、ご自分なりの「相場観」をお持ちだと思われますが、それは、案外、個人的な経験に基づく部分が大きいのではないでしょうか。

　本書は、不貞慰謝料が認定された判例を分析することによって、単なる個人的な経験に基づく「相場観」ではなく、客観的な「相場観」をわかりやすい方法で読者に提供することを目的としています。

　本書の構成は、大きく二つに分かれています。

　一つは、「状況別慰謝料索引」です。詳細な説明は、凡例中＜状況別慰謝料索引の使い方＞に記載していますが、これは、不貞が行われた際の不貞被害者（原告）の家庭状況（「不貞開始までの婚姻期間」・「子の有無」・「不貞期間」・「不貞が婚姻関係に与えた影響」）に従って判例を分析した結果を一覧にまとめたものです。合計616件の判例を取材し、厳選した結果を載せています。

　もう一つは、「事例紹介」です。こちらも詳細な説明は、凡例中＜事例紹介の見方＞に記載していますが、「状況別慰謝料索引」に載っている判例から、平成15年以降の判例のうち、160件の判例について、詳細に分析し、どのような事実関係を前提として、どのような理由でいくらの慰謝料額が認定されたかをコンパクトにまとめたものです。その中では「算定のポイント」として、裁判所が、慰謝料額決定の際に、増額要素として捉えていると思われる事実関係と減額要素として捉えていると思われる事実関係についてもピックアップし、掲載しています。

　以上のとおりですから、本書は、弁護士が、これから不貞慰謝料請求を行おうとしている方から、あるいは、不貞慰謝料請求をされている方から相談や依頼を受けた場合に、訴訟で認定される不貞慰謝料額の具体的な見通しを立てる際の一助になると思われます。

　末筆にはなりますが、本書の企画、編集の全般にわたってご尽力いただきました新日本法規出版株式会社の宇野貴普氏をはじめとした同社出版企画局の方々に、この場を借りまして、厚く御礼申し上げます。


　平成30年10月

編集者

弁護士　久保田　有子

# 編集者・執筆者一覧

**編集者**

久保田　有子（弁護士／ヒヤマ・クボタ法律事務所）

**執筆者**（五十音順）

今 田　早 紀（弁護士／弁護士法人エートス）

江 村　純 子（弁護士／弁護士法人エートス）

鎌 倉　　司（弁護士／弁護士法人京阪藤和法律事務所）

久保田　有子（弁護士／ヒヤマ・クボタ法律事務所）

佐々木　将司（弁護士／弁護士法人エートス）

式 森　達 郎（総務省任期付職員（法曹有資格者））

檜 山　洋 子（弁護士／ヒヤマ・クボタ法律事務所）

宮 藤　幸 一（弁護士／弁護士法人エートス）

# 凡　例

## ＜状況別慰謝料索引の使い方＞

「状況別慰謝料索引」（以下「本索引」といいます。）は、不貞の被害があったと主張する原告が、被告に対して、いわゆる不貞慰謝料を請求した判例を分析し、状況別に分類したものです。

分析対象の判例は、判例データベース「ウエストロー・ジャパン」に登載されている不貞慰謝料請求が認容されている判例（ただし、貨幣価値を考慮して昭和55年1月1日以降で、平成28年12月9日までの判例を検討しています。）です。

「不貞開始までの婚姻期間」がどれくらいの期間か、原告と不貞配偶者との間の「子の有無」、「不貞期間」がどれくらいの期間か、不貞行為が原告と不貞配偶者との「婚姻関係に与えた影響」がどうであったか（不貞があっても継続したのか、それとも、破綻したのか）という観点で、状況別に分類した上で、当該事案についての「請求相手」が誰であるか（不貞配偶者なのか、それとも、不貞配偶者の不貞相手なのか）、判決での「認容慰謝料額」がいくらであるかについて明示しています。なお、不貞慰謝料請求認容判例であっても、上記観点から分類が難しい判例（例えば、不貞が開始されるまでの婚姻期間が不明である、不貞期間が不明であるなど）については、本索引には入れていませんので、ご注意ください。

以上のとおり、不貞が行われた際の状況に従って判例を分析した結果を一覧にまとめたものが、本索引なのです。

使い方としては、相談を受けている不貞慰謝料請求事案あるいは被請求事案の具体的事案の状況に応じて、本索引の左から順に、具体的な状況を選択し、相談を受けている具体的事案とよく似た状況の判例を特定し、当該判例を分析することで、相談を受けている具体的事案の見通しについての一助とすることができます。

状況選択の流れは、下図のとおりです。

| 婚姻時から不貞開始時までの「婚姻期間」（※1） | 婚姻時から不貞開始時までの婚姻期間を選択します。<br>婚姻時から判決時までの期間ではないことにご注意ください。 |

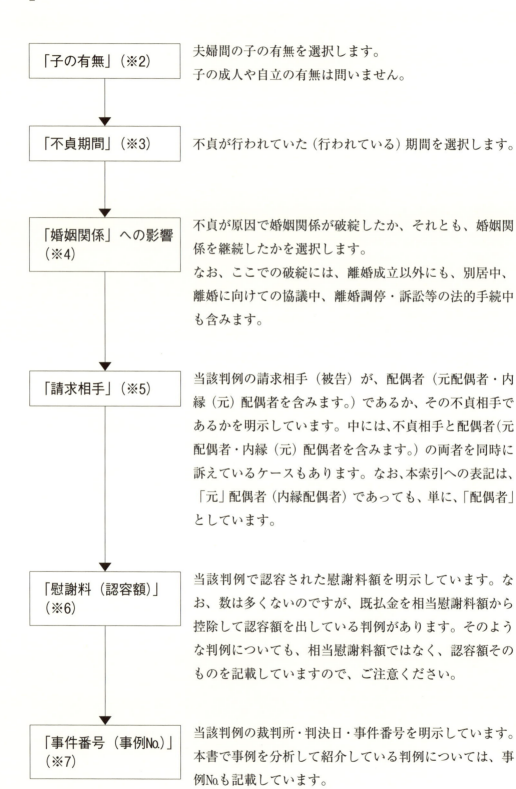

※1　不貞開始までの「婚姻期間」の選択

　婚姻期間は、慰謝料額を決定する際の重要な要素になっていることが多く、特に、婚姻時から不貞開始までに平穏な婚姻期間が長く続いていたケースでは、不貞の被害者が受ける精神的苦痛も大きいことが通常で、増額要素とされる傾向にあります。

　そこで、本索引では、まずは、婚姻時から不貞が開始されるまでの婚姻期間で状況を分けていくこととしました。

　具体的には、不貞開始までの婚姻期間を、「1年未満」、「1年以上3年未満」、「3年以上5年未満」、「5年以上10年未満」、「10年以上20年未満」、「20年以上」で区切っています。

　婚姻時から判決時（ないしは離婚時）までの婚姻期間でないことにご注意ください。

※2　「子の有無」の選択

　子の有無は、慰謝料額を決定する際の重要な要素になっていることがあります。特に、未成熟子のある夫婦が、一方の不貞行為によって婚姻関係が破綻に至った場合で、不貞の被害者である配偶者が子を一人で育てていくことになってしまったときの精神的苦痛は大きいことが多く、増額要素とされる傾向にあります。

　そこで、本索引では、原告と不貞配偶者との間に子がいるかいないかで状況を分けることにしました。また、事例紹介で子の人数を「－」と表示している場合、本索引では「無」として区分しています。

　なお、ここでいう子の有無は、未成熟子に限りません。認定事実からは未成熟子であるか否かが不明なケースも多かったことと、既に自立した子がいる場合も、不貞に至るまでの婚姻関係が平穏であったことを示す一事実として取り上げられることもあるからです。したがって、判決時の子の年齢や生活状況等を更に詳しく知りたい場合には、判決文に当たって確認してください。

※3　「不貞期間」の選択

　不貞行為が継続していた期間、つまり、不貞期間は、慰謝料額を決定する際の重要な要素になっていることがあります。不貞期間は短くても長くても精神的苦痛を受けることには変わりはありませんが、例えば、1回きりの不貞関係と何年にもわたり継続的に不貞関係が続く場合とでは、不貞の被害者が受ける精神的苦痛の大きさが違うのが通常です。そのため、不貞期間が長いほど、慰謝料額が高くなる傾向にあります。

　そこで、本索引では、不貞期間の長さによって状況を分けることにしました。具体的には、次のとおり、分けています。

①　不貞開始までの婚姻期間が1年未満の場合

　　　→不貞期間は「半年未満」と「半年以上」

②　不貞開始までの婚姻期間が1年以上3年未満の場合

　　不貞開始までの婚姻期間が3年以上5年未満の場合

　　不貞開始までの婚姻期間が5年以上10年未満の場合

　　　→不貞期間は「1年未満」と「1年以上」

③　不貞開始までの婚姻期間が10年以上20年未満の場合

　　不貞開始までの婚姻期間が20年以上の場合

　　　→不貞期間は「1年未満」と「1年以上10年未満」と「10年以上」

## ※4　「婚姻関係」の選択

　不貞行為が婚姻関係に与えた影響は、慰謝料額を決定する際の重要な要素になっています。

　離婚に至った場合は、離婚にまでは至らなかった場合と比べて、不貞被害者が受ける精神的苦痛が大きいのが通常で、慰謝料額が増額される傾向にあります。離婚に至らずとも、不貞行為発覚をきっかけに別居を開始し、それが継続して同居の見込みがない場合や、離婚調停・訴訟等、離婚に向けての動きが取られている場合には、不貞行為によって婚姻が破綻したとして、慰謝料額が増額される傾向にあります。

　もっとも、上記のいずれの破綻ケースであっても、不貞開始時の婚姻関係が破綻状態とまではいかなくとも、決して良好なものであるといい難い場合には、不貞行為をきっかけに婚姻関係が破綻したとしても、大きな増額要素とならないこともあります。破綻ケースで慰謝料額が低額にとどまっている場合には、低額にとどまる何らかの事情があるのが通常です。

　本索引では、不貞行為発覚後も婚姻関係を継続したのか、それとも、不貞行為発覚後に婚姻関係が破綻したのかで状況を分けることにしました。なお、ここでいう破綻には、別居中、離婚協議中、離婚調停や離婚訴訟等の離婚に向けての法的手続が係属している場合を含みます。

## ※5　「請求相手」の選択

　※1～※4の状況により判例を分類し、各状況に該当する判例の請求相手が誰であるかを明示する項目です。つまり、被告が、原告の配偶者（離婚成立事例では元配偶者。以下同様です。）であるか、それとも、配偶者の不貞相手であるかを示しています。

中には、配偶者と配偶者の不貞相手の2名を共同被告として訴訟提起をしているケースもあります。2名が共同被告になっている慰謝料認容判例の多くが、慰謝料全額についての2名の連帯責任を認めていますが、不貞配偶者の慰謝料については、不貞行為以外の不法行為に基づく部分を含むとして、不貞相手には、その一部についてのみ連帯責任を認めると判断している判例もあります。

配偶者と配偶者の不貞相手の両者に対して、連帯で不貞慰謝料を支払うよう命じられた判例については、請求相手の欄では、「連帯」と表記しています。

## ※6 「慰謝料（認容額）」

※1～※4の状況により判例を分類し、※5で明示された請求相手に対して提起した訴訟でいくらの慰謝料が認容されたのかを明示する項目です。

なお、ここに記載する金額は、専ら慰謝料額だけであり、慰謝料とともに請求されることが多い弁護士費用・調査会社に支払った調査費用等、慰謝料以外の損害額は含みません。

## ※7 「事件番号（事例No.）」

※1～※4の状況により判例を分類し、※5で明示された請求相手（被告）に対して※6で明示された慰謝料額が認容された判例についての裁判所・判決日・事件番号を明示しています。

本書で事例を分析した結果を紹介している判例（「事例紹介」に取り上げた判例）については、事例紹介の事例No.を付しています。そちらの分析結果を見ていただくことで、当該判例が、具体的にどのような認定事実に基づいてその慰謝料額を認定したのかについて、効率よく把握することができます。

以上のとおり、本索引を使うことにより、不貞慰謝料に関する多数の判例から、相談が持ち込まれた事案とよく似た状況の判例を特定し、効率よく判例に当たることが可能となります。当該事案での見通しを立てる際の一助になると思われます。

## ＜事例紹介の見方＞

本書では、多数ある不貞慰謝料請求事案の判例の中から、認容すべき慰謝料額を導く際に考慮した事実関係を詳細に掲げている判例160件を選択し、事例分析を行いました。同160件の判例は、本索引にも掲載されています。

その結果を第1章以下に掲載しています。

6

以下、事例紹介の見方について説明します。

| | |
|---|---|
| 事例タイトル | 当該事例の特徴を摘示しています。<br>不貞慰謝料についての判断内容の特徴とは限りません。 |
| 当事者 | 当該事例に登場する主たる人物を摘示しています。 |
| 事実関係 | 当該事例の判決で認定された事実関係を引用しています（ただし、「請求額」欄を除きます。）。<br>判決で認定されていない項目については、「―」としています。 |
| 【認容額】 | 当該事例の判決で認容された不貞慰謝料額を摘示しています。<br>不貞慰謝料額のみの摘示であり、弁護士費用・調査費用等、他に認容された損害があってもここには摘示していないことに注意してください。 |
| 【請求額】 | 当該事例の原告が被告に請求した不貞慰謝料額を摘示しています。<br>認容額と同様に、不貞慰謝料額のみの摘示であり、弁護士費用・調査費用等、原告が被告に請求した他の損害があってもここには摘示していないことに注意してください。 |
| 【不貞までの家族・婚姻関係】 | 【婚姻生活の状況】<br>当該事例の判決で認定された不貞開始までの夫婦の生活状況を摘示しています。 |
| | 【不貞開始までの婚姻期間】<br>当該事例の判決で認定された婚姻成立後不貞開始時までの婚姻期間を摘示しています。 |
| | 【同居の有無】<br>当該事例の判決で認定された不貞開始時の夫婦の居住状況を摘示しています。主として、同居の有無を摘示しています。 |
| | 【子の人数】<br>当該事例の判決で認定された不貞開始時の夫婦間の子の人数を摘示しています。<br>不貞開始時に、妻が妊娠中の場合には、その旨摘示しています。 |
| 【不貞の態様】 | 【不貞期間】<br>当該事例の判決で認定された不貞行為が継続的に行われていた期間を摘示しています。<br>中断があると認定された場合には、合計期間を摘示しています。 |
| | 【不貞回数】<br>当該事例の判決で認定された不貞行為の回数を摘示しています。 |

| | 【中断の有無】<br>当該事例の判決で、不貞関係に中断があったと認定されているか否かを摘示しています。 |
|---|---|
| | 【年齢差】<br>当該事例の判決で認定された不貞配偶者と同配偶者の不貞相手との年齢差を摘示しています。 |
| 【不貞の被害に関する事項】 | 【婚姻関係】<br>当該事例の判決で認定された不貞発覚後の婚姻関係の帰趨を摘示しています。 |
| | 【別居の有無】<br>当該事例の判決で認定された不貞発覚後の夫婦の別居の有無を摘示しています。 |
| | 【備　考】<br>当該事例の判決の中で認定された不貞の被害に関する事柄で、上記2つの項目以外で重要だと思われる事実を摘示しています。 |
| 【当事者の態様】 | 【請求相手】<br>当該事例の訴訟で被告となった者について摘示しています。 |
| | 【当事者の認識】<br>当該事例の判決で認定された原告の配偶者の不貞相手の「既婚」についての認識内容を摘示しています。 |
| | 【不貞行為の主導】<br>当該事例の判決で認定された不貞当事者いずれかの不貞行為についての主導的な言動・積極的な言動を摘示しています。 |
| | 【請求相手の経済力等】<br>当該事例の判決で認定された当該事例の訴訟で被告となった者の経済力や職業を摘示しています。 |
| | 【妊娠・出産の有無】<br>当該事例の判決で認定された不貞行為により不貞当事者（女性）の妊娠・出産の有無を摘示しています。 |
| | 【謝罪の有無】<br>当該事例の判決で認定された不貞発覚後の原告に対する不貞当事者の謝罪の有無を摘示しています。 |
| 【その他考慮される事項】 | 当該事例の判決で認定された慰謝料算定上参考になる事実関係を摘示しています。 |

| 算定のポイント | 当該事例の判決において、慰謝料額を決定する上で増額方向に働いていると思われる認定事実を「増額要素」として掲げ、減額方向に働いていると思われる認定事実を「減額要素」として掲げています。<br>その他、原告から慰謝料の増額要素として主張がなされたけれども、判決では不採用となり、その不採用理由についても触れられている場合で、実務上、参考になりそうなものについては、「※」以下にその旨の記載をしています。同様に、被告から慰謝料の減額要素として主張がなされたけれども、判決では不採用となり、その不採用理由についても触れられている場合で、実務上、参考になりそうなものについても「※」以下にその旨を記載しています。 |
|---|---|

＜判例の表記＞

判例の略記例は次のとおりです。

東京地方裁判所平成28年7月8日判決（平成27年（ワ）24802号）

＝東京地判平28・7・8（平27（ワ）24802）

# 目　次

ページ

状況別慰謝料索引……………………………………………………………… 1

## 事例紹介

### 第1章　不貞相手のみを被告とする事例

#### 第1　婚姻関係を継続した事例

【婚姻期間　1～10年未満】

［1］　妻と不貞相手との不倫行為は不法行為に該当するが、妻宛ての書簡の交付や電話による嫌がらせが夫に対する不法行為を構成しないとされた事例……………………………………………………………………………… 19

［2］　妻が、夫の不貞行為の相手方に対し、不法行為に基づく損害賠償を請求した事案において、共同不法行為者のうちの1名に対して損害賠償請求をすることを認める一方で、妻と夫が従前どおり夫婦生活及び家族生活を送っている点を斟酌しなければならないとした事例………………… 21

［3］　夫が約2年半の婚姻期間後2年余の間に不貞相手と合計3回肉体関係を持ったものの、夫が謝罪し妻に協力して証言するなど婚姻関係が相当程度回復している事例…………………………………………………………… 23

［4］　医師である夫が患者の娘として知り合った女性と不貞関係を持ち、その女性が夫の子を出産したものの、夫と不仲になって、妻に対し電話やメールを繰り返した事例……………………………………………………… 25

［5］　妻が不貞相手の子を妊娠したこと、不貞相手の言動が夫婦関係を破綻させたとまでは認められないこと、妻の方から相当程度積極的に不貞の関係を望んだ経緯等を考慮して、不貞相手に対する慰謝料の額を算定した事例……………………………………………………………………… 27

［6］　妻から不貞相手に対する慰謝料請求において、夫が不貞に積極的であったほか、不貞相手に対して暴力や仕事に関する圧力を加えていたことを考慮して慰謝料額を算定した事例………………………………………… 29

［7］　不貞相手が正当な理由なく尋問期日に出頭しなかったため、民事訴訟法208条に基づき、尋問事項に関する妻の主張を真実と擬制した事例……… 31

［8］　不貞相手からの美人局との主張を慰謝料の増額事由とした事例…………… 33

［9］　婚約破棄等を理由として不貞相手が夫に慰謝料請求した訴訟と、妻が原告である夫の不貞相手に慰謝料請求した訴訟を併合審理した事例………… 35

[10] 既婚者同士の不貞につき、各配偶者から提起された不貞訴訟を併合
審理した事例‥‥‥‥‥‥‥‥‥‥‥‥‥‥‥‥‥‥‥‥‥‥‥‥‥‥‥ 37

[11] 不貞配偶者と不貞相手との間に子が生まれ、不貞配偶者が同子を認
知した事例‥‥‥‥‥‥‥‥‥‥‥‥‥‥‥‥‥‥‥‥‥‥‥‥‥‥‥‥ 39

[12] 長期間の不貞のうち、消滅時効・除斥期間にかからない部分の不法
行為に基づく損害（慰謝料）を認容した事例‥‥‥‥‥‥‥‥‥‥‥‥ 41

[13] 同一の不貞相手との間に成立した2度の示談に基づく慰謝料とは別
に、示談成立後の新たな不貞行為について慰謝料を認定した事例‥‥‥‥‥ 43

[14] 不貞配偶者の離婚する旨の言動を信じて不貞関係を継続した不貞相
手に故意が認められた事例‥‥‥‥‥‥‥‥‥‥‥‥‥‥‥‥‥‥‥‥ 45

【婚姻期間　10年以上】

[15] 夫と不貞相手との交際の程度やその期間、夫婦関係が破綻せず維持
されていること等の事情により、慰謝料が10万円の限度で認められた
事例‥‥‥‥‥‥‥‥‥‥‥‥‥‥‥‥‥‥‥‥‥‥‥‥‥‥‥‥‥‥ 47

[16] 夫が婚姻約40年後から20年間毎日愛人方に通い、2子をもうけ、その
うち1子に全財産を相続させる遺言をして死亡した事例‥‥‥‥‥‥‥‥‥ 49

[17] 夫が4年余にわたって9歳年下の相手方と不貞関係を継続し、その間3
度にわたって妻に不貞関係が発覚して、夫婦が別居するに至った事例‥‥‥ 51

[18] 会社を経営する夫が、妻との婚姻関係が相当悪化する中、スナックを
経営する女性と同棲を始めたものの、子を思って妻の元に戻った事例‥‥‥ 53

[19] 夫が銀座のクラブのママと、約1年半及び約2年の2回にわたって継
続的な不貞関係を持ったため、婚姻関係が破綻の危機に陥った事例‥‥‥‥ 56

[20] 大企業の役員であった亡夫が、生前、長期間にわたって単身赴任し
た際に交際を始めた不貞相手との間に1子をもうけ、不貞相手との関
係解消に1億円を支払っていた事例‥‥‥‥‥‥‥‥‥‥‥‥‥‥‥‥ 58

[21] 妻から不貞相手に対する慰謝料請求につき、不貞行為によっては夫
婦関係は破綻に至っておらず、かえって妻は夫を宥恕しているともう
かがわれるとして慰謝料額を算定した事例‥‥‥‥‥‥‥‥‥‥‥‥‥ 60

[22] 夫から不貞相手に対する慰謝料請求につき、夫に対する共同不法行
為責任における不貞相手の負担割合を6割とした事例‥‥‥‥‥‥‥‥‥ 62

[23] 妻から不貞相手に対する慰謝料請求につき、婚姻関係を続けていき
たいという夫の意向を妻が受け入れて夫を宥恕したことを考慮し、慰
謝料額を算定した事例‥‥‥‥‥‥‥‥‥‥‥‥‥‥‥‥‥‥‥‥‥‥ 64

[24] 婚姻関係が破綻していないことなどを理由に慰謝料額として100万
円が相当と認めた事例‥‥‥‥‥‥‥‥‥‥‥‥‥‥‥‥‥‥‥‥‥‥ 66

[25] 不貞関係の中断・再開を繰り返した事例‥‥‥‥‥‥‥‥‥‥‥‥‥ 68

目　次　　3

[26]　不貞回数が3回にとどまる事例…………………………………………………70

[27]　不貞相手と夫の不貞行為により、妻が、うつ病により通院加療を要
　　　する状態に追い込まれたと認定した事例……………………………………72

[28]　不貞配偶者も積極的に不貞行為に及んだと認定した事例…………………74

[29]　既婚者同士の不貞につき、各配偶者から提起された不貞訴訟を併合
　　　審理した事例……………………………………………………………………76

[30]　提訴後の不貞継続や、被告である不貞相手が不貞関係を認めないこ
　　　とを慰謝料の増額要素として考慮した事例…………………………………79

[31]　対価の発生する肉体関係が不貞行為と認定された事例……………………81

### 第2　離婚に至った事例及び実質的に婚姻関係が破綻した事例

【婚姻期間　1年未満】

[32]　妻が里帰り出産中、夫が、別居中で離婚予定であると述べ、その旨
　　　誤信した職場の同僚女性と自宅等で不貞行為に及んだ事例………………83

[33]　夫から不貞相手に対する慰謝料請求に対し、夫も不貞行為をしてい
　　　るから権利の濫用であるという不貞相手の主張を排斥し、慰謝料請求
　　　を認めた事例……………………………………………………………………85

[34]　夫から不貞相手に対する慰謝料請求に対し、婚約後婚姻前の不貞行
　　　為は否定し、婚姻後の不貞行為を認めた事例………………………………87

[35]　妻から不貞相手に対する慰謝料請求につき、婚姻期間や不貞期間が
　　　いずれもそれほど長くないこと等を考慮して慰謝料額を算定した事例………89

[36]　別居婚であることを慰謝料の減額事由とした事例…………………………91

[37]　他の女性との不貞関係を原因として、不貞以前から婚姻関係が悪化
　　　していたことを考慮して慰謝料額を算定した事例…………………………93

【婚姻期間　1～10年未満】

[38]　不貞相手が、元夫に繰り返し交際を止めるよう注意されていながら、
　　　その後も元妻と交際を続けていた行為態様は悪質であるとして、元夫
　　　に対する慰謝料は200万円が相当であるとする一方、元妻から元夫に
　　　支払われた不貞行為の慰謝料70万円を控除して認容額を決定した事例………95

[39]　妻と夫との婚姻関係は平穏であったから、不貞相手は、妻の妻たる
　　　地位を違法に侵害したものというべきである上、不貞相手が妻から再
　　　三にわたり夫と別れるよう求められたにもかかわらず、これを拒絶し
　　　続けていたこと等を考慮して、慰謝料300万円を認定した事例……………97

[40]　不貞相手は夫に配偶者がいることを知りながら、夫との同棲生活を
　　　継続し、これにより妻と夫との婚姻関係を完全に破綻させたとして、
　　　慰謝料200万円の限度で妻の請求を認容した事例…………………………99

[41] 過去2度の婚姻歴がありそれぞれ2児をもうけている夫が、3度目の婚姻から1年6か月後に、自己が社長を務める会社の社長室長の女性と不貞行為に及んだ事例……………………………………………101

[42] 元妻が約10か月前まで男性と不貞関係を持っていたことが発覚したことにより、婚姻関係を破壊され子らとの別居を余儀なくされた元夫が、不貞相手に対し慰謝料を請求した事例……………………………103

[43] 元妻が未熟児出産後実家で生活している間に元夫が女性と交際を開始して家を出た結果、元夫婦が裁判離婚に至り、離婚成立後約6年経過後に判明した不貞相手に対して、元妻が慰謝料を請求した事例…………105

[44] 刑務官がその勤務先で服役中の受刑者の元妻と飲食店で知り合って不貞関係に及び、これを知った受刑者とその元妻が一旦は離婚に至るも程なく復縁した事例………………………………………………107

[45] うつ病で休職中の元夫が独身と偽って連絡を取り合っていた女性に対し、元妻が連絡を取らないよう警告したが、その後不貞行為に及び、元夫婦が離婚するに至った事例…………………………………………110

[46] 妻の家事等について不満を持つ夫が、同僚の女性に対し婚姻関係が破綻している旨述べ、その女性がこれを鵜呑みにして不貞に及び、夫が家を出て女性と同棲した事例……………………………………112

[47] 夫が不貞相手に対し妻とは離婚した旨述べて結婚前提の交際を申し入れ、不貞相手が間もなく嘘であることを知って速やかに夫との関係を解消した事例…………………………………………………………114

[48] 元夫に射精障害があり不妊治療中、元妻が、同僚と肉体関係を持つや直ちに元夫に離婚を申し入れて離婚した事例…………………………116

[49] 夫から妻の不貞相手に対する不貞を理由とする慰謝料の算定において、夫の暴力を斟酌した事例………………………………………118

[50] 元夫から不貞相手に対する慰謝料請求につき、継続した同居関係を全体として違法な行為と評価しつつ、元夫が元妻の慰謝料債務を免除したこと等を考慮して慰謝料額を算定した事例……………………120

[51] 不貞の関係を結ぶに至った背景として夫が妻との関係に不満を感じていたことがあるとしても、このことを理由として妻の帰責性を認めたり、不貞相手の責任を軽減すべきではないとして、慰謝料額を算定した事例……………………………………………………………122

[52] 本件訴状の送達後も不貞関係を継続していること等を考慮して慰謝料額を算定した事例……………………………………………124

[53] 元妻から不貞相手に対する慰謝料請求につき、元夫が元妻に対して支払う旨約した解決金を考慮して慰謝料額を算定した事例………………126

[54] 妻から不貞相手に対する慰謝料請求につき、性的関係を持った当時
は既婚の認識があったとは認められず不法行為は成立しないが、既婚
の認識を有した後の親密な交際によって婚姻関係が破綻したことにつ
き不法行為の成立を認めた事例……………………………………………… 129

[55] 妻から不貞相手に対する慰謝料請求につき、不貞相手に対する夫の
言動や夫婦関係を考慮して、慰謝料額を認定した事例……………………… 131

[56] 元夫から不貞相手に対する慰謝料請求につき、元妻が元夫に支払っ
た慰謝料を考慮して、慰謝料額を認定した事例……………………………… 133

[57] 妻から不貞相手に対する慰謝料請求につき、不貞以外の夫婦関係破
綻要因や夫の子らに対する扶養等を考慮して慰謝料額を算定した事例……… 135

[58] 元妻から不貞相手に対する慰謝料請求につき、元夫の元妻に対する
離婚に伴う解決金の支払を考慮して慰謝料額を算定した事例……………… 137

[59] 元妻から不貞相手に対する慰謝料請求につき、夫婦関係が必ずしも
円満な状態にあるとはいえなかったことや、元夫が元妻に対して離婚
に伴う慰謝料の支払を約したこと等を考慮して、慰謝料額を算定した
事例………………………………………………………………………………… 139

[60] 不貞開始時に既婚者であることを知らなかったものの、不貞関係を
有するようになって間もない頃に既婚者であることを知ったにもかか
わらず、不貞関係を継続した不貞相手に不法行為責任が認められた事
例…………………………………………………………………………………… 141

[61] 内縁関係の破綻を理由に不貞行為慰謝料が認められた事例………………… 143

[62] 元妻が不貞をした元夫から一定の財産分与を受けたことが考慮され
た事例……………………………………………………………………………… 145

[63] 不貞行為により新築工事の中断を余儀なくされたことも慰謝料の算
定に考慮された事例……………………………………………………………… 147

[64] 当初は風俗店でサービスを受ける関係であったものの、後に個人的
な不貞関係に発展した事例……………………………………………………… 149

[65] 子が通うスイミングスクールのインストラクターと不貞に及んだ事
例…………………………………………………………………………………… 151

[66] 離婚時に財産分与としてマンションの共有持分の分与及び解決金
150万円の支払を受けていたが、不貞の精神的損害がすべて慰謝され
たとは認められなかった事例…………………………………………………… 153

[67] 夫婦の自宅で不貞相手と妻が密会していた現場に夫が遭遇した事例……… 155

[68] 元妻が元夫から既に相応の金銭を交付されていることが不貞相手に
対する賠償額の算定に考慮されるべきとした事例…………………………… 157

[69] 妻と不貞相手が不貞関係を伴う交際を継続したことが決定的とな
り、夫と妻との婚姻関係が破綻した事例……………………………………… 159

[70]　元夫は、元妻が不貞相手に強姦されたと主張したが、強姦の事実は
　　　認定されず、元妻と不貞相手の関係は合意の上での性的関係であると
　　　認定された事例……………………………………………………………………161

[71]　夫が性風俗店で不貞相手と知り合い、不貞関係を継続した事例……………163

[72]　夫と妻との間の婚姻関係は必ずしも良好なものではなかったもの
　　　の、妻の不貞行為が一因となり婚姻関係が破綻し、離婚した事例……………165

[73]　夫の休職と不貞行為との間には相当因果関係は認められず、夫によ
　　　る経済的損害の請求については排斥した事例……………………………………167

[74]　元妻の不貞相手が元夫の元上司であり、不貞関係につき、性交渉が
　　　あった日（回数）を詳細に認定した事例…………………………………………169

[75]　不貞相手が不貞配偶者の子を2度妊娠し2度中絶した事例…………………171

[76]　不貞配偶者である元夫が原告である元妻に慰謝料150万円を先に支
　　　払ったことが減額要素として考慮された事例……………………………………173

[77]　離婚調停の条項で元妻に慰謝料請求をしないとされていたことが考
　　　慮された事例…………………………………………………………………………175

[78]　不貞行為終了後に原告の元妻の元不貞相手が原告の元妻と面会した
　　　こと自体を不法行為と認定した事例………………………………………………177

[79]　不貞配偶者が不貞相手と同棲を開始し不貞行為を継続している事例………179

[80]　婚姻破綻原因が不貞行為以外にもあったとした事例…………………………181

[81]　慰謝料額の算定に当たり、不貞行為の調査費用を考慮した事例……………183

[82]　不貞配偶者の配偶者に対する愛情がもともと希薄であったと考えら
　　　れることを考慮して慰謝料額を決定した事例……………………………………185

[83]　離婚訴訟の第一審において離婚するという判決がされたと聞いたこ
　　　とをもって、婚姻関係が破綻していたと信じたことについてやむを得
　　　ないと認めた事例……………………………………………………………………187

[84]　不貞配偶者の不貞相手に対する暴行により、不貞相手が不貞関係を
　　　継続せざるを得なかったことが減額要素とされた事例…………………………189

[85]　妻から不貞相手とその父に対する慰謝料請求につき、不貞相手の父
　　　に対する請求は棄却し、不貞相手には夫の離婚を安易に信じた過失が
　　　認められるものの、その主要な責任は虚偽の説明をした夫にある等と
　　　して、慰謝料額を算定した事例……………………………………………………191

[86]　不貞相手の職業が市議会議員であることを考慮して慰謝料額が決定
　　　された事例……………………………………………………………………………193

【婚姻期間　10年以上】

[87]　婚姻関係破綻後の肉体関係であっても妻子ある男性の接近を拒否せ
　　　ずに受け入れ、強い精神的つながりを築いた不貞相手の行為は違法で
　　　あるとして慰謝料請求を一部認容した事例………………………………………195

［88］　夫の紹介で夫の関係会社の訴訟事件等を受任した弁護士と妻とが不
貞関係になった事案において、携帯電話のメールの内容等から、不貞相
手である弁護士と妻の情交関係が一因で婚姻関係が破綻したことも否
定できないとした上、夫の関係会社の代理人であった不貞相手による
夫の信頼を裏切る行為であるとして、慰謝料を300万円と認定した事
例……………………………………………………………………………… 197

［89］　夫が不貞相手と同居を始めた後も、妻と夫の婚姻関係は、夫と不貞
相手の同居以前に完全に破綻していたとは認められず、不貞相手が、
妻と夫の関係が完全に破綻していると信じていたとも認められないと
して、不貞相手の損害賠償責任を認定し、夫の複数の女性との交際経
歴、不貞相手と夫の同居後の妻と夫の婚姻関係の状況等を考慮して、
慰謝料を100万円と認定した事例………………………………………… 199

［90］　夫婦の婚姻生活が破綻していたということはできないとして、不貞
相手の損害賠償責任を認めたが、夫は以前、別の女性と不貞関係にあ
り、夫と妻との婚姻関係は精神的に形骸化し、その原因が夫にあるこ
とを考慮して、慰謝料100万円の限度で請求を認容した事例…………… 201

［91］　妻と夫との婚姻関係は、不貞相手が夫と関係を有するに至ったこと
によって破綻したとして、慰謝料120万円の限度で妻の請求を認容す
る一方、妻が探偵社に夫の行動調査を依頼したことに違法性があると
いうことはできないとして、不貞相手の請求を棄却した事例…………… 203

［92］　不貞相手は、客観的に夫との不貞行為の事実が明るみになった以降
も約1年もの間不貞行為を継続し、結果として、妻と夫との婚姻関係の
破綻を招来しているものと認められるとして、慰謝料50万円を認定し
た事例……………………………………………………………………… 205

［93］　夫の複数回の不貞行為が原因で円満さを欠くに至った後に、夫が9
年にわたって他の女性と交際し、婚姻関係が破綻した事例……………… 207

［94］　婚姻期間17年の妻が不貞な関係を肯定する内容のメールを送ってき
た男性との間で約4か月間に約20回の性交渉をし、不貞相手が夫に対
し慰謝料1,000万円を支払う旨の念書を書いた事例……………………… 209

［95］　性的肉体的交渉自体は認められないが、夫が不貞相手と婚姻を約束
して交際し、不貞相手が夫に別居・離婚を要求するなどして、婚姻関
係が破綻した事例………………………………………………………… 211

［96］　夫が部下である20歳以上年下の不貞相手と立場を利用して主導的に
不倫関係を結び、不貞相手が訴訟上夫との交際を断ち切ったと主張し
ながらなおも関係を継続していた事例…………………………………… 213

［97］　会社の代表取締役である夫が取引先の取締役である女性と不貞関係
を持ち、妻に発覚して一旦は別れ話をしたがその後も関係を継続し、
再度発覚して収拾がつかなくなり、夫が家を出て妻に居場所を知らせ
なくなった事例…………………………………………………………… 216

[98] かなり以前に別居状態となったことがあったとしても不貞の時点で
婚姻関係が破綻していたとまでは認められないとして、元夫から元妻
の不貞相手に対する不貞を理由とする慰謝料請求を認めた事例……………218

[99] 不貞及び嫌がらせにより、多大な精神的苦痛を被っただけでなく、
極めて逼迫した経済状態に置かれるに至ったとして、不貞相手に対す
る慰謝料請求を認めた事例………………………………………………221

[100] 不貞相手が自己と交際する中で夫が多額の金員を支出しているこ
とを十分認識しながら交際を続けていたこと等を考慮して、妻から
不貞相手に対する慰謝料額を算定した事例……………………………223

[101] 夫からメールでの離婚の申入れと離婚調停の申立てがあっても婚
姻関係が破綻していたとは認められないとして、妻から不貞相手に
対する慰謝料請求を認めた事例…………………………………………225

[102] 夫婦関係が不貞行為以前から相当程度冷却化、悪化していたこと
等を考慮して、慰謝料額を算定した事例………………………………227

[103] 不貞行為が比較的短期間であったとしても夫婦関係の悪化との間
の因果関係を否定しないとした上で、妻の言動も夫婦関係悪化の一
因であるとして慰謝料額を算定した事例………………………………229

[104] 元妻が離婚届に署名押印して元夫に交付した落ち度（過失）を斟酌
して慰謝料額を算定した事例……………………………………………231

[105] 夫から不貞相手に対する慰謝料請求につき、不貞の事実は全くな
いとの不貞相手の主張を排斥し、夫自身の言動も斟酌して慰謝料額
を算定した事例……………………………………………………………233

[106] 不貞行為の開始時に、夫婦関係が修復不可能な程度に破綻してい
たと評価することはできない等として、妻から不貞相手に対する慰
謝料請求を認めた事例……………………………………………………235

[107] 妻から不貞相手に対する慰謝料請求につき、妻の脅迫的言動や夫
の対応も考慮して慰謝料額を算定した事例……………………………237

[108] 不貞相手が不貞関係維持に前向きであった事例…………………………239

[109] 不貞開始時に夫婦関係が円満でなかったことから減額が認められ
た事例………………………………………………………………………241

[110] 高額の婚姻費用を慰謝料の減額事由として勘案した事例………………243

[111] 不貞相手との間に4人の子がいる事例………………………………………245

[112] 不貞行為に積極的に突き進んだ元妻が離婚に際して元夫に対し支
払った額を、元夫から不貞相手に対する慰謝料請求の減額事由とし
て考慮した事例……………………………………………………………247

[113] 婚姻期間及び不貞期間が比較的長期であった事例……………………………249

[114] 婚姻関係が破綻したとの言葉を信じていたことが慰謝料の減額事由とされた事例………………………………………………………………251

[115] 元夫の過去の不貞行為を考慮し慰謝料を減額した事例………………253

[116] 破綻の主たる原因が原告である妻にあることを考慮して慰謝料額を算定した事例………………………………………………………255

[117] 不貞配偶者である夫が不貞相手に対し、積極的に不貞関係の構築を迫ったことを考慮して慰謝料額を算定した事例……………257

[118] 不貞行為を契機として、婚姻関係が破綻の危機に瀕したとして慰謝料額を算定した事例………………………………………………259

[119] 不貞行為によって家庭生活が極めて大きな痛手を受けたとして慰謝料額を算定した事例……………………………………………261

[120] 不貞行為直前に、不貞配偶者である夫が不貞相手に別居や離婚調停申立ての事実などを聞かせていた事例………………………263

[121] 過去に原告である元夫の不貞があったことが元妻の本件不貞行為につながっていることを慰謝料算定の際の考慮要素(減額要素)とした事例……………………………………………………………265

[122] 不貞行為のみならず、不貞相手が不貞配偶者である夫から精子提供を受けて人工授精を受けたことが、妻の婚姻共同生活の平和を侵害する不法行為であるとされた事例……………………………267

[123] 別居後の不貞行為についても不法行為が成立するとした事例…………269

[124] 不貞による離婚の財産分与が慰謝料算定において考慮された事例………271

[125] 婚姻破綻の原因は不貞行為よりも不貞配偶者の行動そのものによるところが大きいとして、同配偶者の行動も踏まえて慰謝料額を算定した事例………………………………………………………273

[126] 同居を命じる審判が不貞配偶者に出ているにもかかわらず、不貞配偶者と不貞相手とが同居を継続していることを慰謝料額の算定において考慮した事例……………………………………………275

[127] 認定された不貞行為自体は1回であるが、不貞行為の婚姻関係への影響等を踏まえ180万円の慰謝料が認定された事例…………………277

[128] 不貞配偶者の主導により不貞が開始され、不貞相手が妊娠・出産したことを考慮して慰謝料額を算定した事例………………………279

[129] 性的関係の有無は明らかでないが、他者と婚姻関係にある者と同居生活を続けることは不法行為であると認めた事例……………282

［130］　不貞相手の主張する婚姻関係破綻等の慰謝料減額事由が認められ
なかった事例‥‥‥‥‥‥‥‥‥‥‥‥‥‥‥‥‥‥‥‥‥‥‥‥‥‥284

［131］　不貞行為について証拠上明らかな2回のみを認定して慰謝料額を算
定した事例‥‥‥‥‥‥‥‥‥‥‥‥‥‥‥‥‥‥‥‥‥‥‥‥‥‥‥286

［132］　不貞相手が、元妻の来場が予期された不貞配偶者のライブに出席
したことも、不貞行為と併せ考慮すれば、不法行為の一部を構成する
と認定し慰謝料を算定した事例‥‥‥‥‥‥‥‥‥‥‥‥‥‥‥‥‥288

［133］　不貞行為の頻度等が認定できないことを考慮して慰謝料額を決定
した事例‥‥‥‥‥‥‥‥‥‥‥‥‥‥‥‥‥‥‥‥‥‥‥‥‥‥‥290

［134］　夫婦の子3人のうち未成熟子が1人であることが考慮されて慰謝料
額が認定された事例‥‥‥‥‥‥‥‥‥‥‥‥‥‥‥‥‥‥‥‥‥‥292

［135］　不貞相手の女性が、夫からパワハラを受けていただけであるとし
て不法行為性を争ったが、パワハラの事実は認められないとして慰
謝料請求が認められた事例‥‥‥‥‥‥‥‥‥‥‥‥‥‥‥‥‥‥‥294

［136］　不貞配偶者の攻撃的な行為が婚姻関係に影響を与えたことを考慮
して慰謝料額を算定した事例‥‥‥‥‥‥‥‥‥‥‥‥‥‥‥‥‥‥296

［137］　不貞相手に離婚届（後に訴訟で離婚無効）の提出の認識があったこ
とを認めた上で、不貞相手の過失を認定した事例‥‥‥‥‥‥‥‥‥298

［138］　元夫から不貞相手に対する請求のうち、慰謝料100万円と弁護士費
用相当損害金10万円の支払が認められた事例‥‥‥‥‥‥‥‥‥‥‥300

［139］　不貞行為時に婚姻関係が相当程度悪化していたことを考慮して慰
謝料額を算定した事例‥‥‥‥‥‥‥‥‥‥‥‥‥‥‥‥‥‥‥‥‥302


## 第2章　配偶者のみを被告とする事例

### 離婚に至った事例及び実質的に婚姻関係が破綻した事例

【婚姻期間　1年未満】

［140］　不貞行為より元夫の暴力を重視して慰謝料額を算定した事例‥‥‥‥‥‥‥304

【婚姻期間　1〜10年未満】

［141］　夫の不貞行為及び悪意の遺棄を理由として、妻からの慰謝料請求
を認めた事例‥‥‥‥‥‥‥‥‥‥‥‥‥‥‥‥‥‥‥‥‥‥‥‥‥307

［142］　夫の不貞相手が妻に不貞行為の和解金を支払ったことから夫に対
する慰謝料が減額された事例‥‥‥‥‥‥‥‥‥‥‥‥‥‥‥‥‥‥309

［143］　元妻が元夫との婚姻中に無店舗型風俗店に勤務して元夫以外の男
性と性的関係を持ったことが不貞行為に当たるとした事例‥‥‥‥‥311

[144] 妻が男性との不貞行為によって懐胎して妊娠中絶し、夫との婚姻
関係が破綻した一方で、夫と不貞相手との間では既に和解が成立し
ている事例……………………………………………………………… 313

**【婚姻期間　10年以上】**

[145] 元夫は、婚姻を破綻させた有責配偶者として、元妻に対し不法行為
に基づく損害賠償義務を負うとして、慰謝料300万円を認定した事例……… 315

[146] 不貞相手は不明なものの不貞行為があったことを認めた上で、も
はや不貞配偶者である元妻から元夫に対する財産分与請求ができな
いこと等を考慮して、元妻に対する慰謝料額を算定した事例………………… 317


# 第3章　不貞相手と配偶者を被告とする事例

## 第1　婚姻関係を継続した事例

**【婚姻期間　1〜10年未満】**

[147] 22年間もの長期にわたり不貞関係を継続したことを考慮して慰謝
料額を算定した事例…………………………………………………… 319

## 第2　離婚に至った事例及び実質的に婚姻関係が破綻した事例

**【婚姻期間　1〜10年未満】**

[148] 内縁関係にある夫が妻以外の女性と性交渉を持ったことが妻に対
する不貞行為に当たり不法行為を構成するとして、妻からの夫に対
する損害賠償請求は認容され、妻から不貞相手に対する損害賠償請
求は棄却された事例…………………………………………………… 321

[149] 元夫と職場の同僚女性の不貞関係も婚姻破綻の主要な原因となっ
ているが、元妻が不貞相手と極めて親密な関係となっていたことが
元夫との婚姻が破綻するに至った決定的な原因となったものと認め
ざるを得ないとした事例……………………………………………… 323

[150] 夫が不貞関係を秘匿したまま2人の乳幼児を抱える妻に理不尽な言
動を続け、一方的に別居を強行して不貞相手と同居し、不貞相手が子
を出産し、現在も関係を継続する事例……………………………… 325

[151] 元夫婦間の子として届出がされた子供が不貞配偶者と不貞相手と
の間にできた子供であったことが判明した事例……………………… 328

[152] 婚姻関係が破綻する直接的な原因は元妻の不貞行為であるが、不
貞行為以前の元夫にも原因の一端があると認めて慰謝料額を算定し
た事例…………………………………………………………………… 330

[153] 500万円の慰謝料が認定された事例…………………………………… 332

12　目　次

[154]　妻の認識と外形的事実から婚姻関係の破綻が認められないとされ
た事例……………………………………………………………………… 334

[155]　不貞関係や婚外子の妊娠の事実を隠して、清算条項を含む本件協
議離婚書を元妻に示し署名させたことは、不貞配偶者が、慰謝料の支
払を免れて不貞相手との再婚を果たすためであったものと認められ、
その清算条項は、要素の錯誤により無効であるから、元妻は、不貞配
偶者と不貞相手に対し、不貞行為による慰謝料の請求ができるとし
た事例……………………………………………………………………… 336

【婚姻期間　10年以上】

[156]　元妻が元夫に対して財産分与請求権を有するとして扶助的性格を
有する慰謝料については否定した事例………………………………… 338

[157]　夫が、妻との離婚届を偽造して無断で届け出ると同時に不貞相手
との婚姻を届け出て、妻と子らを10余年にわたって経済的に困窮さ
せてきた一方で、不貞相手とその間の子2名と共に平穏な生活を送っ
ている事例………………………………………………………………… 340

[158]　妻から夫及び不貞相手に対する慰謝料請求につき、不貞関係には
ないとの反論を排斥し、連帯責任を認めた事例……………………… 343

[159]　婚姻当初からの性的関係等の問題が婚姻関係破綻に至った大きな
理由であったことを考慮して慰謝料額を算定した事例……………… 345

[160]　妻の夫と不貞相手に対する共同不法行為に基づく慰謝料請求が認
められた事例……………………………………………………………… 347

# 状況別慰謝料索引

| 婚姻期間 | 子の有無 | 不貞期間 | 婚姻関係 | 請求相手 | 慰謝料(認容額)(万円) | 事件番号（事例№.） |
|---|---|---|---|---|---|---|
| 1年未満 | 有 | 半年未満 | 継続 | — | — | — |
| | | | 破綻 | 不貞相手 | 90 | 東京地判平27・9・8（平26（ワ）15613）（事例[37]） |
| | | | | 不貞相手 | 100 | 東京地判平20・12・26（平20（ワ）1288）（事例[32]） |
| | | 半年以上 | 継続 | 不貞相手 | 200 | 東京地判平21・2・3（平19（ワ）6149） |
| | | | 破綻 | 不貞相手 | 150 | 東京地判平21・5・28（平19（ワ）26499） |
| | | | | 不貞相手 | 250 | 東京地判平21・11・25（平20（ワ）24026）（事例[34]） |
| | | | | 配偶者 | 1,000 | 岡山地倉敷支判平15・2・18（平13（タ）26）（事例[140]） |
| | 無 | 半年未満 | 継続 | 不貞相手 | 120 | 東京地判平19・9・28（平18（ワ）20352） |
| | | | 破綻 | 不貞相手 | 10 | 東京地判平15・11・6（平14（ワ）11991） |
| | | | | 不貞相手 | 70 | 東京地判平22・2・1（平20（ワ）32259）（事例[35]） |
| | | | | 不貞相手 | 180 | 東京地判平21・11・18（平20（ワ）32689）（事例[33]） |
| | | | | 配偶者 | 200 | 東京地判平25・2・14（平24（ワ）273） |
| | | 半年以上 | 継続 | 連帯 | 150 | 東京地判平19・3・19（平17（ワ）17129） |
| | | | 破綻 | 不貞相手 | 0 | 東京地判平21・6・3（平20（ワ）1297） |
| | | | | 不貞相手 | 100 | 東京地判平15・11・6（平14（ワ）11991） |
| | | | | 配偶者 | 150 | 東京地判平21・6・3（平20（ワ）1297） |
| | | | | 不貞相手 | 150 | 東京地判平27・3・25（平26（ワ）520） |
| | | | | 連帯 | 160 | 東京地判平25・3・18（平24（ワ）5094・平24（ワ）23767） |
| | | | | 配偶者 | 200 | 東京地判平15・11・6（平14（ワ）11991） |
| | | | | 不貞相手 | 200 | 東京地判平22・11・30（平21（ワ）29819）（事例[36]） |
| | | | | 配偶者 | 300 | 東京地判平18・7・26（平16（ワ）4992） |

| 婚姻期間 | 子の有無 | 不貞期間 | 婚姻関係 | 請求相手 | 慰謝料（認容額）（万円） | 事件番号（事例№.） |
|---|---|---|---|---|---|---|
| 1年以上3年未満 | 有 | 1年未満 | 継続 | 不貞相手 | 50 | 東京地判平4・12・10（平4(ワ)3650） |
| | | | | 不貞相手 | 50 | 東京地判平27・8・3（平26(ワ)23132） |
| | | | 破綻 | 不貞相手 | 50 | 東京地判平21・6・4（平20(ワ)24721）（事例[50]） |
| | | | | 不貞相手 | 50 | 東京地判平21・11・26（平21(ワ)11039）（事例[56]） |
| | | | | 不貞相手 | 50 | 東京地判平23・3・22（平21(ワ)46675） |
| | | | | 不貞相手 | 約110 | 東京地判平22・4・27（平21(ワ)2297） |
| | | | | 不貞相手 | 150 | 東京地判平23・6・16（平22(ワ)9219）（事例[73]） |
| | | | | 不貞相手 | 200 | 東京地判平19・8・24（平18(ワ)10149）（事例[41]） |
| | | | | 不貞相手 | 200 | 東京地判平21・10・20（平20(ワ)16111） |
| | | | | 不貞相手 | 200 | 宮崎地判平28・5・18（平27(ワ)306）（事例[86]） |
| | | 1年以上 | 継続 | 不貞相手 | 50 | 東京地判平20・10・3（平19(ワ)33259）（事例[3]） |
| | | | | 連帯 | 400 | 東京地判平27・7・8（平25(ワ)29690）（事例[147]） |
| | | | 破綻 | 連帯 | 180 | 東京地判平24・12・25（平24(ワ)2104）（事例[151]） |
| | | | | 不貞相手 | 200 | 東京地判平22・9・13（平20(ワ)30076・平21(ワ)26407・平21(ワ)17312） |
| | | | | 不貞相手 | 250 | 東京地判平26・12・19（平26(ワ)1754） |
| | | | | 連帯 | 400 | 東京地判平21・3・25（平20(ワ)35721）（事例[150]） |
| | | | | 不貞相手 | 400 | 東京地判平22・9・3（平21(ワ)4987） |
| | 無 | 1年未満 | 継続 | 不貞相手 | 90 | 東京地判平27・8・21（平26(ワ)6218） |

状況別慰謝料索引　　　3

| 婚姻期間 | 子の有無 | 不貞期間 | 婚姻関係 | 請求相手 | 慰謝料（認容額）（万円） | 事件番号（事例No.） |
|---|---|---|---|---|---|---|
| 1年以上3年未満 | 無 | 1年未満 | 継続 | 不貞相手 | 100 | 東京地判平25・7・4（平23（ワ）38680・平24（ワ）4191） |
| | | | 破綻 | 配偶者 | 50 | 東京地判平23・12・26（平23（ワ）24871・平23（ワ）34269）　（事例[142]） |
| | | | | 不貞相手 | 70 | 東京地判平23・2・24（平21（ワ）42791）　（事例[70]） |
| | | | | 不貞相手 | 100 | 東京地判平23・7・20（平22（ワ）18621） |
| | | | | 不貞相手 | 100 | 東京地判平27・9・11（平26（ワ）10214） |
| | | | | 不貞相手 | 120 | 東京地判平21・4・15（平20（ワ）4357） |
| | | | | 不貞相手 | 150 | 東京地判平24・8・21（平23（ワ）41185） |
| | | | | 不貞相手 | 160 | 東京地判平22・3・25（平21（ワ）23010） |
| | | | | 不貞相手 | 400 | 東京地判平25・8・22（平24（ワ）10069） |
| | | 1年以上 | 継続 | 不貞相手 | 100 | 東京地判平23・4・25（平22（ワ）3962） |
| | | | 破綻 | 不貞相手 | 60 | 東京地判平27・9・29（平27（ワ）9636）　（事例[82]） |
| | | | | 不貞相手 | 100 | 東京地判平20・6・25（平18（ワ）23563・平19（ワ）14388）　（事例[44]） |
| | | | | 不貞相手 | 100 | 東京地判平22・2・3（平20（ワ）34118）　（事例[60]） |
| | | | | 不貞相手 | 100 | 東京地判平26・6・9（平24（ワ）35814）　（事例[80]） |
| | | | | 不貞相手 | 100 | 東京地判平28・1・29（平27（ワ）18064） |
| | | | | 不貞相手 | 130 | 東京地判平19・2・21（平18（ワ）5738）　（事例[38]） |
| | | | | 連帯 | 150 | 東京地判平19・4・16（平18（ワ）16587）　（事例[149]） |

| 婚姻期間 | 子の有無 | 不貞期間 | 婚姻関係 | 請求相手 | 慰謝料（認容額）（万円） | 事件番号（事例№.） |
|---|---|---|---|---|---|---|
| 1年以上3年未満 | 無 | 1年以上 | 破綻 | 不貞相手 | 180 | 東京地判平22・12・21（平21(ワ)44214）（事例[67]） |
| | | | | 不貞相手 | 300 | 東京地判平26・7・11（平24(ワ)25284） |
| | | | | 不貞相手 | 320 | 東京地判平27・2・26（平25(ワ)8633） |
| | | | | 配偶者 | 1,000 | 横浜地判昭55・8・1（昭48(タ)54） |
| 3年以上5年未満 | 有 | 1年未満 | 継続 | — | — | — |
| | | | 破綻 | 配偶者 | 30 | 東京地判平28・7・8（平27(ワ)24802）（事例[144]） |
| | | | | 不貞相手 | 80 | 東京地判平21・1・27（平20(ワ)13324）（事例[47]） |
| | | | | 不貞相手 | 100 | 東京地判平22・11・30（平22(ワ)1256） |
| | | | | 不貞相手 | 150 | 東京地判平21・1・28（平19(ワ)28390） |
| | | | | 配偶者 | 150 | 東京地判平22・2・1（平21(ワ)2711） |
| | | | | 不貞相手 | 200 | 東京地判平26・9・3（平25(ワ)33659） |
| | | | | 不貞相手 | 300 | 東京地判平15・11・26（平15(ワ)4750） |
| | | | | 連帯 | 300 | 東京地判平21・6・4（平20(ワ)22796・平21(ワ)3093） |
| | | 1年以上 | 継続 | 不貞相手 | 150 | 東京地判平25・4・11（平24(ワ)20425）（事例[11]） |
| | | | | 不貞相手 | 300 | 東京地判平25・4・15（平24(ワ)4812）（事例[12]） |
| | | | 破綻 | 不貞相手 | 70 | 東京地判平28・2・18（平27(ワ)31582）（事例[84]） |
| | | | | 配偶者 | 100 | 東京地判平27・2・18（平26(ワ)99） |
| | | | | 不貞相手 | 120 | 東京地判平21・4・23（平20(ワ)11067）（事例[49]） |
| | | | | 不貞相手 | 150 | 東京地判平24・8・29（平23(ワ)917）（事例[76]） |
| | | | | 連帯 | 180 | 東京地判平27・12・21（平26(ワ)21040）（事例[154]） |
| | | | | 不貞相手 | 200 | 東京地判平21・10・21（平20(ワ)25310）（事例[53]） |
| | | | | 不貞相手 | 200 | 東京地判平21・12・25（平20(ワ)26901） |

状況別慰謝料索引　　　　5

| 婚姻期間 | 子の有無 | 不貞期間 | 婚姻関係 | 請求相手 | 慰謝料（認容額）（万円） | 事件番号　（事例№.） |
|---|---|---|---|---|---|---|
| 3年以上5年未満 | 無 | 1年未満 | 継続 | ― | ― | ― |
| | | | 破綻 | 配　偶　者 | 50 | 東京地判平24・6・22（平22(ワ)33704・平22(ワ)33729） |
| | | | | 不貞相手 | 80 | 東京地判平25・4・19（平23(ワ)39342）（事例[78]） |
| | | | | 不貞相手 | 125 | 東京地判平26・9・26（平25(ワ)15449） |
| | | | | 不貞相手 | 150 | 東京地判平23・12・28（平22(ワ)41115）（事例[74]） |
| | | | | 不貞相手 | 160 | 東京地判平19・7・26（平17(ワ)9864） |
| | | | | 不貞相手 | 200 | 東京地判平21・3・27（平20(ワ)9389）（事例[48]） |
| | | 1年以上 | 継続 | ― | ― | ― |
| | | | 破綻 | 不貞相手 | 150 | 東京地判平22・2・25（平20(ワ)35152）（事例[61]） |
| | | | | 不貞相手 | 150 | 東京地判平22・12・21（平21(ワ)42763）（事例[66]） |
| | | | | 不貞相手 | 180 | 東京地判平21・1・19（平20(ワ)8510）（事例[46]） |
| | | | | 不貞相手 | 180 | 東京地判平23・3・17（平21(ワ)37659）（事例[71]） |
| | | | | 不貞相手 | 200 | 東京地判平22・7・23（平21(ワ)46455） |
| | | | | 不貞相手 | 200 | 東京地判平27・7・28（平26(ワ)16370） |
| | | | | 不貞相手 | 250 | 東京地判平24・12・27（平24(ワ)8129） |
| | | | | 連　　帯 | 500 | 東京地判平27・7・23（平25(ワ)15391・平26(ワ)3876）（事例[153]） |
| 5年以上10年未満 | 有 | 1年未満 | 継続 | 不貞相手 | 50 | 東京地判平26・12・24（平25(ワ)30014）（事例[13]） |
| | | | | 不貞相手 | 80 | 東京地判平21・10・29（平19(ワ)31788）（事例[6]） |
| | | | | 不貞相手 | 80 | 東京地判平22・12・21（平22(ワ)17240） |

| 婚姻期間 | 子の有無 | 不貞期間 | 婚姻関係 | 請求相手 | 慰謝料（認容額）（万円） | 事件番号（事例№.） |
|---|---|---|---|---|---|---|
| 5年以上10年未満 | 有 | 1年未満 | 継続 | 不貞相手 | 100 | 東京地判平25・6・26（平23（ワ）18189） |
| | | | | 不貞相手 | 150 | 東京地判平25・11・29（平24（ワ）23751） |
| | | | | 不貞相手 | 200 | 東京地判平19・7・25（平18（ワ）17206） |
| | | | 破綻 | 不貞相手 | 20 | 東京地判平19・9・28（平18（ワ）9916）（事例［43］） |
| | | | | 不貞相手 | 30 | 東京地判平24・11・28（平23（ワ）19363） |
| | | | | 配偶者 | 30 | 東京地判平28・3・28（平26（ワ）11367・平26（ワ）29469）（事例［143］） |
| | | | | 不貞相手 | 40 | 東京地判平22・11・26（平22（ワ）1886）（事例［64］） |
| | | | | 連帯 | 50 | 東京地判平27・6・24（平26（ワ）28504）（事例［152］） |
| | | | | 不貞相手 | 70 | 東京地判平22・1・19（平21（ワ）236・平21（ワ）15449） |
| | | | | 連帯 | 80 | 東京地判平27・9・7（平26（ワ）29086） |
| | | | | 連帯 | 100 | 東京地判平19・9・26（平18（ワ）5270・平18（ワ）12279） |
| | | | | 不貞相手 | 100 | 東京地判平21・11・17（平20（ワ）23826）（事例［54］） |
| | | | | 不貞相手 | 100 | 東京地判平21・12・15（平21（ワ）1316） |
| | | | | 配偶者 | 100 | 名古屋高判平26・12・5（平26（ネ）482・平26（ネ）585） |
| | | | | 不貞相手 | 100 | 東京地判平27・8・6（平26（ワ）33450） |
| | | | | 配偶者 | 100 | 東京地判平28・3・31（平25（ワ）30262） |
| | | | | 連帯 | 100 | 東京地判平28・4・6（平26（ワ）26209・平27（ワ）10167） |
| | | | | 不貞相手 | 106 | 東京地判平27・9・28（平27（ワ）753） |
| | | | | 不貞相手 | 120 | 東京地判平19・8・22（平18（ワ）16116・平18（ワ）23480） |

| 婚姻期間 | 子の有無 | 不貞期間 | 婚姻関係 | 請求相手 | 慰謝料（認容額）（万円） | 事件番号（事例№.） |
|---|---|---|---|---|---|---|
| 5年以上10年未満 | 有 | 1年未満 | 破綻 | 不貞相手 | 200 | 東京地判平21・6・22（平20（ワ）20698）（事例[51]） |
| | | | | 不貞相手 | 200 | 東京地判平23・6・28（平22（ワ）33331） |
| | | | | 配偶者 | 250 | 東京地判平22・2・5（平20（ワ）38341） |
| | | | | 不貞相手 | 300 | 東京地判平13・11・30（平13（ワ）2294） |
| | | | | 不貞相手 | 300 | 東京地判平22・12・9（平22（ワ）3064）（事例[65]） |
| | | | | 不貞相手 | 300 | 東京地判平27・1・30（平26（ワ）400）（事例[81]） |
| | | | | 不貞相手 | 320 | 岐阜地判平26・1・20（平24（ワ）717） |
| | | | | 配偶者 | 400 | 名古屋高判平21・5・28（平19（ネ）892・平20（ネ）154）（事例[141]） |
| | | 1年以上 | 継続 | 配偶者 | 25 | 東京地判平27・7・3（平25（ワ）32209・平26（ワ）19088） |
| | | | | 不貞相手 | 60 | 東京地判平13・8・17（平12（ワ）25486） |
| | | | | 不貞相手 | 80 | 東京地判平24・4・13（平22（ワ）46362・平23（ワ）21669）（事例[9]） |
| | | | | 不貞相手 | 120 | 東京地判平19・2・8（平18（ワ）14977）（事例[2]） |
| | | | | 不貞相手 | 120 | 東京地判平28・4・26（平26（ワ）32311・平27（ワ）11797）（事例[14]） |
| | | | | 不貞相手 | 250 | 東京地判平21・1・14（平20（ワ）3276）（事例[4]） |
| | | | | 不貞相手 | 250 | 東京地判平24・12・14（平23（ワ）33692・平24（ワ）4312）（事例[10]） |
| | | | | 不貞相手 | 300 | 東京地判平22・5・13（平21（ワ）15699）（事例[7]） |
| | | | 破綻 | 不貞相手 | 30 | 東京地判平21・11・26（平20（ワ）36995）（事例[55]） |

| 婚姻期間 | 子の有無 | 不貞期間 | 婚姻関係 | 請求相手 | 慰謝料（認容額）（万円） | 事件番号（事例No.） |
|---|---|---|---|---|---|---|
| 5年以上10年未満 | 有 | 1年以上 | 破綻 | 連　帯 | 70 | 東京地判平22・10・1（平21(ワ)18518） |
| | | | | 連　帯 | 100 | 東京地判平22・9・3（平21(ワ)19912・平21(ワ)33383） |
| | | | | 不貞相手 | 100 | 東京地判平25・7・16（平24(ワ)33586）（事例[79]） |
| | | | | 不貞相手 | 100 | 東京地判平28・5・9（平26(ワ)30524）（事例[85]） |
| | | | | 不貞相手 | 130 | 東京地判平23・5・16（平21(ワ)3074）（事例[72]） |
| | | | | 不貞相手 | 140 | 東京地判平28・1・27（平27(ワ)10438）（事例[83]） |
| | | | | 不貞相手 | 150 | 横浜地判昭61・12・25（昭60(ワ)3162） |
| | | | | 不貞相手 | 150 | 東京地判平19・9・14（平18(ワ)21470）（事例[42]） |
| | | | | 不貞相手 | 150 | 東京地判平21・6・30（平20(ワ)11900） |
| | | | | 不貞相手 | 150 | 東京地判平21・12・22（平20(ワ)23666）（事例[57]） |
| | | | | 不貞相手 | 150 | 東京地判平22・8・25（平21(ワ)43251） |
| | | | | 不貞相手 | 150 | 東京地判平24・11・22（平23(ワ)18634）（事例[77]） |
| | | | | 不貞相手 | 170 | 東京地判平22・9・9（平21(ワ)13357）（事例[62]） |
| | | | | 不貞相手 | 170 | 東京地判平24・6・19（平23(ワ)7050）（事例[75]） |
| | | | | 配偶者 | 約175 | 東京地判平22・3・25（平20(ワ)2316） |
| | | | | 不貞相手 | 200 | 東京地判平26・11・13（平25(ワ)23056） |
| | | | | 連　帯 | 200 | 東京地判平28・6・21（平27(ワ)5820）（事例[155]） |
| | | | | 不貞相手 | 250 | 東京地判平21・7・23（平21(ワ)2022）（事例[52]） |

| 婚姻期間 | 子の有無 | 不貞期間 | 婚姻関係 | 請求相手 | 慰謝料（認容額）（万円） | 事件番号（事例No.） |
|---|---|---|---|---|---|---|
| 5年以上10年未満 | 有 | 1年以上 | 破綻 | 不貞相手 | 250 | 東京地判平27・4・14（平26（ワ）5428） |
| | | | | 配偶者 | 300 | 東京高判昭55・9・29（昭53（ネ）1705） |
| | | | | 不貞相手 | 300 | 東京地判平19・4・5（平18（ワ）15086）（事例［39］） |
| | | | | 不貞相手 | 300 | 東京地判平21・3・18（平20（ワ）12593） |
| | | | | 不貞相手 | 300 | 東京地判平23・2・22（平21（ワ）25604）（事例［69］） |
| | | | | 配偶者 | 370 | 東京地判平22・7・5（平21（ワ）5788） |
| | | | | 不貞相手 | 400 | 東京地判平22・10・7（平22（ワ）8009）（事例［63］） |
| | 無 | 1年未満 | 継続 | 不貞相手 | 100 | 東京地判平22・9・6（平21（ワ）14702）（事例［8］） |
| | | | 破綻 | 不貞相手 | 50 | 東京地判平19・8・27（平19（ワ）6591） |
| | | | | 配偶者 | 60 | 東京地判平22・9・24（平20（ワ）34761） |
| | | | | 連帯 | 100 | 東京地判平26・10・8（平26（ワ）11602） |
| | | | | 不貞相手 | 140 | 東京地判平19・5・31（平18（ワ）21158） |
| | | | | 不貞相手 | 150 | 東京地判平20・10・28（平19（ワ）10718）（事例［45］） |
| | | | | 不貞相手 | 150 | 東京地判平22・6・28（平21（ワ）27967） |
| | | | | 不貞相手 | 230 | 東京地判平20・10・8（平20（ワ）12103） |
| | | 1年以上 | 継続 | 不貞相手 | 60 | 東京地判平21・2・25（平20（ワ）33025） |
| | | | | 不貞相手 | 100 | 東京地判平15・11・26（平14（ワ）21754）（事例［1］） |
| | | | | 不貞相手 | 100 | 東京地判平21・2・23（平19（ワ）21182） |
| | | | | 不貞相手 | 150 | 東京地判平21・4・16（平20（ワ）22693・平20（ワ）29148）（事例［5］） |
| | | | | 不貞相手 | 200 | 東京地判昭58・10・3（昭55（ワ）4936） |

| 婚姻期間 | 子の有無 | 不貞期間 | 婚姻関係 | 請求相手 | 慰謝料（認容額）（万円） | 事件番号（事例№） |
|---|---|---|---|---|---|---|
| 5年以上10年未満 | 無 | 1年以上 | 破綻 | 不貞相手 | 0 | 東京地判平15・8・27（平14（ワ）10559・平14（ワ）18197）　（事例［148］） |
| | | | | 不貞相手 | 80 | 東京地判平22・1・27（平21（ワ）5896）（事例［59］） |
| | | | | 連帯 | 90 | 東京地判平23・2・17（平21（ワ）25366） |
| | | | | 不貞相手 | 100 | 東京地判平21・12・22（平21（ワ）27745）（事例［58］） |
| | | | | 不貞相手 | 100 | 東京地判平22・12・22（平22（ワ）6001）（事例［68］） |
| | | | | 配偶者 | 150 | 東京地判平15・8・27（平14（ワ）10559・平14（ワ）18197）　（事例［148］） |
| | | | | 不貞相手 | 150 | 東京地判平19・3・20（平18（ワ）7433） |
| | | | | 不貞相手 | 150 | 東京地判平19・10・5（平19（ワ）6458） |
| | | | | 連帯 | 160 | 東京地判平23・1・13（平22（ワ）2113） |
| | | | | 不貞相手 | 200 | 東京地判平19・4・24（平18（ワ）12118）（事例［40］） |
| | | | | 不貞相手 | 250 | 東京地判平22・6・29（平21（ワ）22830） |
| | | | | 配偶者 | 250 | 東京地判平28・5・20（平27（ワ）32337） |
| 10年以上20年未満 | 有 | 1年未満 | 継続 | 不貞相手 | 150 | 東京地判平22・9・28（平21（ワ）6874）（事例［26］） |
| | | | | 不貞相手 | 150 | 東京地判平25・11・29（平24（ワ）18303・平24（ワ）23751・平25（ワ）3902）（事例［29］） |
| | | | | 不貞相手 | 200 | 東京高判昭60・11・20（昭59（ネ）3003） |
| | | | | 不貞相手 | 400 | 東京地判平13・8・30（平13（ワ）1224） |
| | | | 破綻 | 配偶者 | 50 | 東京地判平26・9・30（平25（ワ）26904） |
| | | | | 不貞相手 | 60 | 東京地判平21・8・31（平21（ワ）615）（事例［102］） |
| | | | | 連帯 | 70・80 | 東京地判平28・5・25（平27（ワ）18635・平27（ワ）35840）（事例［160］） |

状況別慰謝料索引　11

| 婚姻期間 | 子の有無 | 不貞期間 | 婚姻関係 | 請求相手 | 慰謝料（認容額）（万円） | 事件番号（事例No.） |
|---|---|---|---|---|---|---|
| 10年以上20年未満 | 有 | 1年未満 | 破綻 | 不貞相手 | 80 | 東京地判平22・10・4（平21（ワ）26613） |
| | | | | 連　帯 | 80 | 東京地判平27・8・4（平26（ワ）10521） |
| | | | | 不貞相手 | 100 | 東京地判平24・7・31（平23（ワ）27038・平24（ワ）3466）　　　　　　（事例[121]） |
| | | | | 配偶者 | 100 | 東京地判平27・9・16（平26（ワ）7080・平26（ワ）21527） |
| | | | | 不貞相手 | 100 | 東京地判平28・6・24（平27（ワ）23601）　　　　　　　　　　　（事例[138]） |
| | | | | 連　帯 | 120 | 東京地判平27・7・2（平26（ワ）22733）　　　　　　　　　　　（事例[159]） |
| | | | | 不貞相手 | 130 | 東京地判平19・8・30（平18（ワ）7020） |
| | | | | 不貞相手 | 140 | 東京地判平22・7・28（平21（ワ）26922）　　　　　　　　　　　（事例[115]） |
| | | | | 不貞相手 | 150 | 東京地判平21・3・25（平19（ワ）28147） |
| | | | | 不貞相手 | 150 | 東京地判平21・9・10（平19（ワ）29561）　　　　　　　　　　　（事例[103]） |
| | | | | 不貞相手 | 150 | 東京地判平24・7・24（平22（ワ）21529）　　　　　　　　　　　（事例[120]） |
| | | | | 不貞相手 | 150 | 東京地判平27・6・3（平26（ワ）16849・平26（ワ）17616） |
| | | | | 不貞相手 | 150 | 東京地判平28・2・24（平26（ワ）18234）　　　　　　　　　　　（事例[136]） |
| | | | | 不貞相手 | 180 | 東京地判平26・12・4（平25（ワ）31255）　　　　　　　　　　　（事例[127]） |
| | | | | 不貞相手 | 200 | 東京地判昭59・3・14（昭56（ワ）10801） |
| | | | | 不貞相手 | 200 | 東京地判平23・1・25（平22（ワ）868） |
| | | | | 配偶者 | 200 | 東京地判平24・12・19（平22（ワ）35792） |
| | | | | 不貞相手 | 200 | 東京地判平26・5・14（平24（ワ）36200・平25（ワ）4301） |

| 婚姻期間 | 子の有無 | 不貞期間 | 婚姻関係 | 請求相手 | 慰謝料（認容額）（万円） | 事件番号（事例№.） |
|---|---|---|---|---|---|---|
| 10年以上20年未満 | 有 | 1年未満 | 破綻 | 不貞相手 | 300 | 東京地判平19・2・27（平17(ワ)9741）（事例[88]） |
| | | | | 連 帯 | 300 | 東京地判平19・5・28（平18(ワ)29377） |
| | | | | 不貞相手 | 300 | 東京地判平20・6・17（平19(ワ)22176）（事例[94]） |
| | | | | 不貞相手 | 500 | 浦和地判昭59・3・5（昭56(ワ)1147） |
| | | 1年以上10年未満 | 継続 | 配偶者 | 90 | 東京地判平21・3・26（平19(ワ)28673） |
| | | | | 不貞相手 | 100 | 東京高判昭56・10・22（昭55(ネ)2072） |
| | | | | 不貞相手 | 100 | 東京地判平23・1・11（平22(ワ)3331）（事例[28]） |
| | | | | 不貞相手 | 100 | 東京地判平27・1・29（平26(ワ)9030） |
| | | | | 不貞相手 | 150 | 東京地判平19・7・31（平18(ワ)15201）（事例[17]） |
| | | | | 不貞相手 | 150 | 東京地判平22・12・9（平21(ワ)37045）（事例[27]） |
| | | | | 不貞相手 | 150 | 東京地判平27・1・9（平25(ワ)27569） |
| | | | | 不貞相手 | 150 | 東京地判平27・7・29（平26(ワ)11825） |
| | | | | 不貞相手 | 200 | 東京地判平26・4・30（平25(ワ)26119）（事例[30]） |
| | | | | 不貞相手 | 250 | 東京地判平23・2・21（平22(ワ)12797） |
| | | | 破綻 | 不貞相手 | 90 | 東京地判平27・9・8（平26(ワ)24560）（事例[130]） |
| | | | | 不貞相手 | 90 | 東京地判平28・2・25（平27(ワ)8095）（事例[137]） |
| | | | | 不貞相手 | 100 | 東京地判平10・7・31（平10(ワ)7） |
| | | | | 不貞相手 | 100 | 東京地判平19・2・2（平18(ワ)5939） |
| | | | | 連 帯 | 100 | 東京地判平19・3・26（平18(ワ)6955） |

| 婚姻期間 | 子の有無 | 不貞期間 | 婚姻関係 | 請求相手 | 慰謝料（認容額）（万円） | 事件番号（事例№） |
|---|---|---|---|---|---|---|
| 10年以上20年未満 | 有 | 1年以上10年未満 | 破綻 | 連帯 | 100 | 東京地判平22・9・7（平21（ワ）22351） |
| | | | | 不貞相手 | 100 | 東京地判平23・3・23（平22（ワ）13926）（事例[118]） |
| | | | | 不貞相手 | 100 | 東京地判平27・5・28（平24（ワ）28970） |
| | | | | 不貞相手 | 100 | 東京地判平28・6・30（平27（ワ）13078）（事例[139]） |
| | | | | 不貞相手 | 120 | 東京地判平19・5・10（平17（ワ）27219・平18（ワ）26650）（事例[91]） |
| | | | | 不貞相手 | 120 | 東京地判平21・7・23（平20（ワ）25586）（事例[101]） |
| | | | | 不貞相手 | 120 | 東京地判平22・7・28（平21（ワ）10342）（事例[114]） |
| | | | | 不貞相手 | 150 | 東京地判平21・4・20（平20（ワ）8937）（事例[98]） |
| | | | | 不貞相手 | 150 | 東京地判平22・6・24（平21（ワ）41736）（事例[112]） |
| | | | | 連帯 | 180 | 東京地判平21・12・16（平21（ワ）5651） |
| | | | | 不貞相手 | 200 | 東京地判平22・1・29（平21（ワ）5000）（事例[107]） |
| | | | | 不貞相手 | 200 | 東京地判平25・5・30（平24（ワ）3273）（事例[123]） |
| | | | | 不貞相手 | 250 | 東京地判平25・12・25（平24（ワ）5790） |
| | | | | 不貞相手 | 300 | 東京地判平22・1・26（平20（ワ）36556）（事例[106]） |
| | | | | 不貞相手 | 300 | 東京地判平22・3・23（平21（ワ）2263） |
| | | | | 不貞相手 | 300 | 東京地判平23・3・25（平21（ワ）34864）（事例[119]） |
| | | | | 不貞相手 | 300 | 東京地判平26・5・19（平25（ワ）24067）（事例[126]） |
| | | | | 不貞相手 | 300 | 東京地判平27・5・27（平26（ワ）8743）（事例[129]） |

| 婚姻期間 | 子の有無 | 不貞期間 | 婚姻関係 | 請求相手 | 慰謝料（認容額）（万円） | 事件番号（事例No.） |
|---|---|---|---|---|---|---|
| 10年以上20年未満 | 有 | 1年以上10年未満 | 破綻 | 不貞相手 | 350 | 東京地判平21・5・13（平20(ワ)12443）（事例[99]） |
| | | | | 配偶者 | 350 | 東京地判平25・8・23（平24(ワ)36483） |
| | | | | 不貞相手 | 400 | 東京地判平21・1・23（平18(ワ)23965） |
| | | | | 不貞相手 | 400 | 東京地判平21・3・11（平20(ワ)17231）（事例[97]） |
| | | | | 不貞相手 | 500 | 浦和地判昭60・12・25（昭60(ワ)651） |
| | | | | 不貞相手 | 500 | 東京地判平21・1・26（平19(ワ)30505） |
| | | 10年以上 | 継続 | 不貞相手 | 240 | 東京地判平21・10・30（平20(ワ)27155）（事例[22]） |
| | | | 破綻 | 不貞相手 | 270 | 東京地判平27・2・27（平26(ワ)15264）（事例[128]） |
| | | | | 連帯 | 800 | 東京地判平21・4・8（平18(ワ)25901）（事例[157]） |
| | 無 | 1年未満 | 継続 | 不貞相手 | 50 | 東京地判平21・10・28（平20(ワ)28144）（事例[21]） |
| | | | | 不貞相手 | 150 | 東京地判平22・12・27（平21(ワ)30010） |
| | | | 破綻 | 連帯 | 100 | 東京地判平19・3・23（平17(ワ)20827） |
| | | | | 不貞相手 | 120 | 東京地判平27・9・16（平26(ワ)31382） |
| | | | | 不貞相手 | 200 | 東京地判平21・6・10（平19(ワ)33757）（事例[100]） |
| | | | | 不貞相手 | 200 | 東京地判平22・2・9（平20(ワ)28810・平21(ワ)4642）（事例[108]） |
| | | | | 不貞相手 | 200 | 東京地判平26・5・16（平24(ワ)30850）（事例[125]） |
| | | | | 連帯 | 250 | 東京地判平23・3・22（平22(ワ)17078） |
| | | 1年以上10年未満 | 継続 | 不貞相手 | 200 | 東京地判平20・12・26（平19(ワ)33582）（事例[19]） |
| | | | 破綻 | 不貞相手 | 100 | 東京地判平27・9・18（平26(ワ)3698） |

状況別慰謝料索引 15

| 婚姻期間 | 子の有無 | 不貞期間 | 婚姻関係 | 請求相手 | 慰謝料（認容額）（万円） | 事件番号 （事例No.） |
|---|---|---|---|---|---|---|
| 10年以上20年未満 | 無 | 1年以上10年未満 | 破綻 | 配偶者 | 120 | 東京地判平22・1・7（平21(ワ)8879）（事例[146]） |
| | | | | 不貞相手 | 150 | 東京地判平22・3・29（平21(ワ)14785） |
| | | | | 不貞相手 | 150 | 東京地判平22・4・15（平20(ワ)25567） |
| | | | | 不貞相手 | 200 | 東京地判平23・4・15（平21(ワ)46305） |
| | | | | 不貞相手 | 250 | 東京地判平28・2・1（平26(ワ)31004）（事例[135]） |
| | | | | 不貞相手 | 300 | 東京地判平22・4・5（平21(ワ)33913）（事例[111]） |
| 20年以上 | 有 | 1年未満 | 継続 | 不貞相手 | 10 | 東京簡判平15・3・25（平14(ハ)15837）（事例[15]） |
| | | | 破綻 | 不貞相手 | 50 | 東京地判平21・2・24（平20(ワ)22073） |
| | | | | 不貞相手 | 100 | 東京地判平22・9・9（平21(ワ)40353） |
| | | | | 連帯 | 100 | 東京地判平22・10・28（平21(ワ)1378・平22(ワ)3612） |
| | | | | 不貞相手 | 120 | 東京地判平22・2・23（平21(ワ)9934）（事例[109]） |
| | | | | 不貞相手 | 130 | 東京地判平27・9・11（平25(ワ)25448）（事例[131]） |
| | | | | 不貞相手 | 150 | 東京地判平22・1・20（平20(ワ)22939） |
| | | | | 不貞相手 | 160 | 東京地判平25・12・17（平24(ワ)34933）（事例[124]） |
| | | | | 不貞相手 | 200 | 東京地判平21・7・22（平20(ワ)16245） |
| | | | | 不貞相手 | 250 | 東京地判平20・12・5（平20(ワ)2040）（事例[95]） |
| | | | | 配偶者 | 500 | 広島高岡山支判平16・6・18（平14(ネ)249） |

| 婚姻期間 | 子の有無 | 不貞期間 | 婚姻関係 | 請求相手 | 慰謝料（認容額）（万円） | 事件番号（事例No.） |
|---|---|---|---|---|---|---|
| 20年以上 | 有 | 1年以上10年未満 | 継続 | 不貞相手 | 50 | 東京地判平21・2・27（平20（ワ）5688） |
| | | | | 不貞相手 | 100 | 東京地判平20・12・12（平19（ワ）31465）（事例[18]） |
| | | | | 不貞相手 | 150 | 東京地判平22・1・27（平21（ワ）4967）（事例[23]） |
| | | | | 不貞相手 | 150 | 東京地判平22・7・15（平21（ワ）46648）（事例[25]） |
| | | | | 不貞相手 | 150 | 東京地判平23・6・7（平22（ワ）18943） |
| | | | | 不貞相手 | 200 | 東京地判平22・7・14（平21（ワ）19910） |
| | | | | 不貞相手 | 300 | 東京地判平19・1・11（平17（ワ）20521） |
| | | | 破綻 | 不貞相手 | 50 | 東京地判平19・6・4（平18（ワ）21435）（事例[92]） |
| | | | | 不貞相手 | 50 | 東京地判平21・9・28（平20（ワ）13125）（事例[104]） |
| | | | | 不貞相手 | 50 | 東京地判平22・11・30（平22（ワ）10296）（事例[116]） |
| | | | | 不貞相手 | 50 | 東京地判平22・12・14（平21（ワ）44297） |
| | | | | 不貞相手 | 80 | 東京地判平21・1・21（平20（ワ）6484） |
| | | | | 不貞相手 | 80 | 東京地判平23・2・21（平21（ワ）25761）（事例[117]） |
| | | | | 不貞相手 | 90 | 東京地判平27・12・15（平26（ワ）23268・平27（ワ）7845）（事例[134]） |
| | | | | 不貞相手 | 100 | 東京地判平15・6・26（平13（ワ）26555）（事例[87]） |
| | | | | 連帯 | 100 | 広島家判平18・11・21（平18（家ホ）52）（事例[156]） |
| | | | | 不貞相手 | 100 | 東京地判平19・3・30（平17（ワ）13304）（事例[90]） |
| | | | | 不貞相手 | 120 | 東京地判平19・2・26（平18（ワ）16389） |

| 婚姻期間 | 子の有無 | 不貞期間 | 婚姻関係 | 請求相手 | 慰謝料（認容額）（万円） | 事件番号（事例No.） |
|---|---|---|---|---|---|---|
| 20年以上 | 有 | 1年以上10年未満 | 破綻 | 不貞相手 | 130 | 東京地判平19・10・17（平18（ワ）23861）（事例[93]） |
| | | | | 不貞相手 | 150 | 東京地判平21・12・28（平20（ワ）35718）（事例[105]） |
| | | | | 不貞相手 | 150 | 東京地判平22・9・8（平21（ワ）43072） |
| | | | | 不貞相手 | 150 | 東京地判平27・9・17（平26（ワ）6665）（事例[133]） |
| | | | | 不貞相手 | 180 | 東京地判平26・11・4（平25（ワ）6651） |
| | | | | 不貞相手 | 200 | 東京高判昭56・12・9（昭56（ネ）1151・昭56（ネ）1386） |
| | | | | 不貞相手 | 200 | 東京地判平21・2・27（平20（ワ）14000）（事例[96]） |
| | | | | 不貞相手 | 200 | 東京地判平22・11・17（平21（ワ）23907） |
| | | | | 不貞相手 | 200 | 東京地判平23・3・4（平22（ワ）20902） |
| | | | | 不貞相手 | 200 | 東京地判平24・11・12（平23（ワ）31422）（事例[122]） |
| | | | | 不貞相手 | 200 | 東京地判平28・5・16（平26（ワ）24554） |
| | | | | 不貞相手 | 250 | 東京地判平22・3・4（平19（ワ）27644）（事例[110]） |
| | | | | 配偶者 | 250 | 東京地判平26・11・14（平25（ワ）23879） |
| | | | | 配偶者 | 300 | 東京地判平19・6・28（平18（ワ）26556）（事例[145]） |
| | | | | 連帯 | 300 | 東京地判平21・6・17（平20（ワ）13074）（事例[158]） |
| | | | | 不貞相手 | 300 | 東京地判平21・7・1（平20（ワ）31231） |
| | | | | 不貞相手 | 300 | 東京地判平21・12・22（平20（ワ）10539） |
| | | | | 不貞相手 | 300 | 東京地判平22・3・12（平21（ワ）14469） |
| | | | | 配偶者 | 300 | 東京地判平22・4・19（平21（ワ）41103・平21（ワ）43688） |

| 婚姻期間 | 子の有無 | 不貞期間 | 婚姻関係 | 請求相手 | 慰謝料(認容額)(万円) | 事件番号 （事例№） |
|---|---|---|---|---|---|---|
| 20年以上 | 有 | 1年以上10年未満 | 破綻 | 不貞相手 | 300 | 東京地判平22・7・6（平21（ワ）36748）（事例[113]） |
| | | | | 不貞相手 | 300 | 東京地判平27・2・3（平25（ワ）21488） |
| | | | | 不貞相手 | 500 | 浦和地判昭60・1・30（昭58（ワ）125） |
| | | 10年以上 | 継続 | 不貞相手 | 200 | 東京地判平22・3・11（平21（ワ）34747） |
| | | | | 不貞相手 | 300 | 東京地判平15・8・29（平13（ワ）27193） |
| | | | | 不貞相手 | 300 | 東京地判平21・3・10（平20（ワ）22524）（事例[20]） |
| | | | | 不貞相手 | 500 | 東京地判平19・7・27（平18（ワ）17580）（事例[16]） |
| | | | 破綻 | 不貞相手 | 100 | 東京地判平19・3・28（平16（ワ）26472）（事例[89]） |
| | | | | 不貞相手 | 120 | 東京地判平27・9・11（平26（ワ）9971）（事例[132]） |
| | | | | 配偶者 | 300 | 浦和地判昭60・11・29（昭57（タ）66・昭57（タ）97） |
| | | | | 不貞相手 | 300 | 東京地判平14・7・19（平10（ワ）4794） |
| | | | | 配偶者 | 800 | 東京地判平14・10・25（平11（タ）312） |
| | | | | 配偶者 | 1,000 | 東京地判平14・7・19（平10（ワ）4794） |
| | 無 | 1年未満 | 継続 | 不貞相手 | 60 | 東京地判平27・7・27（平26（ワ）23492）（事例[31]） |
| | | | | 不貞相手 | 150 | 東京地判平21・7・9（平20（ワ）13901・平20（ワ）23368） |
| | | | 破綻 | 不貞相手 | 100 | 東京地判平22・1・28（平21（ワ）27243） |
| | | 1年以上10年未満 | 継続 | 不貞相手 | 0 | 東京地判平25・5・14（平23（ワ）16218） |
| | | | | 不貞相手 | 100 | 東京地判平22・6・10（平21（ワ）43697）（事例[24]） |
| | | | 破綻 | — | — | — |

# 事例紹介

## 第1章　不貞相手のみを被告とする事例

### 第1　婚姻関係を継続した事例

【婚姻期間　1〜10年未満】

[1]　妻と不貞相手との不倫行為は不法行為に該当するが、妻宛ての書簡の交付や電話による嫌がらせが夫に対する不法行為を構成しないとされた事例

(東京地判平15・11・26（平14(ワ)21754）)

当事者　原告Ｘ：Ａの夫、被告Ｙ：Ａの不貞相手（男性）、Ａ：原告Ｘの妻

事実関係

| 認　容　額 | | 100万円 | | | |
|---|---|---|---|---|---|
| 請　求　額 | | 1,000万円 | | | |
| 不貞までの家族・婚姻関係 | 婚姻生活の状況 | ― | | | |
| | 不貞開始までの婚姻期間 | 7年 | | | |
| | 同居の有無 | 同居 | | | |
| | 子の人数 | 無 | | | |
| 不貞の態様 | 不貞期間 | 平10・4〜平11・5（約1年1か月） | 不貞回数 | 複数回 | |
| | 中断の有無 | 無 | 年齢差 | ― | |
| 不貞の被害に関する事項 | 婚姻関係 | 継続 | 別居の有無 | 同居 | |
| | 備考 | ― | | | |
| 当事者の態様 | 請求相手 | Ｙ（不貞相手） | | | |

| | 当事者の認識 | XとAとの夫婦仲がうまくいっていなかったことに起因して、AがYを執拗に誘い、Yが遂に引き込まれる形で関係を持ち、結局、YがAに弄ばれた挙げ句にYに飽きたAに捨てられたものであり、また、AのYへの接近の仕方はセクシャルハラスメントにも該当する程度のもので、Yの違法性は少ない |
| | 不貞行為の主導 | A |
| | 請求相手の経済力等 | ― |
| | 妊娠・出産の有無 | 無 |
| | 謝罪の有無 | ― |
| その他考慮される事項 | | 仮に、何らかの因果関係を辿って、XにYからの書簡、日記が到達したとしても、前記書簡及び日記は、もともとAを名宛人として同人に対して発せられたものであり、Xとの関係でも不法行為を構成するに足る違法性を具備しているとは認められないというべきであるとした |

## 算定のポイント

### 減額要素

◆YとAの不貞行為の発端は、Aの女性としての積極的な働きかけが認められ、Yは当初不貞行為には消極的であったこと

◆Xは、Aに対して不貞行為について法律上の責任追及をすることなく、本件訴訟を提起してYの責任追及のみ行っていること

◆XとAとの婚姻関係が決定的に破綻したとまで認めるに足る証拠はないこと（被害の程度が低いということで、減額要素になると思われる。）

第1章　不貞相手のみを被告とする事例　　21

［2］　妻が、夫の不貞行為の相手方に対し、不法行為に基づく損害賠償を
　　　請求した事案において、共同不法行為者のうちの1名に対して損害賠償
　　　請求をすることを認める一方で、妻と夫が従前どおり夫婦生活及び家
　　　族生活を送っている点を斟酌しなければならないとした事例

（東京地判平19・2・8（平18(ワ)14977））

当 事 者 原告X：Aの妻、被告Y：Aの不貞相手（女性）、A：原告Xの夫

事 実 関 係

| 認　容　額 | 120万円 | | | |
|---|---|---|---|---|
| 請　求　額 | 500万円 | | | |
| 不貞までの家族・婚姻関係 | 婚姻生活の状況 | 平穏 | | |
| | 不貞開始までの婚姻期間 | 9年9か月 | | |
| | 同 居 の 有 無 | 同居 | | |
| | 子 の 人 数 | 1人 | | |
| 不 貞 の態　　様 | 不 貞 期 間 | 平11・11〜平16・4（5年5か月間） | 不 貞 回 数 | 複数回 |
| | 中 断 の 有 無 | 無 | 年　齢　差 | － |
| 不貞の被害に関する事項 | 婚 姻 関 係 | 継続 | 別 居 の 有 無 | 同居 |
| | 備　　　　考 | － | | |
| 当 事 者の 態 様 | 請 求 相 手 | Y（不貞相手） | | |
| | 当事者の認識 | 婚姻の認識有、子あることの認識有 | | |
| | 不貞行為の主導 | － | | |
| | 請 求 相 手 の経 済 力 等 | － | | |
| | 妊 娠 ・ 出 産の　有　無 | 有（出産） | | |

| 謝罪の有無 | — |
|---|---|
| その他考慮される事項 | YはXに対し、不法行為に基づく損害賠償として、相当額の慰謝料を支払わなければならない。この点、Yは、Xが主たる不法行為者であるAを宥恕しながらYに対してのみ損害賠償を求めることは、信義則に反し、権利の濫用に当たる旨主張するが、共同不法行為者のうちの1名に対して損害賠償請求をすること自体が信義則違反又は権利濫用に当たるということはできない上、本件全証拠によっても、信義則違反又は権利濫用に当たるべき事情は見出せないとした |

算定のポイント

増額要素

◆平成12年、XとAとの間に長女が生まれたが、Yは、この事実をAから聞いて認識していながら、AとYは、従前のとおり交際を続けたこと

◆Yは、Aに妻子がいることを知りながら、4年以上にわたってAとの交際を継続し、Aとの間の子を懐胎しているところ、XとAとの婚姻関係及び子らを含むXの家庭生活は、AとYの不倫関係が発覚したことを契機として崩壊の危機にさらされ、Xは、極めて深刻な苦悩に陥り、耐え難い精神的苦痛を受けたこと

◆Xが上記のような精神的苦痛を被ったことについて、X自身に何ら責められるべき点がないことは明らかであること

◆離婚、家族崩壊という最悪の状況は一応避けることができたと評価できるものの、XとAとの間に生じたしこりは、一長一短に消失するものとは考えられず、今後、長年にわたる地道な努力によって修復されていかなければならないのであって、この点につき、Xには更なる課題が課せられたこと

減額要素

◆Xは、現在においてもAを完全に許すという気持ちにはなれず、Aとの間にはある種のしこりが残ったままであるが、Yとの関係を告白したAを宥恕し、長女と共に、一つ屋根の下で家計を共にし、従前のとおり、夫婦生活及び家族生活を送っていること

第1章　不貞相手のみを被告とする事例　　23

[3]　夫が約2年半の婚姻期間後2年余の間に不貞相手と合計3回肉体関係を持ったものの、夫が謝罪し妻に協力して証言するなど婚姻関係が相当程度回復している事例　　（東京地判平20・10・3（平19(ワ)33259））

| 当事者 | 原告Ｘ：Ａの妻、被告Ｙ：Ａの不貞相手（女性）、Ａ：原告Ｘの夫 |

## 事　実　関　係

| | | | | |
|---|---|---|---|---|
| 認　容　額 | | 50万円 | | |
| 請　求　額 | | 250万円 | | |
| 不貞までの家族・婚姻関係 | 婚姻生活の状況 | 特段の問題は見当たらない | | |
| | 不貞開始までの婚姻期間 | 約2年半 | | |
| | 同居の有無 | 同居 | | |
| | 子の人数 | 2人 | | |
| 不貞の態様 | 不貞期間 | 平14・2～平17・初(約2年) | 不貞回数 | 3回 |
| | 中断の有無 | 一時会わないようにしていた | 年齢差 | － |
| 不貞の被害に関する事項 | 婚姻関係 | 継続 | 別居の有無 | － |
| | 備考 | ＡがＸに謝罪し、Ｘに協力して法廷で証言するなど、現在では婚姻関係は相当程度修復されている | | |
| 当事者の態様 | 請求相手 | Ｙ（不貞相手） | | |
| | 当事者の認識 | 互いに配偶者があることを認識していた | | |
| | 不貞行為の主導 | － | | |
| | 請求相手の経済力等 | 会社員 | | |

| 妊娠・出産の有無 | 無 |
|---|---|
| 謝罪の有無 | — |
| その他考慮される事項 | Xは、不貞行為発覚により、ショックを受け、家事ができなくなり、不眠症に陥り、自傷行為をするようになり、見かねたAに連れられて心療内科を訪れ、以後約1年間通院を継続し、この間「解離性障害を合併するうつ病」との診断を受けるなどした |

## 算定のポイント

### 増額要素

◆YとAの交際期間が平成14年12月頃から約2年にわたって続いたこと

◆XとAとの間に2人の未成熟子がいること

◆Xが心療内科への通院を余儀なくされたこと

### 減額要素

◆XとAとの婚姻期間が不貞行為開始時点で約2年半程度にすぎなかったこと

◆YとAが肉体関係を持った回数が合計3回にとどまること

◆YとAの交際が遅くとも平成17年初め頃には終了したこと

◆Aが不貞関係を認めてXに謝罪し、本件訴訟においてXに協力して証言するなど、現在ではXとAの婚姻関係が相当程度修復されていること

第1章　不貞相手のみを被告とする事例　　25

[4]　医師である夫が患者の娘として知り合った女性と不貞関係を持ち、
　　その女性が夫の子を出産したものの、夫と不仲になって、妻に対し電
　　話やメールを繰り返した事例　　（東京地判平21・1・14（平20（ワ）3276））

| 当 事 者 | 原告X：Aの妻、被告Y：Aの不貞相手（女性）、A：原告Xの夫 |

### 事 実 関 係

| 認　容　額 | | 250万円 | | |
|---|---|---|---|---|
| 請　求　額 | | 1,000万円 | | |
| 不貞までの家族・婚姻関係 | 婚姻生活の状況 | ― | | |
| | 不貞開始までの婚姻期間 | 8年 | | |
| | 同 居 の 有 無 | 同居 | | |
| | 子 の 人 数 | 3人 | | |
| 不 貞 の態　　様 | 不 貞 期 間 | 平14・1又は平15・春頃～平17頃（3～4年） | 不 貞 回 数 | 度々 |
| | 中 断 の 有 無 | 無 | 年　齢　差 | ― |
| 不貞の被害に関する事項 | 婚 姻 関 係 | 継続 | 別 居 の 有 無 | 同居 |
| | 備　　　考 | ― | | |
| 当 事 者の 態 様 | 請 求 相 手 | Y（不貞相手） | | |
| | 当事者の認識 | YはAの妻であるXや子供らの存在を知っており、家族ぐるみで顔見知りだった | | |
| | 不貞行為の主導 | ― | | |
| | 請求相手の経 済 力 等 | 収入が乏しい | | |
| | 妊 娠・出 産の　有　無 | 1女を出産 | | |

| 謝罪の有無 | — |
|---|---|
| その他考慮される事項 | ・Yは、Xに対し、電話でAとの不貞関係や子の存在を告げ、その後、Aとの面会を求めたり、Xを揶揄したり嘲ったりする内容のメールを複数回送った |

## 算定のポイント

### 増額要素

◆Yが、Xの夫であるAと約3年ないし4年近くの間不貞関係にあり、同人との間の子である本件子供を出産したこと

◆Yが、自ら匿名でXに電話をかけ、Xに対し、Aとの不貞関係や本件子供の存在を告げたこと

◆Yが、その後、Aに対する養育料の支払等を求めて、Xに対し、Aとの面会を要求したり、あるいは、Xを揶揄したり嘲る内容のメールを送信したこと

◆Xは、本件が原因となって、Aが医院を開設していた場所から転居を余儀なくされるなどの生活上の支障や精神的苦痛を受けたこと

### 減額要素

◆離婚には至らなかったこと

※Yの夫によるAに対する慰謝料請求は、Aの生物学上の子が法律上Yの夫の子として確定したこと等により、500万円が認容された（東京地判平21・1・26（平19（ワ）30505））。

第1章 不貞相手のみを被告とする事例　　27

［5］　妻が不貞相手の子を妊娠したこと、不貞相手の言動が夫婦関係を破
　　　綻させたとまでは認められないこと、妻の方から相当程度積極的に不
　　　貞の関係を望んだ経緯等を考慮して、不貞相手に対する慰謝料の額を
　　　算定した事例　　（東京地判平21・4・16（平20(ワ)22693・平20(ワ)29148)）

当事者　　原告Ｘ：Ａの夫、被告Ｙ：Ａの不貞相手（男性）、Ａ：原告Ｘの妻

事　実　関　係

| 認　容　額 | | 150万円 | | |
|---|---|---|---|---|
| 請　求　額 | | 1,000万円 | | |
| 不貞までの家族・婚姻関係 | 婚姻生活の状況 | Ｘに夫婦関係を悪化させるような落ち度があったと認めるに足りる証拠はない | | |
| | 不貞開始までの婚姻期間 | 約9年 | | |
| | 同居の有無 | 同居 | | |
| | 子の人数 | 無 | | |
| 不貞の態様 | 不　貞　期　間 | 平成18・10〜平20・4（1年6か月） | 不　貞　回　数 | 複数回 |
| | 中断の有無 | 無 | 年　齢　差 | 同い年 |
| 不貞の被害に関する事項 | 婚　姻　関　係 | 継続 | 別居の有無 | 同居 |
| | 備　　　考 | Ｙの言動が、夫婦関係を破綻させたとまで認めることはできない | | |
| 当事者の態様 | 請　求　相　手 | Ｙ（不貞相手） | | |
| | 当事者の認識 | Ａが既婚であるとの認識有 | | |
| | 不貞行為の主導 | Ａが相当程度積極的にＹとの不貞の関係を望んだ経緯がうかがわれる | | |

| | 請 求 相 手 の 経 済 力 等 | — |
|---|---|---|
| | 妊 娠 ・ 出 産 の 有 無 | 妊娠するも、その後胎児は死亡 |
| | 謝 罪 の 有 無 | 無 |
| その他考慮される事項 | | ・Xは、Aに対する損害賠償を求めていない<br>・X宅において、YはXに暴行して全治2週間を要する傷害を負わせた一方、XもYに対して暴行して全治2週間の傷害を負わせた |

算定のポイント

増額要素

◆不貞関係が約1年6か月続いていたこと

◆婚姻期間が10年余りに及んでいること

◆Aが不貞行為に走った時点で、Xにその夫婦関係を悪化させるような落ち度があったと認めるに足りる証拠はないこと

◆YがAに自身の子を妊娠させていること

◆これら一連の行為が、夫としてのXの気持ちを著しく傷つけ苦しめ、また当然ながらその体面やプライドをも傷つけたことは明らかであること

減額要素

◆Xは、いまだAとは夫婦としての同居生活を続けていることを明言していて、Yの言動が、XとAとの夫婦関係を破綻させたとまで認めることはできないこと

◆Yによれば、Xに対して第一義的な貞操義務を負っているAの方から相当程度積極的にYとの不貞の関係を望んだ経緯がうかがわれること

◆Xは、現段階ではAに対する損害賠償を求めてはいないこと

第1章　不貞相手のみを被告とする事例　　29

[6]　妻から不貞相手に対する慰謝料請求において、夫が不貞に積極的で
　　あったほか、不貞相手に対して暴力や仕事に関する圧力を加えていた
　　ことを考慮して慰謝料額を算定した事例

(東京地判平21・10・29（平19(ワ)31788）)

当 事 者　原告Ｘ：Ａの妻、被告Ｙ：Ａの不貞相手（女性）、Ａ：原告Ｘの夫

事 実 関 係

| 認 容 額 | | 80万円 | | |
|---|---|---|---|---|
| 請 求 額 | | 600万円 | | |
| 不貞までの家族・婚姻関係 | 婚姻生活の状況 | 破綻していたことを認めるに足りる的確な証拠は存しない | | |
| | 不貞開始までの婚姻期間 | 約7年8か月 | | |
| | 同 居 の 有 無 | 同居 | | |
| | 子 の 人 数 | 1人 | | |
| 不 貞 の 態 様 | 不 貞 期 間 | 平19・1初旬〜平19・8初旬（約7か月） | 不 貞 回 数 | 複数回 |
| | 中 断 の 有 無 | 無 | 年 齢 差 | ― |
| 不貞の被害に関する事項 | 婚 姻 関 係 | 継続 | 別 居 の 有 無 | 同居 |
| | 備 考 | Ａと被告が別れるとの話合いを受けて、婚姻関係を維持することにした | | |
| 当 事 者の 態 様 | 請 求 相 手 | Ｙ（不貞相手） | | |
| | 当事者の認識 | 当初独身であると思っていたが、不貞開始時にはＡに妻子のあることを知りながらその後もＡとの不貞行為を継続した | | |

| | 不貞行為の主導 | Aが相当積極的であった |
|---|---|---|
| | 請求相手の経済力等 | ホームページ作成会社経営 |
| | 妊娠・出産の有無 | ― |
| | 謝罪の有無 | ― |
| その他考慮される事項 | | ・Yは、Aからホームページの作成という仕事を請けた立場にあった<br>・YがAに対して別れようと話したところ、Aから頭や顔を殴られた<br>・Yは、X宅へ嫌がらせ電話や無言電話をかけた |

### 算定のポイント

#### 増額要素

◆Xは、YのAとの不貞行為によって妻としての法的権利を侵害されたこと

◆Xは、Yの嫌がらせ電話や無言電話によって精神的苦痛を被ったこと

◆Xは、医師から、ストレス性頭痛及び不眠症の診断を受けるに至ったこと

#### 減額要素

◆YとAが別れることを明確にした話合いにXも同席していること

◆AとYとの交際が継続したことについては、Aが積極的であったこと及びYはAからの暴力や仕事に関する圧力を受けていたこと

◆①YとAとの交際が継続したことについてはAが相当積極的であったことがうかがわれること、②YがAに対して別れようと話したところAから頭や顔を殴られたこと、③Yがしていた「チラシ折り」の仕事をAの経営する会社の者が手伝ったことについて、AからYに対して給料を請求することもある旨を伝えられたこととの事実を認めることができ、こうしたYとAの関係を考えると、Xの夫であるAの責任は大きいこと

第1章　不貞相手のみを被告とする事例　　31

## ［7］　不貞相手が正当な理由なく尋問期日に出頭しなかったため、民事訴訟法208条に基づき、尋問事項に関する妻の主張を真実と擬制した事例

（東京地判平22・5・13（平21（ワ）15699））

当事者　原告Ｘ：Ａの妻、被告Ｙ：Ａの不貞相手（女性）、Ａ：原告Ｘの夫

### 事実関係

| 認 容 額 | 300万円 | | | |
|---|---|---|---|---|
| 請 求 額 | 1,000万円 | | | |
| 不貞までの家族・婚姻関係 | 婚姻生活の状況 | 精神的、経済的に支え合い、円満な夫婦生活 | | |
| | 不貞開始までの婚姻期間 | 6年5か月 | | |
| | 同 居 の 有 無 | 同居 | | |
| | 子 の 人 数 | 2人（不貞行為時は1人） | | |
| 不 貞 の 態 様 | 不 貞 期 間 | 平19・5頃～平22・2・12（口頭弁論終結時）（約2年9か月） | 不 貞 回 数 | 頻繁 |
| | 中 断 の 有 無 | 有（平19・12頃） | 年 齢 差 | ― |
| 不貞の被害に関する事項 | 婚 姻 関 係 | 継続 | 別 居 の 有 無 | 同居 |
| | 備 考 | ― | | |
| 当事者の態様 | 請 求 相 手 | Ｙ（不貞相手） | | |
| | 当事者の認識 | ― | | |
| | 不貞行為の主導 | Ｙとの交際を解消して自宅に帰ったＡ方にＹが赴き、不貞行為を再開させた | | |
| | 請求相手の経済力等 | 元法律事務所事務職員（元雇用主弁護士との不貞） | | |

| | 妊 娠 ・ 出 産 の 有 無 | ― |
|---|---|---|
| | 謝 罪 の 有 無 | ― |
| その他考慮される事項 | | ― |

### 算定のポイント

#### 増額要素

◆Xは、Aと婚姻した後、6年以上にわたり同人と生活を共にし、円満な夫婦関係を築いてきたこと

◆Xが幼い2人の子を前に苦悩に満ちた心情を抱いていたこと

◆Yは、XとAとの間に長男がおり、さらにXが近く出産予定であることを知りながら、Aとの肉体関係を持ち始めたこと

◆Aが不倫関係を継続するため賃貸したマンションにYが泊まるなどして頻繁に不貞行為をしたこと

◆Yが、交際を解消して自宅に帰ったA方に赴き、不貞行為を再開させ、本件訴訟が提起された後も継続していること

#### 減額要素

◆AがYの勤務先の上司であること

第1章　不貞相手のみを被告とする事例　　33

## ［8］　不貞相手からの美人局との主張を慰謝料の増額事由とした事例

(東京地判平22・9・6（平21(ワ)14702))

当事者　　原告Ｘ：Ａの夫、被告Ｙ：Ａの不貞相手（男性）、Ａ：原告Ｘの妻

### 事　実　関　係

| 認　容　額 | | 100万円 | | |
|---|---|---|---|---|
| 請　求　額 | | 300万円 | | |
| 不貞までの家族・婚姻関係 | 婚姻生活の状況 | 夫婦関係に特段の問題はなかった | | |
| | 不貞開始までの婚姻期間 | 5年1か月 | | |
| | 同 居 の 有 無 | 同居 | | |
| | 子 の 人 数 | 無 | | |
| 不 貞 の 態　様 | 不 貞 期 間 | 平20・9・24〜平20・10・12（1か月弱） | 不 貞 回 数 | 3回 |
| | 中 断 の 有 無 | 無 | 年 齢 差 | ― |
| 不貞の被害に関する事項 | 婚 姻 関 係 | 継続 | 別 居 の 有 無 | 同居 |
| | 備　　　　考 | ― | | |
| 当事者の態様 | 請 求 相 手 | Ｙ（不貞相手） | | |
| | 当事者の認識 | 既婚であることを認識 | | |
| | 不貞行為の主導 | Ａが終始誘惑的であり主導的であったと主張したが、Ｙも積極的な対応をしていたと認定 | | |
| | 請 求 相 手 の 経 済 力 等 | ― | | |
| | 妊 娠・出 産 の 有 無 | ― | | |
| | 謝 罪 の 有 無 | ― | | |
| その他考慮される事項 | | Ｙから、美人局であったとの主張がされた | | |

## 算定のポイント

### 増額要素

◆不貞行為がXに発覚したことにより、XとAは現時点では離婚に至っていないものの、日常的な会話はほとんどなく、一緒に行動することもなくなるなど、夫婦関係が悪化していること

◆Yから、美人局であったとの主張がされたことで、Xの精神的苦痛が更に増大したと認められること

### 減額要素

◆不貞行為は、比較的短い期間で終わっていること

[9]　婚約破棄等を理由として不貞相手が夫に慰謝料請求した訴訟と、妻が原告である夫の不貞相手に慰謝料請求した訴訟を併合審理した事例

（東京地判平24・4・13（平22(ワ)46362・平23(ワ)21669））

当 事 者　原告X：Aの妻、被告Y：Aの不貞相手（女性）、A：原告Xの夫

## 事 実 関 係

| 認　容　額 | | 80万円 | | |
|---|---|---|---|---|
| 請　求　額 | | 300万円 | | |
| 不貞までの家族・婚姻関係 | 婚姻生活の状況 | 婚姻関係は破綻していなかった | | |
| | 不貞開始までの婚姻期間 | 7年 | | |
| | 同 居 の 有 無 | 同居 | | |
| | 子 の 人 数 | 1人 | | |
| 不 貞 の態　　様 | 不 貞 期 間 | 平18・5頃〜平22・10（約4年半）※ただし、慰謝料算定基礎とされている期間は、平19・8・7以降（それ以前の不貞行為についてはYによる消滅時効援用が認められた） | 不 貞 回 数 | 多数 |
| | 中 断 の 有 無 | 無 | 年　齢　差 | ― |
| 不貞の被害に関する事項 | 婚 姻 関 係 | 継続 | 別 居 の 有 無 | 同居 |
| | 備　　　考 | ― | | |
| 当 事 者の 態 様 | 請 求 相 手 | Y（不貞相手） | | |
| | 当事者の認識 | 婚姻の認識有 | | |

| | 不貞行為の主導 | ― |
|---|---|---|
| | 請 求 相 手 の 経 済 力 等 | ― |
| | 妊 娠 ・ 出 産 の 有 無 | 無 |
| | 謝 罪 の 有 無 | 無 |
| その他考慮される事項 | | ― |

算定のポイント

増額要素

◆XにYとAの不貞関係が発覚し、Yは、Aと不貞関係を解消する意思がないにもかかわらず、Xに虚偽の謝罪をし、今後Aとは会わないと約したが、不貞関係を継続したこと

減額要素

◆XとAは現在も婚姻関係にあり、XはAに対し直ちに慰謝料の請求をする意思を有していないこと

第1章　不貞相手のみを被告とする事例　　37

[10]　既婚者同士の不貞につき、各配偶者から提起された不貞訴訟を併合
審理した事例　（東京地判平24・12・14（平23（ワ）33692・平24（ワ）4312））

| 当事者 | 甲事件　原告X1：Y2の夫、被告Y1：X2の夫・Y2の不貞相手（男性） |
| --- | --- |
| | 乙事件　原告X2：Y1の妻、被告Y2：X1の妻・Y1の不貞相手（女性） |

## 事　実　関　係

| 認　容　額 | | 甲事件：250万円 | | |
| --- | --- | --- | --- | --- |
| | | 乙事件：250万円 | | |
| 請　求　額 | | 甲事件：500万円 | | |
| | | 乙事件：300万円 | | |
| 不貞までの家族・婚姻関係 | 婚姻生活の状況 | ― | | |
| | 不貞開始までの婚姻期間 | X1・Y2間　約10年弱 | | |
| | | X2・Y1間　約6年 | | |
| | 同居の有無 | X1・Y2間　当初同居、平16・10〜単身赴任 | | |
| | | X2・Y1間　同居 | | |
| | 子の人数 | X1・Y2間　2人 | | |
| | | X2・Y1間　1人 | | |
| 不貞の態様 | 不貞期間 | 平14・2頃〜平23・6頃（約9年） | 不貞回数 | 複数回 |
| | 中断の有無 | 無 | 年齢差 | ― |
| 不貞の被害に関する事項 | 婚姻関係 | いずれも継続 | 別居の有無 | いずれも同居 |
| | 備考 | ― | | |
| 当事者の態様 | 請求相手 | Y1、Y2（各不貞相手） | | |
| | 当事者の認識 | 相互に相手が婚姻していることを知っていた | | |
| | 不貞行為の主導 | どちらか一方が主導的に行動したことはうかがわれない | | |

| | 請求相手の経済力等 | ― |
|---|---|---|
| | 妊娠・出産の有無 | $Y_2$は$Y_1$との性交渉により3回妊娠し、いずれも中絶 |
| | 謝罪の有無 | ― |
| その他考慮される事項 | | ― |

### 算定のポイント

**増額要素**

＜甲事件＞

◆$X_1$が不貞行為について、極めて強い怒りを示す内容の陳述書を提出していること

＜乙事件＞

◆$X_2$が少なくとも精神的に不安定になっていること

＜共通事由＞

◆長期間にわたり不貞行為が継続されたこと

**減額要素**

＜共通事由＞

◆それぞれの婚姻関係を維持していること

[11]　不貞配偶者と不貞相手との間に子が生まれ、不貞配偶者が同子を認
　　　知した事例　　　　　　　　　　　　（東京地判平25・4・11（平24(ワ)20425））

当 事 者　原告X：Aの妻、被告Y：Aの不貞相手（女性）、A：原告Xの夫

事 実 関 係

| 認　容　額 | | 150万円 | | | |
|---|---|---|---|---|---|
| 請　求　額 | | 500万円 | | | |
| 不貞まで<br>の家族・<br>婚姻関係 | 婚姻生活の状況 | 円満 | | | |
| | 不貞開始まで<br>の 婚 姻 期 間 | 約4年 | | | |
| | 同 居 の 有 無 | 同居 | | | |
| | 子 の 人 数 | 2人 | | | |
| 不 貞 の<br>態　　様 | 不 貞 期 間 | 平22・4・6〜平24・<br>3（約2年） | 不 貞 回 数 | 複数回 | |
| | 中 断 の 有 無 | － | 年 　齢　差 | 6歳 | |
| 不貞の被<br>害に関す<br>る 事 項 | 婚 姻 関 係 | 継続（破綻している<br>とまではいえない） | 別 居 の 有 無 | おそらく同居継続 | |
| | 備　　　　考 | － | | | |
| 当 事 者<br>の 態 様 | 請 求 相 手 | Y（不貞相手） | | | |
| | 当事者の認識 | 既婚者の認識有 | | | |
| | 不貞行為の主導 | － | | | |
| | 請 求 相 手 の<br>経 済 力 等 | 助産師 | | | |
| | 妊 娠 ・ 出 産<br>の 　有　 無 | 1度目は中絶、2度目（平24）は出産（胎児認知） | | | |
| | 謝 罪 の 有 無 | － | | | |
| その他考慮される事項 | | － | | | |

## 算定のポイント

### 増額要素

◆Xが、不法行為のため精神的な打撃を受け、幼い子らのために離婚まではできないものの、YとAの子が認知によりその旨が戸籍に記載されて養育費の負担や相続権も認められ、その影響は将来にわたって存続し続けることなどもあいまって、Aとの婚姻関係に大きな影響を受けていること

### 減額要素

◆AとXとの婚姻関係が破綻しているとまではいえないこと

◆XがいまだにAに責任があるとは認めていないこと

◆XA間で、両者間の子らに関する会話が継続していることからすると、婚姻関係については修復の可能性が十分あると認められること

第1章　不貞相手のみを被告とする事例　　　41

[12]　長期間の不貞のうち、消滅時効・除斥期間にかからない部分の不法
　　行為に基づく損害（慰謝料）を認容した事例

（東京地判平25・4・15（平24(ワ)4812））

当事者　原告X：Aの妻、被告Y：Aの不貞相手（女性）の相続人（Y1～Y3）、
　　　　　A：原告Xの夫

事実関係

| 認容額 | | 合計300万円（Y1～Y3：各100万円） | | |
|---|---|---|---|---|
| 請求額 | | 合計2,100万円（Y1～Y3：各700万円） | | |
| 不貞までの家族・婚姻関係 | 婚姻生活の状況 | 平穏 | | |
| | 不貞開始までの婚姻期間 | 事実婚開始時期から約4年 | | |
| | 同居の有無 | 基本的に同居（一時的に子らの就学準備のために海外留学中のAとXが別居していた時期有） | | |
| | 子の人数 | 2人 | | |
| 不貞の態様 | 不貞期間 | 昭34・8～平22・11（合計約51年）※ただし、消滅時効・除斥期間の適用により、損害賠償請求権が残存しているのは平4・2・21～平22・11の不法行為に関するもののみと判断されている | 不貞回数 | 複数回 |
| | 中断の有無 | — | 年齢差 | 6歳 |
| 不貞の被害に関する事項 | 婚姻関係 | 継続 | 別居の有無 | 家庭内別居 |
| | 備考 | — | | |

| 当 事 者 の 態 様 | 請 求 相 手 | Yら（不貞相手の相続人） |
|---|---|---|
| | 当事者の認識 | 既婚者の認識有 |
| | 不貞行為の主導 | — |
| | 請 求 相 手 の 経 済 力 等 | — |
| | 妊 娠 ・ 出 産 の 有 無 | — |
| | 謝 罪 の 有 無 | — |
| その他考慮される事項 | | — |

### 算定のポイント

#### 増額要素

◆（消滅時効・除斥期間にかからない）不貞行為の期間が19年近くの長きにわたるものであること

◆不貞行為の態様についても、不貞相手（Yらの被相続人）がAの住まいに頻繁に通い、あるいは長年にわたりホテルでの宿泊を重ねたり、Aが不貞相手（同）に長年にわたり金銭提供をしたりするといった大変親密な関係が築かれていたというほかないものであったこと

◆Xにつき特段の落ち度が認められないこと

◆人生の晩年ともいうべき年齢になってからAと不貞相手（同）による長年の背信を知ったXの精神的打撃は大きいこと

#### 減額要素

◆不貞相手（Yらの被相続人）の死亡後約5か月後の平成23年7月28日頃に不貞行為の継続を知るまで、婚姻関係が不貞行為の影響を受けることなく長年平穏に継続したこと

◆現時点でも、XとAが同居し、離婚の見通しがないこと

第1章　不貞相手のみを被告とする事例　　43

[13]　同一の不貞相手との間に成立した2度の示談に基づく慰謝料とは別
に、示談成立後の新たな不貞行為について慰謝料を認定した事例

（東京地判平26・12・24（平25（ワ）30014））

当事者　原告Ｘ：Ａの夫、被告Ｙ：Ａの不貞相手（男性）、Ａ：原告Ｘの妻

事　実　関　係

| 認　容　額 | | 50万円 | | |
|---|---|---|---|---|
| 請　求　額 | | 700万円 | | |
| 不貞まで<br>の家族・<br>婚姻関係 | 婚姻生活の状況 | 破綻はしていない | | |
| | 不貞開始まで<br>の婚姻期間 | 約6年（過去にもＡＹ間に不貞があるが、本件訴訟で問題<br>とされている不貞行為までは婚姻から約5年間） | | |
| | 同居の有無 | 同居 | | |
| | 子の人数 | 有（人数は不明） | | |
| 不貞の<br>態　様 | 不貞期間 | 平25・3・29 | 不貞回数 | 1回 |
| | 中断の有無 | — | 年齢差 | — |
| 不貞の被<br>害に関す<br>る事項 | 婚姻関係 | 継続（認定無） | 別居の有無 | — |
| | 備　考 | — | | |
| 当事者<br>の態様 | 請求相手 | Ｙ（不貞相手・過去にもＡと不貞・同不貞については2回<br>の示談成立） | | |
| | 当事者の認識 | 既婚者たる認識有 | | |
| | 不貞行為の主導 | — | | |
| | 請求相手の<br>経済力等 | 会社員 | | |
| | 妊娠・出産<br>の有無 | — | | |
| | 謝罪の有無 | | | |

| その他考慮される事項 | 過去のAY間の不貞行為につき、2回示談が成立している |
|---|---|
| | 示談1：平24・10・30示談（公正証書） |
| | 　200万円（分割払） |
| | 　平23・12頃～平24・10頃の不貞行為について |
| | 　・今後一切の接触をしないことを合意 |
| | 　・違約金の定め無 |
| | 示談2：平25・1・23示談（公正証書） |
| | 　200万円（分割払） |
| | 　示談1成立後の不貞行為について |
| | 　・今後一切の接触をしないことを合意 |
| | 　・違約金の定め無 |

### 算定のポイント

#### 増額要素

◆本件不貞行為が2度にわたる各示談に違反する形で行われ、また、それが、XがAとの婚姻関係の維持を期待して同居を再開した矢先に行われたものであるために、本件不貞行為によってXが被った精神的損害は甚大といえること

#### 減額要素

◆Xが主張する各示談の成立以前の不貞行為や接触行為については、本件各示談によって定められた慰謝料によって既に慰謝されているといえること
◆2度目の示談成立以降の不貞行為は1回であり、同示談以降の交際期間は長くないこと

第1章　不貞相手のみを被告とする事例　　45

[14]　不貞配偶者の離婚する旨の言動を信じて不貞関係を継続した不貞相
　　手に故意が認められた事例

(東京地判平28・4・26（平26(ワ)32311・平27(ワ)11797）)

当 事 者　原告Ｘ：Ａの妻、被告Ｙ：Ａの不貞相手（女性）、Ａ：原告Ｘの夫

事　実　関　係

| 認　容　額 | | 120万円 | | |
|---|---|---|---|---|
| 請　求　額 | | 500万円 | | |
| 不貞までの家族・婚姻関係 | 婚姻生活の状況 | 平穏 | | |
| | 不貞開始までの婚姻期間 | 5年 | | |
| | 同 居 の 有 無 | 同居 | | |
| | 子 の 人 数 | 2人 | | |
| 不 貞 の態　様 | 不 貞 期 間 | 平25・9頃〜平26・10頃（約1年。ただし、平26・1までの交際については、Ａが婚姻していたことについてＹに故意過失がなく、不法行為責任を負わないと認定されている） | 不 貞 回 数 | ― |
| | 中 断 の 有 無 | 無 | 年　齢　差 | 6歳 |
| 不貞の被害に関する事項 | 婚 姻 関 係 | 継続 | 別居の有無 | 同居 |
| | 備　　　考 | ― | | |
| 当 事 者の 態 様 | 請　求　相　手 | Ｙ（不貞相手） | | |
| | 当事者の認識 | 有（平26・1〜） | | |

| | | |
|---|---|---|
| | 不貞行為の主導 | ― |
| | 請 求 相 手 の 経 済 力 等 | ― |
| | 妊 娠 ・ 出 産 の 有 無 | 妊娠し流産。再度妊娠し出産 |
| | 謝 罪 の 有 無 | ― |
| その他考慮される事項 | | YはAに対し、独身であると告げられて交際したことにより貞操を侵害され精神的苦痛を受けたとして慰謝料を請求。90万円認容 |

## 算定のポイント

### 増額要素

◆Xはいまだ幼い2児の育児をこなす多忙な日々の中で、Aも交えて平穏な婚姻生活を送っていたが、YとAとの交際関係に加え、Yが妊娠していることを知り衝撃を受けたこと

◆Aが父を連れてXらの家を訪れ、怒鳴り出す事態となり、Xは、近隣住民との関係で子らが肩身の狭い思いをしないか強い不安を感じるなどして、自身も精神的に不安定になったこと

◆Yが妊娠、出産していたこと

◆Xの警告後もYとAとの交際関係が継続したこと

### 減額要素

◆XとAの婚姻関係、同居が継続していること

第1章　不貞相手のみを被告とする事例　　　47

## 【婚姻期間　10年以上】

[15]　夫と不貞相手との交際の程度やその期間、夫婦関係が破綻せず維持されていること等の事情により、慰謝料が10万円の限度で認められた事例
(東京簡判平15・3・25（平14（ハ）15837））

当 事 者　原告X：Aの妻、被告Y：Aの不貞相手（女性）、A：原告Xの夫

### 事 実 関 係

| 認 容 額 | | 10万円 | | |
|---|---|---|---|---|
| 請 求 額 | | 90万円 | | |
| 不貞までの家族・婚姻関係 | 婚姻生活の状況 | 平穏 | | |
| | 不貞開始までの婚姻期間 | 45年 | | |
| | 同 居 の 有 無 | 同居 | | |
| | 子 の 人 数 | 3人 | | |
| 不 貞 の態 様 | 不 貞 期 間 | 平13（約半年） | 不 貞 回 数 | 複数回 |
| | 中 断 の 有 無 | 無 | 年 齢 差 | ― |
| 不貞の被害に関する事項 | 婚 姻 関 係 | 継続 | 別 居 の 有 無 | 一時家庭内別居 |
| | 備 考 | ― | | |
| 当 事 者の 態 様 | 請 求 相 手 | Y（不貞相手） | | |
| | 当事者の認識 | 既婚の認識有 | | |
| | 不貞行為の主導 | ― | | |
| | 請 求 相 手 の経 済 力 等 | ― | | |

| | | |
|---|---|---|
| 妊娠・出産の有無 | 無 | |
| 謝罪の有無 | — | |
| その他考慮される事項 | ＹとＡとの間に肉体関係があったことを認めるに足りる証拠はないとしつつ、ＹとＡとの交際の程度は、思慮分別の十分であるべき年齢及び社会的地位にある男女の交際としては、明らかに社会的妥当性の範囲を逸脱するものであるから、ＸとＡとの夫婦生活の平穏を害しＸに精神的苦痛を与えたことは明白であるとした | |

算定のポイント

減額要素

◆本来、夫婦は互いに独立した人格であって、平穏な夫婦生活は夫婦相互の自発的な意思と協力によって維持されるべきものであるから、不倫の問題も、基本的にはＸとＡとの夫婦間の問題として処理すべきものであること

◆ＹとＡとの交際の程度は、数万円もするプレゼントを交換するとか、2人だけで大阪まで旅行するなどにとどまり、肉体関係があったことを認めるに足りる証拠はないこと

◆交際の期間が約半年にすぎないこと

◆ＹもＡも○○委員を辞任するという一種の社会的制裁を受けていること

◆ＸとＡとの婚姻関係は最終的には破綻することなく維持されていること

第1章　不貞相手のみを被告とする事例　49

[16]　夫が婚姻約40年後から20年間毎日愛人方に通い、2子をもうけ、その
　　　うち1子に全財産を相続させる遺言をして死亡した事例

（東京地判平19・7・27（平18（ワ）17580））

当 事 者　原告X：Aの妻、被告Y：Aの不貞相手（女性）、A：原告Xの夫

事 実 関 係

| 認 容 額 | | 500万円 | | |
|---|---|---|---|---|
| 請 求 額 | | 1億円 | | |
| 不貞までの家族・婚姻関係 | 婚姻生活の状況 | Aは夜にはXの待つ自宅に帰っており、結局自宅でXに看取られて亡くなっていることから、Xとの婚姻関係を維持するというAの強い意思を看取することができ、YがAと交際を開始した当時、既にXとAとの婚姻関係が破綻に至っていた等とは認めることができない | | |
| | 不貞開始までの婚姻期間 | 39年 | | |
| | 同 居 の 有 無 | 同居 | | |
| | 子 の 人 数 | 2人 | | |
| 不貞の態様 | 不 貞 期 間 | 昭60頃〜平18・3（約20年） | 不 貞 回 数 | — |
| | 中 断 の 有 無 | 無 | 年 齢 差 | — |
| 不貞の被害に関する事項 | 婚 姻 関 係 | 継続 | 別 居 の 有 無 | 同居 |
| | 備 考 | Aは、2社を経営する事業者であったところ、遺産のすべてを認知したYの男子に相続させる内容の遺言をした | | |
| 当事者の態様 | 請 求 相 手 | Y（不貞相手） | | |
| | 当事者の認識 | Yは当初からAが既婚者であることを知っていた | | |
| | 不貞行為の主導 | — | | |

| | 請求相手の経済力等 | — |
|---|---|---|
| | 妊娠・出産の有無 | Yは2子を出産し、Aはいずれも認知した |
| | 謝罪の有無 | — |
| その他考慮される事項 | | ・XとAは韓国籍で、AはXと日本での婚姻前韓国において別の女性と婚姻関係にあり、Xとの婚姻後24年で同女が死亡し、その1か月後XとAは韓国でも婚姻を届け出た<br>・Aは20年間毎日日中はY方へ通い、夜間はX方へ戻るという生活をしてきた<br>・Yの住居はXの住居と同じ町内であり、XはAに愛人や隠し子がいるという風評に悩まされた |

### 算定のポイント

#### 増額要素

◆YがAにXという妻がいることを知りながら、Aと肉体関係を持つに至ったこと

◆昭和60年頃以降、Aが死亡するまでの約20年間もの長期間にわたり、Aが毎日Y方に通うような形でAとの関係を継続したこと

◆関係継続の間にYはAが認知した2人の子をもうけていること

◆Yの住居はXの自宅と同じ町内ないしは近隣であったことから、XはAに愛人や隠し子がいるという風評にも悩まされたとうかがわれること

#### 減額要素

◆A死亡に至るまで同人とXとの婚姻生活が破綻に至ったとは認められないこと

◆XがAのことを宥恕しているものと解されること

◆本件提訴の日から20年前の1年8か月分の慰謝料は除斥期間経過により、もはや行使し得ないものと解されること

第1章　不貞相手のみを被告とする事例　　　51

[17]　夫が4年余にわたって9歳年下の相手方と不貞関係を継続し、その間3
　　度にわたって妻に不貞関係が発覚して、夫婦が別居するに至った事例

（東京地判平19・7・31（平18（ワ）15201））

当事者　原告X：Aの妻、被告Y：Aの不貞相手（女性）、A：原告Xの夫

事　実　関　係

| 認　容　額 | | 150万円 | | |
|---|---|---|---|---|
| 請　求　額 | | 500万円 | | |
| 不貞までの家族・婚姻関係 | 婚姻生活の状況 | 幸福な家庭生活を送っていた | | |
| | 不貞開始までの婚姻期間 | 10年 | | |
| | 同居の有無 | 同居 | | |
| | 子の人数 | 1人 | | |
| 不貞の態様 | 不貞期間 | 平14・3〜平18・4（約4年1か月） | 不貞回数 | － |
| | 中断の有無 | 有（期間不明） | 年齢差 | 9歳 |
| 不貞の被害に関する事項 | 婚姻関係 | 継続 | 別居の有無 | 別居 |
| | 備考 | Xが子のために離婚しない意思である | | |
| 当事者の態様 | 請求相手 | Y（不貞相手） | | |
| | 当事者の認識 | 認識有 | | |
| | 不貞行為の主導 | A | | |
| | 請求相手の経済力等 | ・YはXの代理人に対し資力がない旨述べた<br>・フリーの映像ディレクター | | |
| | 妊娠・出産の有無 | 無 | | |
| | 謝罪の有無 | 無 | | |
| その他考慮される事項 | | A・Y間の不貞関係は3度にわたってXに発覚した | | |

## 算定のポイント

### 増額要素

◆Xが夫婦及び未成年の子との3人の幸福な家庭生活を侵害され、それも3度にわたってＡの背信を目の当たりにしたこと

### 減額要素

◆Ａは、妻であるＸ及び子があり、自ら、婚姻共同生活の平和と維持を遵守すべき義務がありながら、あえてこれを破り、Ｙとの不貞関係を結んだものであり、Ｘの精神的損害につき直接的かつ重大な責任を負うべきものであること

◆Ｙが9歳年上であるＡに対し積極的に勧誘したとは考えにくいこと

第1章　不貞相手のみを被告とする事例　　53

[18]　会社を経営する夫が、妻との婚姻関係が相当悪化する中、スナックを経営する女性と同棲を始めたものの、子を思って妻の元に戻った事例　　(東京地判平20・12・12（平19(ワ)31465)）

当事者　原告X：Aの妻、被告Y：Aの不貞相手（女性）、A：原告Xの夫

## 事実関係

| 認　容　額 | | 100万円 | | |
|---|---|---|---|---|
| 請　求　額 | | 500万円 | | |
| 不貞までの家族・婚姻関係 | 婚姻生活の状況 | 夫婦の会話はほとんどなく、食事も一緒に取ることもなくなり、XがAの帰宅が午前0時を過ぎると玄関のドアにチェーンを掛けて締め出すことが何度もあったことから、Aが嫌になってXとの離婚を考えるようになり、弁護士に離婚を相談したこともあったが、Aは不貞開始後に別居した時点でも長男のことを思い、Xとの離婚の意思を固めておらず、離婚手続を進めたことはなかった | | |
| | 不貞開始までの婚姻期間 | 約21年 | | |
| | 同居の有無 | 同居 | | |
| | 子の人数 | 1人 | | |
| 不貞の態様 | 不貞期間 | 平18・7～平19・12（1年5か月） | 不貞回数 | － |
| | 中断の有無 | 無 | 年齢差 | － |
| 不貞の被害に関する事項 | 婚姻関係 | 継続 | 別居の有無 | 別居 |
| | 備　考 | 同居を回復し、AがXとの婚姻生活をやり直すべく努めている | | |
| 当事者の態様 | 請求相手 | Y（不貞相手） | | |

| | 当事者の認識 | Yは、Aに妻がいることを知っており、AからXが離婚に応ずる意思があるかについて説明を受けたこともなく、Xとの離婚手続が進んでいるとの説明を受けたこともないまま、不貞に及んだ |
| --- | --- | --- |
| | 不貞行為の主導 | Aが積極的に働きかけたもので、Yが積極的に働きかけた形跡はみられない |
| | 請求相手の経済力等 | スナック経営者 |
| | 妊娠・出産の有無 | 無 |
| | 謝罪の有無 | 開き直り、訴訟が係属するまでXに対して全く反省する態度を示さなかった |
| その他考慮される事項 | | ・YがXに対し、嫌がらせのメールを複数送信した<br>・Xが、AとYとの肉体関係を知り、ショックを受け、体調を崩し、医師により、機能性子宮出血であり、過度のストレスが要因であると思われるとの診断を受けた |

## 算定のポイント

### 増額要素

◆Xが、AとYとの肉体関係を知り、ショックを受け、体調を崩し、医師により、機能性子宮出血であり、過度のストレスが要因であると思われるとの診断を受けており、上記機能性子宮出血がAとYとの肉体関係を知ったことが少なくとも一因になっているということができること

◆Yがマンションに衣類を持ち込み、Aとの同居生活に向けて積極的に応じていること

◆Yが、XにAとYとの肉体関係の発覚した後、Xが無言電話をかけたり、メールを送付してきたと思い込んで開き直り、Xに対して本件訴訟が係属するまで肉体関係を持ったことにつき全く反省する態度を示さなかったこと

第1章　不貞相手のみを被告とする事例　　55

減額要素

◆XとAとの婚姻関係が、YとAが肉体関係を持った時点で、破綻してはいないが、相当に悪化していたこと

◆Aは、Xの元に戻っており、婚姻関係が破綻に陥ることがなかったこと

◆肉体関係を持ったことについては、Aが積極的に働きかけたものであり、Yが積極的に働きかけた形跡がうかがえないこと

　※Aは、謝罪の気持ちも込めて、Xに対し、不貞開始前から合意していた自宅土地建物のA持分4分の3を贈与し、結婚記念日のプレゼントとしてダイヤのネックレスを贈与したが、これらは損害賠償債務の履行には当たらず、これにより損害賠償債務が消滅することはないとされた。

56　　　　第1章　不貞相手のみを被告とする事例

[19]　夫が銀座のクラブのママと、約1年半及び約2年の2回にわたって継続的な不貞関係を持ったため、婚姻関係が破綻の危機に陥った事例

（東京地判平20・12・26（平19(ワ)33582)）

| 当事者 | 原告X：Aの妻、被告Y：Aの不貞相手（女性）、A：原告Xの夫 |

### 事実関係

| 認　容　額 | | 200万円 | | | |
|---|---|---|---|---|---|
| 請　求　額 | | 374万2,395円 | | | |
| 不貞までの家族・婚姻関係 | 婚姻生活の状況 | XとAは同居して生活していた。Xは、平成13年、Aの深夜の帰宅があまりに多くなり、Aからは、仕事上の付き合いであると言われていたものの、そのような付き合い方をする人とはどのような人なのか、女性と付き合っているのではないかと疑問に思うようになった | | | |
| | 不貞開始までの婚姻期間 | 約15年 | | | |
| | 同居の有無 | 同居 | | | |
| | 子の人数 | 無 | | | |
| 不貞の態様 | 不　貞　期　間 | 平13〜平14、平17・7〜平19・8（1年半＋2年） | 不　貞　回　数 | 月1〜2回 | |
| | 中断の有無 | 有 | 年　齢　差 | — | |
| 不貞の被害に関する事項 | 婚　姻　関　係 | 継続 | 別居の有無 | 同居 | |
| | 備　　　考 | AはXに対し離婚意思があることを告げた。これに対し、Xは、Aに対する不信感が強く、離婚するしかないとの思いはあるものの、Xの両親もAの母も高齢で心配を掛けたくないとの思いも強く、何とかAを信じてもう少し頑張ってみようと思っている | | | |

| 当事者の態様 | 請 求 相 手 | Y（不貞相手） |
|---|---|---|
| | 当事者の認識 | YはAが家庭を持っていることは認識していた |
| | 不貞行為の主導 | ― |
| | 請 求 相 手 の 経 済 力 等 | 銀座のクラブの経営者 |
| | 妊 娠 ・ 出 産 の 有 無 | 無 |
| | 謝 罪 の 有 無 | ― |
| その他考慮される事項 | | Xは、不貞関係が一旦中断した時点では、相手の女性を特定した上で積極的に慰謝料請求をすることまでは考えなかった |

### 算定のポイント

**増額要素**

◆Xが1度ならず2度までも長期間にわたる不貞関係が続いたことを知ったこと
◆Xが一旦はAから離婚の意思を告げられたこと

**減額要素**

◆消滅時効が完成しているとは認められないものの、不貞関係が一旦中断した時点では、Xの日常生活は一見平穏な状態となったものであり、その時点では、Xが相手の女性を特定した上で積極的に慰謝料請求をすることまでは考えなかったこと
◆XとAが現時点では別居や離婚には至っていないこと

※慰謝料とは別に、調査費用相当損害金125万7,605円の請求に対し100万円が認容された。

[20]　大企業の役員であった亡夫が、生前、長期間にわたって単身赴任した際に交際を始めた不貞相手との間に1子をもうけ、不貞相手との関係解消に1億円を支払っていた事例　（東京地判平21・3・10（平20（ワ）22524））

当事者　原告X：Aの妻、被告Y：Aの不貞相手（女性）、A：原告Xの夫

事　実　関　係

| 認　容　額 | | 300万円 | | |
|---|---|---|---|---|
| 請　求　額 | | 1,000万円 | | |
| 不貞までの家族・婚姻関係 | 婚姻生活の状況 | Xは、昭和46年頃に子宮筋腫の手術をして以来体調が悪く、リウマチ等もあったことから、無理をするとすぐ寝込むことになるため、年1回程度しか上京しなかったが、亡Aの東京の家には会社がお手伝いを雇っており、また、長女や東京在住の長男が亡A宅を訪れ、特に長男は月1回は亡Aと会っていた。また、亡Aは月に2、3回名古屋の自宅に帰っていた | | |
| | 不貞開始までの婚姻期間 | 37年 | | |
| | 同居の有無 | 別居 | | |
| | 子の人数 | 2人 | | |
| 不貞の態様 | 不貞期間 | 昭63頃～平15・12頃（15年） | 不貞回数 | ― |
| | 中断の有無 | ― | 年　齢　差 | ― |
| 不貞の被害に関する事項 | 婚姻関係 | 継続 | 別居の有無 | 同居 |
| | 備　　考 | AがXに告白し約1か月後にAが死亡した | | |
| 当事者の態様 | 請求相手 | Y（不貞相手） | | |
| | 当事者の認識 | YはAが婚姻していることを知っており、不貞行為は良くないことと分かっていた | | |

第1章　不貞相手のみを被告とする事例　　59

| | 不貞行為の主導 | — |
|---|---|---|
| | 請求相手の経済力等 | 職業不明。Aは、Yと別れるに当たり、解決金として1億円を支払った |
| | 妊娠・出産の有無 | Yが1子を出産し、Aが遺言により認知した |
| | 謝罪の有無 | — |
| その他考慮される事項 | | — |

## 算定のポイント

増額要素

◆Xと亡Aとの不貞関係が少なくとも数年間は継続し、その間に子が生まれるに至っていること

◆本件不貞当時、Xと亡Aとの婚姻関係にはさほど大きな問題はなく、Xは亡Aが死亡する直前に初めてその事実を知らされ、大きな精神的打撃を受けたこと

◆亡Aは生前にYに対し、不貞関係に関する解決金として1億円を支払っていること

60 　　第1章　不貞相手のみを被告とする事例

[21]　妻から不貞相手に対する慰謝料請求につき、不貞行為によっては夫
　　　婦関係は破綻に至っておらず、かえって妻は夫を宥恕しているともう
　　　かがわれるとして慰謝料額を算定した事例

(東京地判平21・10・28（平20(ワ)28144))

| 当 事 者 | 原告X：Aの妻、被告Y：Aの不貞相手（女性）、A：原告Xの夫 |

### 事 実 関 係

| 認　容　額 | | 50万円 | | |
|---|---|---|---|---|
| 請　求　額 | | 150万円 | | |
| 不貞までの家族・婚姻関係 | 婚姻生活の状況 | 円満 | | |
| | 不貞開始までの婚姻期間 | 約10年 | | |
| | 同 居 の 有 無 | 別居（Aは単身赴任中） | | |
| | 子 の 人 数 | 無（ただし、不貞発覚後にAの子を妊娠） | | |
| 不 貞 の 態 様 | 不 貞 期 間 | 平19・12下旬～平20・3末（約3か月） | 不 貞 回 数 | 複数回 |
| | 中 断 の 有 無 | 無 | 年 齢 差 | Aが年上 |
| 不貞の被害に関する事項 | 婚 姻 関 係 | 継続 | 別居の有無 | 同居 |
| | 備　　　考 | ― | | |
| 当 事 者 の 態 様 | 請 求 相 手 | Y（不貞相手） | | |
| | 当事者の認識 | 既婚の認識有 | | |
| | 不貞行為の主導 | ― | | |
| | 請 求 相 手 の 経 済 力 等 | 看護師 | | |
| | 妊 娠 ・ 出 産 の　有　無 | ― | | |

| | 謝 罪 の 有 無 | 無 |
|---|---|---|
| その他考慮される事項 | | Aは医師で、YはAの単身赴任先の病院に採用された新人看護師であった |

算定のポイント

増額要素

◆Yは、AがXと婚姻していることを知りながら、Aと性交渉を持ち、以降約3か月の間、週に1回程度の割合で性交渉を持っていた事実が認められること

減額要素

◆XとAとの夫婦関係は、本件によっては破綻に至っていない事実が認められること
◆Xは、本件発覚後に、Aの子を妊娠するなど、XはAを宥恕しているともうかがわれる事実が認められること
◆Aは医師で、Yは同じ職場で稼働する看護師であること
◆Aの方がYより年齢が上であること
◆Yは、採用されて間もない看護師であり、資力がそれほどないこと

**62**　　第1章　不貞相手のみを被告とする事例

[22]　夫から不貞相手に対する慰謝料請求につき、夫に対する共同不法行為責任における不貞相手の負担割合を6割とした事例

（東京地判平21・10・30（平20(ワ)27155)）

| 当 事 者 | 原告X：Aの夫、被告Y：Aの不貞相手（男性）、A：原告Xの妻 |

### 事 実 関 係

| 認　容　額 | 240万円 | | |
|---|---|---|---|
| 請　求　額 | 1,500万円 | | |
| 不貞までの家族・婚姻関係 | 婚姻生活の状況 | 円満 | | |
| | 不貞開始までの婚姻期間 | 約12年 | | |
| | 同 居 の 有 無 | 同居 | | |
| | 子 の 人 数 | 2人 | | |
| 不 貞 の態　　様 | 不 貞 期 間 | 昭61〜平20（約22年間） | 不 貞 回 数 | 複数回 |
| | 中 断 の 有 無 | 無 | 年 齢 差 | ― |
| 不貞の被害に関する事項 | 婚 姻 関 係 | 継続 | 別居の有無 | 同居 |
| | 備　　　考 | ― | | |
| 当 事 者の 態 様 | 請 求 相 手 | Y（不貞相手） | | |
| | 当事者の認識 | 既婚の認識有 | | |
| | 不貞行為の主導 | YがAに対して関係継続を強く要求した事実も存在したが、その要求内容はAに深刻な畏怖心を具体的に抱かせる程度のものとは認められない | | |
| | 請 求 相 手 の経 済 力 等 | 損害保険業経営兼保険会社勤務 | | |

| 妊娠・出産の有無 | Aが2度妊娠（いずれも堕胎） |
|---|---|
| 謝罪の有無 | ― |
| その他考慮される事項 | ― |

### 算定のポイント

**増額要素**

◆本件不貞行為が約22年もの長きにわたって継続されていたこと

◆その間にAは2度妊娠堕胎をしていること

◆Xは保険契約等を通じてYと面識があったこと（Yは、Aとの情交関係継続中において、Xの自動車保険の加入、家財保険の加入手続を代行し、長男の自動車保険やその勤務先のスポーツ傷害保険契約を代行するなどした）

◆これらの事実がXに非常に強い衝撃や憤りを与えていること

※本件不貞行為によってXの被った精神的苦痛を慰謝するに相当な額としては、400万円を相当とし、本件の共同不法行為におけるYの負担割合としては、6割を認めるのが相当である、とされた。

**減額要素**

◆Xにおいて、いまだ妻であるAに対する愛情を捨て難く、そうしたXの複雑な心情が、X自身に過度の精神的負担を与えている側面があること

◆本件不貞行為については、妻であるAがその自由意思において夫であるXを長年にわたり裏切ってきた面が多分にあり、このことを過小評価することはできないこと

※本件不貞行為の経過の中で、YがAに対して関係継続を強く要求した事実も存在したが、その要求内容はAに深刻な畏怖心を具体的に抱かせる程度のものとは認められず、かえって、上記要求の後においても、AがYとの接触を拒絶しようとしていたこともなく、2人の自由意思でドライブにも出かける等しているのであって、仮にAの内心においてそれ以前よりもYとの関係に対する思いが冷めてきた面があったとしても、AがYの意向に支配されていたとは到底評価できないのであって、一方的にYが負担割合を負うべきとするような関係にあったとは認められない、とされた。

[23]　妻から不貞相手に対する慰謝料請求につき、婚姻関係を続けていきたいという夫の意向を妻が受け入れて夫を宥恕したことを考慮し、慰謝料額を算定した事例　　　　　（東京地判平22・1・27（平21(ワ)4967））

| 当事者 | 原告Ｘ：Ａの妻、被告Ｙ：Ａの不貞相手（女性）、Ａ：原告Ｘの夫 |
|---|---|

## 事実関係

| 認　容　額 | | 150万円 | | |
|---|---|---|---|---|
| 請　求　額 | | 500万円 | | |
| 不貞までの家族・婚姻関係 | 婚姻生活の状況 | ＸとＡとの婚姻関係が破綻していたとは認められない | | |
| | 不貞開始までの婚姻期間 | 約23年 | | |
| | 同居の有無 | 別居（Ａは単身赴任） | | |
| | 子の人数 | 3人 | | |
| 不貞の態様 | 不貞期間 | 平18・4・20頃～平20・8頃（約2年半） | 不貞回数 | 複数回 |
| | 中断の有無 | 無 | 年齢差 | ― |
| 不貞の被害に関する事項 | 婚姻関係 | 継続 | 別居の有無 | 別居 |
| | 備考 | Ｘは、Ａを宥恕することとしたが、ぎくしゃくした関係が続いている | | |
| 当事者の態様 | 請求相手 | Ｙ（不貞相手） | | |
| | 当事者の認識 | 既婚の認識有 | | |
| | 不貞行為の主導 | ― | | |
| | 請求相手の経済力等 | 保険会社勤務 | | |
| | 妊娠・出産の有無 | ― | | |

第1章　不貞相手のみを被告とする事例　　65

| 謝 罪 の 有 無 | 無 |
|---|---|
| その他考慮される事項 | ― |

## 算定のポイント

### 増額要素

◆Xは、Yに対し、Aとの交際を絶つように何度か申し入れたが、Yからは謝罪の言葉もAとの交際を止めるとの言葉もなかったこと

◆Xが、Yに電話をして、Yの対応いかんでは裁判もやむを得ないと述べたことに対し、Yは、「裁判にかけた場合、Aの立場はどうなるのか。うちの会社の仕組みが分かっていない。」などと応じたこと

◆YがAと親密な交際を開始した当時、XとAとの婚姻関係が破綻していたとは認められないこと

◆いまだにXとAとはぎくしゃくした関係が続いていること

### 減額要素

◆Xは、Aが、Yとの不貞を認めた上、Yとの交際を絶ち切り、Xとの婚姻関係を続けていきたいと述べたので、Aの意向を受け入れ、同人を宥恕することとしたこと

## 第1章　不貞相手のみを被告とする事例

### [24]　婚姻関係が破綻していないことなどを理由に慰謝料額として100万円が相当と認めた事例

（東京地判平22・6・10（平21（ワ）43697））

| 当事者 | 原告X：Aの妻、被告Y：Aの不貞相手（女性）、A：原告Xの夫 |

### 事　実　関　係

| 認　容　額 | | 100万円 | | |
|---|---|---|---|---|
| 請　求　額 | | 1,000万円 | | |
| 不貞までの家族・婚姻関係 | 婚姻生活の状況 | － | | |
| | 不貞開始までの婚姻期間 | 約35年 | | |
| | 同居の有無 | 同居 | | |
| | 子の人数 | 無 | | |
| 不貞の態様 | 不貞期間 | 平19・2頃～平21・8・30（1年7か月） | 不貞回数 | － |
| | 中断の有無 | 無 | 年齢差 | － |
| 不貞の被害に関する事項 | 婚姻関係 | 継続 | 別居の有無 | 同居 |
| | 備考 | － | | |
| 当事者の態様 | 請求相手 | Y（不貞相手） | | |
| | 当事者の認識 | 既婚であることを認識 | | |
| | 不貞行為の主導 | Aが本件不倫関係を維持するために積極的に行動していた | | |
| | 請求相手の経済力等 | 不貞行為開始時は、Yの元夫（不貞行為後に離婚）が営むそば屋で勤務していた | | |
| | 妊娠・出産の有無 | － | | |

| | 謝 罪 の 有 無 | — |
|---|---|---|
| その他考慮される事項 | | Yは、Aとの不貞関係を続けるうちに夫との関係が悪化し、平成19年11月15日夫と離婚した |

### 算定のポイント

**増額要素**

◆Xがうつ状態となり、不眠を訴えるようになったこと

**減額要素**

◆本件不倫関係が終わった後も、XとAは同居しており、その婚姻関係は破綻していないこと

◆本件不倫関係の継続期間が、婚姻期間に比して、相対的に短期間であること

## ［25］ 不貞関係の中断・再開を繰り返した事例

（東京地判平22・7・15（平21（ワ）46648））

**当事者** 原告Ｘ：Ａの夫、被告Ｙ：Ａの不貞相手（男性）、Ａ：原告Ｘの妻

### 事 実 関 係

| | | | | | |
|---|---|---|---|---|---|
| 認 容 額 | | 150万円 | | | |
| 請 求 額 | | 500万円 | | | |
| 不貞までの家族・婚姻関係 | 婚姻生活の状況 | おおむね平穏な家庭生活 | | | |
| | 不貞開始までの婚姻期間 | 約21年 | | | |
| | 同 居 の 有 無 | 同居 | | | |
| | 子 の 人 数 | 3人 | | | |
| 不 貞 の 態 様 | 不 貞 期 間 | 平19・11頃〜平21・5半ば（約1年半） | 不 貞 回 数 | ― | |
| | 中 断 の 有 無 | 2回 | 年 齢 差 | ― | |
| 不貞の被害に関する事項 | 婚 姻 関 係 | 継続 | 別 居 の 有 無 | 同居 | |
| | 備 考 | ＸはいまだＡとの離婚手続には踏み切っておらず、仮に現時点では家庭内別居状態になっているとしても、修復不可能な状態までに夫婦関係が破綻しているとまではいえない | | | |
| 当 事 者 の 態 様 | 請 求 相 手 | Ｙ（不貞相手） | | | |
| | 当事者の認識 | 既婚であることを認識 | | | |
| | 不貞行為の主導 | Ａの主導であると主張したが、認定されず | | | |
| | 請求相手の経済力等 | ― | | | |

| | 妊娠・出産の有無 | — |
|---|---|---|
| | 謝罪の有無 | — |
| その他考慮される事項 | | — |

### 算定のポイント

#### 増額要素

◆Xは20年以上にわたり、Aや子らと共におおむね平穏な家庭生活を営んでいたこと

◆YとAの不貞関係は、平成20年6月頃にXに発覚して、一旦は関係解消を決めたはずであったにもかかわらず、その後更に不貞の関係を結んだこと

◆平成20年10月にはその関係がYの妻にも発覚して、X宅を訪ねてきたYの妻に強く抗議されるなど、目に見えたトラブルにまで発展し、再び関係を清算したはずであったにもかかわらず、その後更に不貞の関係を結んだこと

◆いまだ年若い長女をはじめとする3人の子供達も、実母であるAの不貞の事実を知らされるに至り、その心情は大きく傷つけられ、しばしば家庭内で荒れるようになったこと

#### 減額要素

◆仮に現時点では家庭内別居状態になっているとしても、修復不可能な状態までに夫婦関係が破綻していると認定するのには躊躇があること

◆YのみならずAからも、相当程度積極的な働きかけがあったこと

70    第1章　不貞相手のみを被告とする事例

## [26]　不貞回数が3回にとどまる事例　（東京地判平22・9・28（平21（ワ）6874））

当事者　原告Ｘ：Ａの夫、被告Ｙ：Ａの不貞相手（男性）、Ａ：原告Ｘの妻

### 事　実　関　係

| | | | | | |
|---|---|---|---|---|---|
| 認　容　額 | | 150万円 | | | |
| 請　求　額 | | 500万円 | | | |
| 不貞までの家族・婚姻関係 | 婚姻生活の状況 | 必ずしも円満とはいえない | | | |
| | 不貞開始までの婚姻期間 | 12年 | | | |
| | 同居の有無 | 同居 | | | |
| | 子の人数 | 2人 | | | |
| 不貞の態様 | 不貞期間 | 平20・6・21〜平20・8・15 | 不貞回数 | 3回 | |
| | 中断の有無 | — | 年齢差 | — | |
| 不貞の被害に関する事項 | 婚姻関係 | 継続 | 別居の有無 | 同居 | |
| | 備考 | — | | | |
| 当事者の態様 | 請求相手 | Ｙ（不貞相手） | | | |
| | 当事者の認識 | 既婚であることを認識していた | | | |
| | 不貞行為の主導 | — | | | |
| | 請求相手の経済力等 | — | | | |
| | 妊娠・出産の有無 | — | | | |
| | 謝罪の有無 | — | | | |
| その他考慮される事項 | | — | | | |

第1章　不貞相手のみを被告とする事例　　71

**算定のポイント**

増額要素

◆XはAと婚姻した後、約12年以上にわたり同人と生活を共にしていたこと

◆不貞行為によって平穏な家庭生活が破壊されたこと

◆Xは、幼い2人の子を前にAとの婚姻関係を今後いかにすべきか苦悩し、仕事も手に
　つかなくなったこと

減額要素

◆不貞行為の回数が3回にとどまること

◆その後は不貞関係が継続されていないこと

## [27] 不貞相手と夫の不貞行為により、妻が、うつ病により通院加療を要する状態に追い込まれたと認定した事例

（東京地判平22・12・9（平21（ワ）37045））

| 当事者 | 原告Ｘ：妻、被告Ｙ：Ａの不貞相手（女性）、Ａ：原告Ｘの夫 |

### 事 実 関 係

<table>
<tr><td colspan="2">認 容 額</td><td colspan="3">150万円</td></tr>
<tr><td colspan="2">請 求 額</td><td colspan="3">500万円</td></tr>
<tr><td rowspan="4">不貞までの家族・婚姻関係</td><td>婚姻生活の状況</td><td colspan="3">不貞行為が開始される以前は格別の問題は生じていなかった</td></tr>
<tr><td>不貞開始までの婚姻期間</td><td colspan="3">18年</td></tr>
<tr><td>同 居 の 有 無</td><td colspan="3">同居</td></tr>
<tr><td>子 の 人 数</td><td colspan="3">2人</td></tr>
<tr><td rowspan="2">不 貞 の 態 様</td><td>不 貞 期 間</td><td>平19・10頃〜平20・11、平21・1頃〜平21・5（合計1年7か月）</td><td>不 貞 回 数</td><td>—</td></tr>
<tr><td>中 断 の 有 無</td><td>2か月</td><td>年 齢 差</td><td>—</td></tr>
<tr><td rowspan="2">不貞の被害に関する事項</td><td>婚 姻 関 係</td><td>継続</td><td>別 居 の 有 無</td><td>同居</td></tr>
<tr><td>備 考</td><td colspan="3">本件不貞関係により修復が困難とみるべき程度に損なわれた</td></tr>
<tr><td rowspan="4">当 事 者 の 態 様</td><td>請 求 相 手</td><td colspan="3">Ｙ（不貞相手）</td></tr>
<tr><td>当事者の認識</td><td colspan="3">ＹはＡが既婚であることを知っていた</td></tr>
<tr><td>不貞行為の主導</td><td colspan="3">相互的な働きかけと受容</td></tr>
<tr><td>請求相手の経 済 力 等</td><td colspan="3">—</td></tr>
</table>

| | | |
|---|---|---|
| 妊娠・出産の有無 | 無 | |
| 謝罪の有無 | 無 | |
| その他考慮される事項 | YはX宅に架電し、電話を通じてY・A間のやり取りを聞かせた | |

## 算定のポイント

### 増額要素

◆本件不貞関係がXに発覚し、Xも関わる形で一旦は中断されたものの、わずか2か月程度で再開されたこと

◆XとAは現在も同居しているとはいえ、その内実は、まだ別居及び離婚に踏み切るに至っていないというにとどまり、婚姻関係の修復は困難な状態にあるものとうかがわれること

◆Xが、円満であったAとの婚姻関係が修復の困難な程度に損なわれ、配偶者としての円満な婚姻関係維持という利益を奪われたこと

◆Xが、通院加療を要する状態に追い込まれたこと

### 減額要素

◆離婚していないこと

◆不貞行為発覚後も同居していること

74　　第1章　不貞相手のみを被告とする事例

## [28]　不貞配偶者も積極的に不貞行為に及んだと認定した事例

（東京地判平23・1・11（平22（ワ）3331））

**当 事 者**　原告X：Aの妻、被告Y：Aの不貞相手（女性）、A：原告Xの夫

### 事 実 関 係

| 認　容　額 | | 100万円 | | |
|---|---|---|---|---|
| 請　求　額 | | 300万円 | | |
| 不貞までの家族・婚姻関係 | 婚姻生活の状況 | 円満ではあったとはいい難い面があった | | |
| | 不貞開始までの婚姻期間 | 18年 | | |
| | 同 居 の 有 無 | 同居 | | |
| | 子 の 人 数 | 2人 | | |
| 不 貞 の 態 様 | 不 貞 期 間 | 平19秋〜平21・10（約2年） | 不 貞 回 数 | — |
| | 中 断 の 有 無 | 無 | 年 齢 差 | — |
| 不貞の被害に関する事項 | 婚 姻 関 係 | 継続 | 別 居 の 有 無 | 同居 |
| | 備　　　考 | — | | |
| 当 事 者の 態 様 | 請 求 相 手 | Y（不貞相手） | | |
| | 当事者の認識 | 不貞の認識有 | | |
| | 不貞行為の主導 | 相互 | | |
| | 請 求 相 手 の経 済 力 等 | — | | |
| | 妊 娠 ・ 出 産の　有　無 | 無 | | |
| | 謝 罪 の 有 無 | — | | |
| その他考慮される事項 | | — | | |

第1章　不貞相手のみを被告とする事例　　75

## 算定のポイント

### 増額要素

◆Yが自ら携帯電話の出会い系サイトを利用し、そこで出会ったAに配偶者がいることを知りながら安易に不貞行為に及んだこと

### 減額要素

◆Aも出会い系サイトを利用して積極的に不貞行為に及んだこと

◆YがXとAの夫婦関係を故意に害することを意図していたというものではないこと

◆Xが、AがYと知り合った頃から生活費を入れなかったり自宅を不在がちになったにもかかわらず、Aと話合いを行って関係を改善することなくこれを放任するなど、XとAの関係は円満であったとはいい難い面があったことを否定できないこと

第1章　不貞相手のみを被告とする事例

**[29]　既婚者同士の不貞につき、各配偶者から提起された不貞訴訟を併合審理した事例**

（東京地判平25・11・29（平24(ワ)18303・平24(ワ)23751・平25(ワ)3902)）

| 当事者 | 甲事件　原告X₁：Y₂の夫、被告Y₁：X₂の夫、Y₂の不貞相手 |
| --- | --- |
| | 乙事件　原告X₂：Y₁の妻、被告Y₂：X₁の妻、Y₁の不貞相手 |

**事実関係**

| 認　容　額 | | 甲事件　150万円 | | |
| --- | --- | --- | --- | --- |
| | | 乙事件　150万円 | | |
| 請　求　額 | | 甲事件　300万円 | | |
| | | 乙事件　440万円 | | |
| 不貞までの家族・婚姻関係 | 婚姻生活の状況 | いずれも、婚姻生活に特段の問題があったことはうかがわれない | | |
| | 不貞開始までの婚姻期間 | X₁・Y₂間　約11年 | | |
| | | X₂・Y₁間　約8年 | | |
| | 同居の有無 | いずれも同居 | | |
| | 子の人数 | X₁・Y₂間　2人 | | |
| | | X₂・Y₁間　2人 | | |
| 不貞の態様 | 不貞期間 | 平23・5上旬ないし中旬頃〜平24・4初め頃（約11か月） | 不貞回数 | 継続的 |
| | 中断の有無 | 無 | 年齢差 | — |
| 不貞の被害に関する事項 | 婚姻関係 | 継続（いずれも破綻には至っていない） | 別居の有無 | 同居 |
| | 備　考 | — | | |
| 当事者の態様 | 請求相手 | Y₁（不貞相手）、Y₂（不貞相手） | | |
| | 当事者の認識 | 既婚者の認識有 | | |

| | 不貞行為の主導 | — |
|---|---|---|
| | 請求相手の経済力等 | — |
| | 妊娠・出産の有無 | $Y_2$が妊娠し、中絶 |
| | 謝罪の有無 | $Y_1$から$X_1$に対して有 |
| その他考慮される事項 | | — |

### 算定のポイント

**増額要素**

＜甲事件＞

◆Yらが不貞関係に及ぶまでの間、約10年間にわたる$X_1$と$Y_2$との婚姻生活に特段の問題があったことはうかがわれないこと

◆Yらの不貞関係は約11か月間にも及び、Yらは互いに離婚した上で結婚することを望むほどに深い仲となり、ひいては$Y_2$が妊娠する事態となっていること

◆Yらの不貞関係が$X_1$に発覚した際、$Y_2$は$X_1$に離婚を求め、Yらはその後も不貞関係を継続したこと

◆$Y_1$の$X_1$への対応は誠実なものとは言い難く、$Y_1$が$X_1$に対し反訴を提起していることなどからすれば（反訴が平25（ワ）3902）、$Y_1$が真に$X_1$に対する謝罪の意思を有していたかは疑わしいこと（本訴訟前、$Y_1$が代理人弁護士を通じて$X_1$に謝罪文を送付している事実がある。）

＜乙事件＞

◆Yらが不貞関係に及ぶまでの間、約8年間にわたる$X_2$と$Y_1$との婚姻生活に特段の問題があったことはうかがわれないこと

◆Yらの不貞関係は約11か月間にも及び、Yらは互いに離婚した上で結婚することを望むほどに深い仲となり、ひいては$Y_2$が妊娠する事態となっていること

◆Yらの不貞関係が$X_2$に発覚した際、$Y_1$は$X_2$に対し離婚を求め、Yらはその後も不貞関係を継続したこと

◆$X_2$は不貞発覚後、不眠、食欲不振などの症状が出ていること

◆Y₂はX₂からの謝罪の求めにも応じておらず、本人尋問においても被害者意識を露わにしており、真にX₂に対する謝罪の意思を有しているかは疑わしいこと

### 減額要素

＜甲事件＞

◆X₁とY₂とはいまだに別居や婚姻関係破綻といった事態には至っていないこと

＜乙事件＞

◆X₂とY₁とはいまだに別居や婚姻関係破綻といった事態に至っておらず、Y₁の今後の言動次第では婚姻関係が悪化する可能性はあるものの、そのような事態についてまでYらの不貞関係との直接の因果関係を肯定するのは困難であること

第 1 章　不貞相手のみを被告とする事例　　79

[30]　提訴後の不貞継続や、被告である不貞相手が不貞関係を認めないこ
　　とを慰謝料の増額要素として考慮した事例

（東京地判平26・4・30（平25(ワ)26119））

当 事 者　原告Ｘ：Ａの妻、被告Ｙ：Ａの不貞相手（女性）、Ａ：原告Ｘの夫

事 実 関 係

| 認 容 額 | | 200万円 | | |
|---|---|---|---|---|
| 請 求 額 | | 500万円 | | |
| 不貞まで の家族・ 婚姻関係 | 婚姻生活の状況 | 円満 | | |
| | 不貞開始まで の 婚 姻 期 間 | 約13年半 | | |
| | 同 居 の 有 無 | 同居 | | |
| | 子 の 人 数 | 2人 | | |
| 不 貞 の 態 様 | 不 貞 期 間 | 平24・6頃〜平25末 （約1年半） | 不 貞 回 数 | — |
| | 中 断 の 有 無 | 無 | 年 齢 差 | 11歳 |
| 不貞の被 害に関す る 事 項 | 婚 姻 関 係 | 継続 | 別 居 の 有 無 | 同居 |
| | 備 考 | — | | |
| 当 事 者 の 態 様 | 請 求 相 手 | Ｙ（不貞相手） | | |
| | 当事者の認識 | 既婚者の認識有 | | |
| | 不貞行為の主導 | — | | |
| | 請 求 相 手 の 経 済 力 等 | — | | |
| | 妊 娠 ・ 出 産 の 有 無 | — | | |
| | 謝 罪 の 有 無 | — | | |
| その他考慮される事項 | | — | | |

## 算定のポイント

### 増額要素

◆XとAとは2人の子供をもうけ約15年にわたり円満な家庭生活を継続していたところ、YとAの本件関係によりXとAとの夫婦関係はぎくしゃくし悪化したこと

◆Yは本件関係の維持に積極的であり、訴訟を提起されても本件関係の存在を認めないばかりかこれを解消せず本件関係を継続させたこと

### 減額要素

◆XとAは本件関係により離婚するまでには至っていないこと

◆XがAに対して損害賠償請求をしていないこと

※Yは、夫婦間の貞操義務は配偶者が相互に相手方配偶者に対して負担するものであるから、その責任は不貞行為をした配偶者のみが負うべきであって、その相手方は損害賠償義務を負わないと主張したが、配偶者以外の者であっても、不貞行為の相手方になることによって、不貞行為をした配偶者の他方の配偶者に対する貞操請求権侵害の不法行為に荷担することができることは明らかであるとして、Yのかかる主張は採用されなかった。

## [31] 対価の発生する肉体関係が不貞行為と認定された事例

（東京地判平27・7・27（平26（ワ）23492））

| 当事者 | 原告Ｘ：Ａの妻、被告Ｙ：Ａの不貞相手（女性）、Ａ：原告Ｘの夫 |
| --- | --- |

### 事　実　関　係

| 認　容　額 | | 60万円 | | |
| --- | --- | --- | --- | --- |
| 請　求　額 | | 300万円 | | |
| 不貞までの家族・婚姻関係 | 婚姻生活の状況 | 平穏 | | |
| | 不貞開始までの婚姻期間 | 38年 | | |
| | 同居の有無 | 同居 | | |
| | 子の人数 | ― | | |
| 不貞の態様 | 不貞期間 | 平25・10頃～平26・2頃（4か月） | 不貞回数 | 10回程度 |
| | 中断の有無 | 有 | 年齢差 | ― |
| 不貞の被害に関する事項 | 婚姻関係 | 継続 | 別居の有無 | ― |
| | 備考 | ― | | |
| 当事者の態様 | 請求相手 | Ｙ（不貞相手） | | |
| | 当事者の認識 | 有 | | |
| | 不貞行為の主導 | Ａ | | |
| | 請求相手の経済力等 | ― | | |
| | 妊娠・出産の有無 | 無 | | |
| | 謝罪の有無 | 有 | | |

| その他考慮される事項 | 風俗店勤務期間の肉体関係については、故意・過失を認めず |
| --- | --- |

## 算定のポイント

### 増額要素

◆Xが相応の精神的苦痛を被ったことは明らかであること

### 減額要素

◆不貞行為はAが主導して行ったものであること

◆YがAに対して好意や恋愛感情を抱いていたものではないこと

◆回数も10回程度にとどまること

◆以上より、Yの不貞行為の態様は非常に悪質とまでは評価できないこと

◆Yは1回25,000円の対価以外に金銭を受領していないこと

◆不貞発覚後、YがXに対し、謝罪文及びAと接触しない旨の誓約書を送付して一定の慰謝の措置を講じていること

◆誓約書を作成したにもかかわらず、YとAが再度会うことになったのはAの主導によるものであること

◆以上より、Xの精神的苦痛は、主にAの行為によるところが大きいこと

第1章　不貞相手のみを被告とする事例　　83

## 第2　離婚に至った事例及び実質的に婚姻関係が破綻した事例

【婚姻期間　1年未満】

[32]　妻が里帰り出産中、夫が、別居中で離婚予定であると述べ、その旨誤信した職場の同僚女性と自宅等で不貞行為に及んだ事例

(東京地判平20・12・26（平20（ワ）1288））

当事者　原告X：Aの妻、被告Y：Aの不貞相手（女性）、A：原告Xの夫

**事 実 関 係**

| 認 容 額 | | 100万円 | | |
|---|---|---|---|---|
| 請 求 額 | | 300万円 | | |
| 不貞までの家族・婚姻関係 | 婚姻生活の状況 | Xはいわゆる里帰り出産のため平成19年6月以降実家に滞在しており、平成19年7月長男を出産し、Aとも親密なメールのやり取りをした | | |
| | 不貞開始までの婚姻期間 | 約7か月 | | |
| | 同 居 の 有 無 | 同居 | | |
| | 子 の 人 数 | 1人 | | |
| 不 貞 の態 様 | 不 貞 期 間 | 平19・9〜平20・初（3か月） | 不 貞 回 数 | — |
| | 中 断 の 有 無 | 無 | 年 齢 差 | — |
| 不貞の被害に関する事項 | 婚 姻 関 係 | 破綻 | 別 居 の 有 無 | 別居 |
| | 備 考 | 離婚調停が不調に終わり係争中 | | |
| 当 事 者の 態 様 | 請 求 相 手 | Y（不貞相手） | | |
| | 当事者の認識 | Yは、Aに妻がいることを知っていたが、婚姻関係が破 | | |

| | | 綻していると認識していた。他方、その認識はAの言動によるもので、過失は否定できない |
|---|---|---|
| | 不貞行為の主導 | ― |
| | 請求相手の経済力等 | 会社員 |
| | 妊娠・出産の有無 | 無 |
| | 謝罪の有無 | ― |
| その他考慮される事項 | | ― |

算定のポイント

増額要素

◆本件不貞行為がXとAの婚姻関係破綻の原因となったこと
◆長男の出産後間もない時期に不貞がなされたこと

減額要素

◆YはXとAの婚姻関係が破綻しているとの認識のもとAとの交際を開始したこと
◆XとAの婚姻期間、YとAの交際期間のいずれも比較的短いこと

第1章　不貞相手のみを被告とする事例　　85

[33]　夫から不貞相手に対する慰謝料請求に対し、夫も不貞行為をしているから権利の濫用であるという不貞相手の主張を排斥し、慰謝料請求を認めた事例　　　　　　　　　　　（東京地判平21・11・18（平20（ワ）32689））

当 事 者　原告X：Aの夫、被告Y：Aの不貞相手（男性）、A：原告Xの妻

事 実 関 係

| 認　容　額 | | 180万円 | | | |
|---|---|---|---|---|---|
| 請　求　額 | | 1,000万円 | | | |
| 不貞までの家族・婚姻関係 | 婚姻生活の状況 | 婚姻関係が既に破綻していたとすることはできない | | | |
| | 不貞開始までの婚姻期間 | 約半年（同棲開始から約4年半） | | | |
| | 同居の有無 | 同居 | | | |
| | 子の人数 | 無 | | | |
| 不貞の態様 | 不貞期間 | 平19・9〜平19・11（約3か月） | 不貞回数 | 複数回 | |
| | 中断の有無 | 無 | 年齢差 | — | |
| 不貞の被害に関する事項 | 婚姻関係 | 破綻 | 別居の有無 | 別居 | |
| | 備考 | — | | | |
| 当事者の態様 | 請求相手 | Y（不貞相手） | | | |
| | 当事者の認識 | 既婚の認識有 | | | |
| | 不貞行為の主導 | — | | | |
| | 請求相手の経済力等 | 大手航空会社に勤務する機長 | | | |
| | 妊娠・出産の有無 | — | | | |
| | 謝罪の有無 | — | | | |
| その他考慮される事項 | | — | | | |

## 算定のポイント

### 増額要素

◆XとAは、実際に婚姻し、挙式や披露宴及び新婚旅行をし、婚姻の前後を通じて同居を続け、別の場所にいるときでも親密さをうかがわせるメール等で頻繁に連絡を取り合っていることなどからすれば、少なくとも本件不貞行為が行われていた時期において、婚姻関係が既に破綻していたとすることはできないこと

◆YとAとの不貞行為は、Aと婚姻関係にあるXの権利を侵害するものであり、これによってXとAとの婚姻関係がより危うくなり、Xに精神的苦痛を与えたことは明らかであること

### 減額要素

◆X及びAの言動等は、内縁又は婚姻関係にある者の相互信頼が相当程度に希薄なものであったことを示しているといえなくもないこと

※Yは、Xの不貞行為を理由に本件訴訟における請求が権利の濫用である旨主張したが、Xに不貞行為があったとは認められず、他にXのYに対する損害賠償請求が権利の濫用に当たるとすべき理由はない、とされた。

第1章　不貞相手のみを被告とする事例　　87

[34]　夫から不貞相手に対する慰謝料請求に対し、婚約後婚姻前の不貞行為は否定し、婚姻後の不貞行為を認めた事例

（東京地判平21・11・25（平20（ワ）24026））

当 事 者　原告Ｘ：Ａの夫、被告Ｙ：Ａの不貞相手（男性）、Ａ：原告Ｘの妻

## 事 実 関 係

| 認　容　額 | | 250万円 | | |
|---|---|---|---|---|
| 請　求　額 | | 800万円 | | |
| 不貞までの家族・婚姻関係 | 婚姻生活の状況 | 婚姻当初からしばらくは円満な家庭生活を営んでいた | | |
| | 不貞開始までの婚姻期間 | 婚姻直後 | | |
| | 同居の有無 | 同居 | | |
| | 子の人数 | 1人 | | |
| 不貞の態様 | 不貞期間 | 平18・1頃〜平20・7・18頃（約2年半） | 不貞回数 | 複数回 |
| | 中断の有無 | 無 | 年齢差 | — |
| 不貞の被害に関する事項 | 婚姻関係 | 破綻 | 別居の有無 | 別居 |
| | 備考 | 婚姻関係は破綻に瀕している | | |
| 当事者の態様 | 請求相手 | Ｙ（不貞相手） | | |
| | 当事者の認識 | 婚約の認識はなかったが、婚姻後は既婚の認識有 | | |
| | 不貞行為の主導 | — | | |
| | 請求相手の経済力等 | 外務省外務事務官 | | |

| | 妊娠・出産の有無 | — |
|---|---|---|
| | 謝罪の有無 | — |
| その他考慮される事項 | | — |

算定のポイント

増額要素

◆婚姻当初からしばらくは長女が産まれるなど円満な家庭生活を営んでいたこと

◆YはXとAとの婚姻直後からAと長期間にわたり継続して不貞行為に及んだこと

◆AがYと会うなどのために月に数回の割合で頻繁に東京へ出掛けるようになったことから、次第にXとAの夫婦関係は円満を欠くようになり、Aが長女を連れて家を出て、以後XとAは別居するに至ったこと

◆AがXと別居するに至った主な原因がYとAの不貞行為にあり、そのためにXとAとの婚姻関係が破綻に瀕しているものと推認されること

◆XはAとの別居によりほとんど長女と面会できなくなったこと

◆Xは長女との面会をしやすくするため転居したが、そのために職場の仕事内容も変わったこと

減額要素

◆XとAとの婚約当時、Yがそのことを知っていたことを認めるに足りる証拠はなく、Yが婚約後のAと肉体関係を持った行為は、Xの婚約者としての権利ないし利益を違法に侵害したとはいえないから、不法行為を構成するものではないこと

第1章　不貞相手のみを被告とする事例　　89

[35]　妻から不貞相手に対する慰謝料請求につき、婚姻期間や不貞期間が
　　いずれもそれほど長くないこと等を考慮して慰謝料額を算定した事例

(東京地判平22・2・1（平20(ワ)32259))

当事者　原告Ｘ：Ａの妻、被告Ｙ：Ａの不貞相手（女性）、Ａ：原告Ｘの夫

事 実 関 係

| 認 容 額 | | 70万円 | | |
|---|---|---|---|---|
| 請 求 額 | | 400万円 | | |
| 不貞までの家族・婚姻関係 | 婚姻生活の状況 | 破綻していたと認めるに足りる証拠はないが、完全に円満であったとまではいえない | | |
| | 不貞開始までの婚姻期間 | 約7か月 | | |
| | 同 居 の 有 無 | 同居 | | |
| | 子 の 人 数 | 無 | | |
| 不 貞 の態　様 | 不 貞 期 間 | 平20・3中旬〜平20・4下旬（1か月余り・Ａに妻がいると知らなかった期間を合わせても2か月程度） | 不 貞 回 数 | 複数回 |
| | 中 断 の 有 無 | 無 | 年　齢　差 | ― |
| 不貞の被害に関する事項 | 婚 姻 関 係 | 破綻（離婚訴訟中） | 別 居 の 有 無 | 別居 |
| | 備　　考 | ― | | |
| 当 事 者の 態 様 | 請 求 相 手 | Ｙ（不貞相手） | | |
| | 当事者の認識 | 交際開始の約1か月後からは、Ａに妻がいることを認識した | | |

| | 不貞行為の主導 | — |
|---|---|---|
| | 請 求 相 手 の 経 済 力 等 | パートタイム従業員 |
| | 妊 娠 ・ 出 産 の 有 無 | — |
| | 謝 罪 の 有 無 | — |
| その他考慮される事項 | | — |

### 算定のポイント

#### 増額要素

◆YがAとの交際を開始した時点で、XとAとの婚姻関係が破綻していたと認めるに足りる証拠がないこと

◆Xは、不安障害との診断によりメンタルクリニックに定期的に通院して薬物療法等の治療を受けるようになったこと

◆XとAとは離婚こそ成立していないものの、婚姻関係自体は破綻に至っていること

#### 減額要素

◆XとAは、同棲期間がそれなりにあったものの（約4年）、婚姻期間自体はそれほど長くはないこと

◆XとAとの婚姻関係が完全に円満であったとまではいえないこと

◆Yは、当初はAに配偶者がいることを知らずに交際を開始しており、その交際期間も合わせて2か月程度にすぎなかったこと

※Yが、Aとの交際に消極的であったとか、交際を止めようとしていたとまで認めるに足りる証拠はない、とされた。

第1章　不貞相手のみを被告とする事例　　　　　91

## [36]　別居婚であることを慰謝料の減額事由とした事例

（東京地判平22・11・30（平21（ワ）29819））

**当 事 者**　原告Ｘ：Ａの妻、被告Ｙ：Ａの不貞相手（女性）、Ａ：原告Ｘの夫

### 事 実 関 係

| 認　容　額 | | 200万円 | | |
|---|---|---|---|---|
| 請　求　額 | | 1億円 | | |
| 不貞までの家族・婚姻関係 | 婚姻生活の状況 | 平成18年7月には、ＸとＡはＸの実子らとドバイに旅行して、結婚式を模すなど、婚姻関係はおおむね良好であった | | |
| | 不貞開始までの婚姻期間 | 婚姻前から不貞関係があった（結婚は平14・7・15） | | |
| | 同居の有無 | 別居 | | |
| | 子の人数 | 無（Ｘの連れ子：3人（おそらく全員がＡと養子縁組している）） | | |
| 不貞の態様 | 不貞期間 | 平12・9〜平14・10、平18・4・10〜（継続）（合計約6年半） | 不貞回数 | ― |
| | 中断の有無 | 1回 | 年齢差 | ― |
| 不貞の被害に関する事項 | 婚姻関係 | 破綻 | 別居の有無 | 別居 |
| | 備考 | ― | | |
| 当事者の態様 | 請求相手 | Ｙ（不貞相手） | | |
| | 当事者の認識 | 既婚であることを認識 | | |
| | 不貞行為の主導 | 不貞行為の再開につきＡの言動に発端があった | | |
| | 請求相手の経済力等 | ― | | |

| | 妊 娠 ・ 出 産 の 有 無 | ― |
|---|---|---|
| | 謝 罪 の 有 無 | ― |
| その他考慮される事項 | | ― |

### 算定のポイント

**増額要素**

◆XとAの婚姻関係がほぼ破綻した状態となっている主たる原因は、YとAの不貞関係にあること

◆Yは、一旦は話合い等により、Aとの不貞関係を終了させたにもかかわらず、平成18年4月10日から不貞関係を再開し、現在もこれを継続していること

◆XとAとの婚姻期間が8年余りであること

◆Xが、Aとの関係悪化により、Aが理事長を務めるクリニックでの仕事に携われなくなったこと

**減額要素**

◆不貞関係再開の発端において、Aの言動に大きな問題があること

◆XとAの結婚生活は同居を伴わないものであったこと

◆XとAはお互い再婚同士であったこと

◆XとAの間には実子はないこと

◆Xの実子でAと養子縁組をしている子は既に成人していること

第1章　不貞相手のみを被告とする事例　　93

[37]　他の女性との不貞関係を原因として、不貞以前から婚姻関係が悪化
　　していたことを考慮して慰謝料額を算定した事例

（東京地判平27・9・8（平26（ワ）15613））

| 当事者 | 原告Ｘ：Ａの妻、被告Ｙ：Ａの不貞相手（女性）、Ａ：原告Ｘの夫 |

### 事　実　関　係

| 認　容　額 | | 90万円 | | | |
|---|---|---|---|---|---|
| 請　求　額 | | 300万円 | | | |
| 不貞までの家族・婚姻関係 | 婚姻生活の状況 | 平成25年末から平成26年1月当時、ＡはＹ以外の女性とも不貞関係にあって、遅くとも平成25年12月末までに、ＸはＡの不貞行為を確信し、弁護士への相談や調査会社への依頼を検討していた | | | |
| | 不貞開始までの婚姻期間 | 半年 | | | |
| | 同居の有無 | 同居 | | | |
| | 子の人数 | 1人 | | | |
| 不貞の態様 | 不貞期間 | 平26・1・2～平26・1・18（約半月） | 不貞回数 | 2回 | |
| | 中断の有無 | 無 | 年齢差 | ― | |
| 不貞の被害に関する事項 | 婚姻関係 | 破綻（離婚調停中） | 別居の有無 | 別居 | |
| | 備考 | ― | | | |
| 当事者の態様 | 請求相手 | Ｙ（不貞相手） | | | |
| | 当事者の認識 | 既婚であることを認識 | | | |
| | 不貞行為の主導 | ― | | | |
| | 請求相手の経済力等 | ― | | | |

| | 妊娠・出産の有無 | 無 |
|---|---|---|
| | 謝罪の有無 | 無 |
| その他考慮される事項 | | — |

## 算定のポイント

### 増額要素

◆Aの不貞行為によってXとAが平成26年2月末頃から別居状態となり、離婚は成立していないものの、離婚調停が行われる状態になっていること

◆別居までのXとAの婚姻期間は短いものの、両者の間には幼い子供が1人存在すること

◆Yが不貞関係を否定し、Xに対する謝罪等をしていないこと

### 減額要素

◆不貞関係が認められるのは半月程度にとどまること

◆平成25年末から平成26年1月当時、AはY以外の女性とも不貞関係にあって、遅くとも平成25年12月末までに、XはAの不貞行為を確信し、弁護士への相談や調査会社への依頼を検討しており、YとAとの不貞関係が開始された時点において、婚姻関係は相当程度悪化していたと推認されること

第1章　不貞相手のみを被告とする事例　　95

## 【婚姻期間　1～10年未満】

[38]　不貞相手が、元夫に繰り返し交際を止めるよう注意されていながら、その後も元妻と交際を続けていた行為態様は悪質であるとして、元夫に対する慰謝料は200万円が相当であるとする一方、元妻から元夫に支払われた不貞行為の慰謝料70万円を控除して認容額を決定した事例

（東京地判平19・2・21（平18(ワ)5738））

当事者　原告X：Aの元夫、被告Y：Aの不貞相手（男性）、A：原告Xの元妻

### 事実関係

| 認　容　額 | | 130万円（既払金70万円を控除） | | |
|---|---|---|---|---|
| 請　求　額 | | 500万円 | | |
| 不貞までの家族・婚姻関係 | 婚姻生活の状況 | 順調な夫婦生活を送っており、互いの両親や兄弟とも親しく交際していた | | |
| | 不貞開始までの婚姻期間 | 2年 | | |
| | 同居の有無 | 同居 | | |
| | 子の人数 | 無 | | |
| 不貞の態様 | 不貞期間 | 平16・12～平18・2（1年3か月間） | 不貞回数 | 複数回 |
| | 中断の有無 | 無 | 年齢差 | ― |
| 不貞の被害に関する事項 | 婚姻関係 | 破綻（離婚） | 別居の有無 | 別居 |
| | 備考 | ― | | |
| 当事者の態様 | 請求相手 | Y（不貞相手） | | |
| | 当事者の認識 | 既婚の認識有 | | |
| | 不貞行為の主導 | Y | | |

| 請 求 相 手 の 経 済 力 等 | ― |
|---|---|
| 妊 娠・出 産 の 有 無 | ― |
| 謝 罪 の 有 無 | 無 |
| その他考慮される事項 | Xは、Aから離婚に伴う慰謝料として70万円の支払を受けている |

算定のポイント

増額要素

◆Yは、AにXという夫がいることを知りながら、Aを繰り返し誘って頻繁に密会するなどの交際を続け、肉体関係を持つに至ったのであり、その間、それに気付いたXから何度もAと別れるよう申入れがあったにもかかわらず、Yは自分からは別れる気がないことを告げ、Aに対して自己を選ぶよう積極的に求め続けたものであって、これによりXとAとの夫婦関係は悪化し、Xは食欲不振、睡眠不足等に陥り、精神的、肉体的に疲労した結果、離婚を決意するに至ったこと

◆YがAと交際を始めるまで、XとAとの夫婦関係は円満であり、その時点では何ら離婚に至る要因はなく、その後、Aとの離婚に至る経緯においてXには何ら落ち度はみられないこと

◆Yは、自らの行為が許されないことを十分に理解しており、Xからも繰り返しAとの交際を止めるよう注意をされていながら、それを全く意に介することなく、なおもAを誘惑して交際を続け、自己を選択するよう求めていたものであって、その行為態様は悪質であること

減額要素

◆Xは、Aと離婚するに当たりAから慰謝料として70万円の支払を受けているところ、その慰謝料はYとの間の不貞行為を理由とするものであること

第1章　不貞相手のみを被告とする事例　　97

[39]　妻と夫との婚姻関係は平穏であったから、不貞相手は、妻の妻たる
　　地位を違法に侵害したものというべきである上、不貞相手が妻から再
　　三にわたり夫と別れるよう求められたにもかかわらず、これを拒絶し
　　続けていたこと等を考慮して、慰謝料300万円を認定した事例

（東京地判平19・4・5（平18（ワ）15086））

当 事 者　原告X：Aの妻、被告Y：Aの不貞相手（女性）、A：原告Xの夫

事 実 関 係

| 認 容 額 | 300万円 | | | |
|---|---|---|---|---|
| 請 求 額 | 1,000万円 | | | |
| 不貞まで<br>の家族・<br>婚姻関係 | 婚姻生活の状況 | 概して平穏 | | |
| | 不貞開始まで<br>の 婚 姻 期 間 | 6年 | | |
| | 同 居 の 有 無 | 同居 | | |
| | 子 の 人 数 | 1人 | | |
| 不 貞 の<br>態 様 | 不 貞 期 間 | 平17・2〜（継続中） | 不 貞 回 数 | 複数回 |
| | 中 断 の 有 無 | 無 | 年 齢 差 | ― |
| 不貞の被<br>害に関す<br>る事項 | 婚 姻 関 係 | 破綻 | 別 居 の 有 無 | 別居 |
| | 備 考 | ― | | |
| 当 事 者<br>の 態 様 | 請 求 相 手 | Y（不貞相手） | | |
| | 当事者の認識 | 夫婦関係は破綻していた | | |
| | 不貞行為の主導 | ― | | |
| | 請 求 相 手 の<br>経 済 力 等 | ― | | |
| | 妊 娠 ・ 出 産<br>の 有 無 | 無 | | |

| | 謝罪の有無 | 無 |
|---|---|---|
| その他考慮される事項 | | YはXから再三にわたり夫であるAと別れるよう求められたにもかかわらず、これを拒絶し続けていたことが慰謝料の額に影響した |

### 算定のポイント

**増額要素**

◆XとAとの婚姻関係は、YとAとの親密な交際や不貞行為により破綻したこと

◆Yは、妻であるXがいることを知りながら、Aと不貞行為に及んだものであり、Xの妻たる地位を違法に侵害したこと

◆XとAとの婚姻期間が比較的長いこと

◆YはXから再三にわたり夫であるAと別れるよう求められたにもかかわらず、これを拒絶し続けていたこと

第1章　不貞相手のみを被告とする事例　　99

[40]　不貞相手は夫に配偶者がいることを知りながら、夫との同棲生活を
　　　継続し、これにより妻と夫との婚姻関係を完全に破綻させたとして、
　　　慰謝料200万円の限度で妻の請求を認容した事例

(東京地判平19・4・24（平18（ワ）12118）)

当事者　原告Ｘ：Ａの妻、被告Ｙ：Ａの不貞相手（女性）、Ａ：原告Ｘの夫

事　実　関　係

| 認　容　額 | | 200万円 | | |
|---|---|---|---|---|
| 請　求　額 | | 1,000万円 | | |
| 不貞までの家族・婚姻関係 | 婚姻生活の状況 | ― | | |
| | 不貞開始までの婚姻期間 | 9年 | | |
| | 同居の有無 | 同居 | | |
| | 子の人数 | 無 | | |
| 不貞の態様 | 不貞期間 | 平17・5半ば〜（継続中） | 不貞回数 | 複数回 |
| | 中断の有無 | 無 | 年齢差 | ― |
| 不貞の被害に関する事項 | 婚姻関係 | 破綻（離婚調停中） | 別居の有無 | 別居 |
| | 備考 | ― | | |
| 当事者の態様 | 請求相手 | Ｙ（不貞相手） | | |
| | 当事者の認識 | 当初既婚であることを知らなかったが、Ａとの同居開始後にＡが既婚者であることを知った | | |
| | 不貞行為の主導 | ― | | |
| | 請求相手の経済力等 | ― | | |

| | | |
|---|---|---|
| 妊娠・出産の有無 | 無 | |
| 謝罪の有無 | — | |
| その他考慮される事項 | — | |

**算定のポイント**

**増額要素**

◆平成17年8月以降、YはXがAの配偶者であることを知りながら、同棲生活を継続したこと

◆平成17年8月当時、Aにおいて、Xと離婚する意思があったことは認められるものの、Xにおいては、離婚に応ずる意思があったとは認められないし、同年6月まではAはXと性交渉があり、Aが自宅に帰らなくなったのは、同年8月にYと同棲生活を開始したことによるのであるから、XとAとの間の婚姻関係が完全に破綻したのは、Aが平成17年8月にYとの同棲生活を開始したためであること

**減額要素**

◆Yにおいて、Aが妻帯者であることを認識した時期として証拠上認定することができるのは、平成17年8月であり、それ以前において、AがXと婚姻関係にあることをYが認識していたことを認めるに足りる証拠はない。そうすると、平成17年5月以降、YがAと性的関係を持ったことは、Xの配偶者としての権利を侵害する行為ではあるが、Yに故意があったとは認められず、また、当時、YにおいてAを独身であると信じたことについて過失があったということもできないから、平成17年8月以前のYとAとの間の性的関係をもって、Yの不法行為が成立するということはできないこと

◆Aは、平成17年6月末から7月にかけて、何度もXに対し離婚するよう求めており、YがAと同棲生活を開始した平成17年8月の時点では、XとAとの婚姻関係は既に破綻寸前であったこと

第1章　不貞相手のみを被告とする事例　　101

[41]　過去2度の婚姻歴がありそれぞれ2児をもうけている夫が、3度目の婚姻から1年6か月後に、自己が社長を務める会社の社長室長の女性と不貞行為に及んだ事例　　（東京地判平19・8・24（平18(ワ)10149））

当事者　原告Ｘ：Ａの妻、被告Ｙ：Ａの不貞相手（女性）、Ａ：原告Ｘの夫

事 実 関 係

| 認　容　額 | | 200万円 | | | |
|---|---|---|---|---|---|
| 請　求　額 | | 1,000万円 | | | |
| 不貞までの家族・婚姻関係 | 婚姻生活の状況 | Ａにとってはｘとの婚姻が3度目の婚姻で、ＸがＡと交際を始めたときにはＡは婚姻を継続しており、Ｘの妊娠判明後離婚してＸと婚姻した。Ａは最初の婚姻、2度目の婚姻の配偶者との間に、それぞれ2児をもうけている | | | |
| | 不貞開始までの婚姻期間 | 1年6か月 | | | |
| | 同居の有無 | 同居 | | | |
| | 子の人数 | 2人 | | | |
| 不貞の態様 | 不貞期間 | 平17・4～平18・4(約7か月) | 不貞回数 | ― | |
| | 中断の有無 | 無 | 年齢差 | ― | |
| 不貞の被害に関する事項 | 婚姻関係 | 破綻（離婚調停中） | 別居の有無 | 別居 | |
| | 備　考 | ― | | | |
| 当事者の態様 | 請求相手 | Ｙ（不貞相手） | | | |
| | 当事者の認識 | Ａが婚姻していることを知りながら性的関係を持った | | | |
| | 不貞行為の主導 | ― | | | |
| | 請求相手の経済力等 | 社長であるＡの社長室長 | | | |

| | 妊 娠・出 産 の 有 無 | 妊娠中絶した |
|---|---|---|
| | 謝 罪 の 有 無 | 無 |
| その他考慮される事項 | | ― |

算定のポイント

増額要素

◆幼い子供が2人いること

減額要素

◆婚姻期間が比較的短いこと

※Aにとって X との婚姻が3度目の婚姻であること、X が A と交際を始めた時に A が婚姻を継続しており X の妊娠判明後離婚して X と婚姻したこと、A が最初の婚姻、2度目の婚姻の配偶者との間にそれぞれ2児をもうけていることが認められるが、これらの事実から、直ちに X の精神的苦痛が小さいものであるということはできない、とされた。

第1章　不貞相手のみを被告とする事例　　103

[42]　元妻が約10か月前まで男性と不貞関係を持っていたことが発覚した
　　ことにより、婚姻関係を破壊され子らとの別居を余儀なくされた元夫
　　が、不貞相手に対し慰謝料を請求した事例

（東京地判平19・9・14（平18（ワ）21470））

当事者　原告Ｘ：Ａの元夫、被告Ｙ：Ａの不貞相手（男性）、Ａ：原告Ｘの
　　　　元妻

事実関係

| 認容額 | | 150万円 | | |
|---|---|---|---|---|
| 請求額 | | 500万円 | | |
| 不貞までの家族・婚姻関係 | 婚姻生活の状況 | Ａは平成14年10月頃からＹに対し、Ｘに対する不満や離婚の話をし、離婚後の生活についても相談するなどしていたが、実際には、Ａは、Ｘ及び子供らと同居している自宅購入のために組んだＸを債務者とする住宅ローンの返済のためという理由で始めたアルバイトを続けており、Ｘに対して自分から離婚を言い出すこともなかった。平成14年10月以降、Ａの手紙をきっかけにＹとＡとの不貞関係がＸに発覚した平成17年5月までの間に、ＡとＹとの不貞関係以外に、ＸとＡとの間で別居や離婚が問題となるような事態はなかった | | |
| | 不貞開始までの婚姻期間 | 6年 | | |
| | 同居の有無 | 同居 | | |
| | 子の人数 | 2人 | | |
| 不貞の態様 | 不貞期間 | 平14・12〜平16・7（約1年7か月） | 不貞回数 | － |
| | 中断の有無 | 無 | 年齢差 | － |
| 不貞の被害に関する事項 | 婚姻関係 | 破綻（離婚） | 別居の有無 | 別居 |
| | 備考 | － | | |

| 当事者の態様 | 請求相手 | Y（不貞相手） |
|---|---|---|
| | 当事者の認識 | YはAが婚姻していること、及び離婚が現実化していないことを認識し、Aとの関係がいけないことであると考えていた |
| | 不貞行為の主導 | ― |
| | 請求相手の経済力等 | （Aがアルバイト勤務する）ファミリーレストランの店長 |
| | 妊娠・出産の有無 | 無 |
| | 謝罪の有無 | ― |
| その他考慮される事項 | | ・不貞関係が平成16年7月に終了していたとしても、平成17年5月にAがYに親しげな手紙を送ったり、AがXに対しYとの不貞関係を認めたり、Xから責められるとYを頼って相談するなどした<br>・AがXとのやり直しの気持ちを持ち、Xに暴力を振るわれてもそれを訴えずにいたのに、Xが婚姻関係の修復に努力しようという姿勢を見せなかった |

算定のポイント

増額要素

◆YとAとの不貞関係及びその発覚により、XとAの婚姻関係は破綻して、協議離婚に至り、Xは子供らとも別居したこと

減額要素

◆AがXとのやり直しの気持ちを持ち、Xに暴力を振るわれてもそれを訴えずにいたのに、Xが婚姻関係の修復に努力しようという姿勢を見せなかったこと

第1章　不貞相手のみを被告とする事例　　105

[43]　元妻が未熟児出産後実家で生活している間に元夫が女性と交際を開
　　始して家を出た結果、元夫婦が裁判離婚に至り、離婚成立後約6年経過
　　後に判明した不貞相手に対して、元妻が慰謝料を請求した事例

（東京地判平19・9・28（平18（ワ）9916））

当事者 原告X：Aの元妻、被告Y：Aの不貞相手（女性）、A：原告Xの
　　元夫

事 実 関 係

| 認　容　額 | | 20万円 | | |
|---|---|---|---|---|
| 請　求　額 | | 200万円 | | |
| 不貞までの家族・婚姻関係 | 婚姻生活の状況 | 平成6年6月までは平穏な夫婦生活を送っていたが、Xが第2子妊娠中切迫流産の危険のため安静を要する状況で、Aが勝手な言動をして外泊などを始め、Xが未熟児を出産して帰宅したばかりの平成7年2月に離婚を申し出た | | |
| | 不貞開始までの婚姻期間 | 8年 | | |
| | 同居の有無 | 同居 | | |
| | 子の人数 | 2人 | | |
| 不貞の態様 | 不貞期間 | 平7・2〜平7・10（約8か月） | 不貞回数 | － |
| | 中断の有無 | 無 | 年齢差 | － |
| 不貞の被害に関する事項 | 婚姻関係 | 破綻（離婚） | 別居の有無 | 別居 |
| | 備考 | 平成11年8月裁判離婚成立 | | |
| 当事者の態様 | 請求相手 | Y（不貞相手） | | |
| | 当事者の認識 | Yにも当時夫があり、互いに不倫関係であることを認識していた | | |
| | 不貞行為の主導 | － | | |

| | 請求相手の経済力等 | ― |
|---|---|---|
| | 妊娠・出産の有無 | YがAの子2名を出産（両名は婚姻した） |
| | 謝罪の有無 | ― |
| その他考慮される事項 | | ・XとAの婚姻関係破綻の理由がYとAとの交際を原因としているとまではいえない<br>・XがAの不倫相手がYであったことを知っていたとはいえないため時効は成立しないが、本件請求が過去の慰謝料ともいうべきものを求めている<br>・Aが合理的な理由なく一方的に離婚を申し出、離婚後も養育費を支払わないなど、現在もまだ紛争を解決できない責任はすべてAにある |

### 算定のポイント

#### 増額要素

◆Aは、Xとの婚姻期間中に守操義務に違反して、Yとの間で子供を作った上、Xやその子らの将来などにつき、何ら責任ある態度を取らず、その責任は極めて重いこと。Yも、同様で、幼い子供を2人抱えたXの気持ちを理解し得るのであるから、その責任は重いこと

#### 減額要素

◆XとAは既に離婚していること
◆YとAは現在婚姻し、Xとはそれぞれ各自の社会生活を営んでいること
◆XとAの婚姻関係破綻の理由が、YとAとの交際を原因としていることまでの証拠は存在しないこと
◆本件請求が過去の慰謝料ともいうべきものを求めていること
◆現在もまだ紛争を解決できない責任はすべてAにあること

第1章　不貞相手のみを被告とする事例　　107

[44]　刑務官がその勤務先で服役中の受刑者の元妻と飲食店で知り合って
　　　不貞関係に及び、これを知った受刑者とその元妻が一旦は離婚に至る
　　　も程なく復縁した事例

（東京地判平20・6・25（平18（ワ）23563・平19（ワ）14388））

当 事 者　原告X：Aの元夫、被告Y₁：Aの不貞相手（男性）、被告Y₂：国、
　　　　　A：原告Xの元妻、B：被告Y₁の上官

事 実 関 係

| 認　容　額 | | 100万円（Y₁のみ） | | |
|---|---|---|---|---|
| 請　求　額 | | 2,000万円 | | |
| 不貞までの家族・婚姻関係 | 婚姻生活の状況 | 平成9年頃以降同棲していたところ、XとAは、覚せい剤取締法違反等で起訴され、Aは執行猶予付き有罪判決を、Xは懲役2年4月の実刑判決を受けて服役し、両名はXの服役3か月後に婚姻を届け出、Aは定期的にXとの面談に刑務所を訪問していた | | |
| | 不貞開始までの婚姻期間 | 1年 | | |
| | 同居の有無 | 別居（X服役中のため） | | |
| | 子の人数 | 無 | | |
| 不貞の態様 | 不貞期間 | 平16・5〜平17・5頃（1年） | 不貞回数 | ― |
| | 中断の有無 | なし | 年齢差 | ― |
| 不貞の被害に関する事項 | 婚姻関係 | 破綻（離婚） | 別居の有無 | 別居 |
| | 備考 | Xが平成16年12月に出所し、平成17年5月に不貞を知るや直ちにAと離婚。その後程なく、XがAに復縁を申し入れて、肉体関係を持つことになった | | |
| 当事者の態様 | 請求相手 | Y₁（不貞相手）、Y₂（国） | | |
| | 当事者の認識 | Y₁は、Aから夫がY₁が勤務する刑務所の受刑者である | | |

| | | ことを告げられたが、これに対し「毒を食らわば皿まで」と述べた |
|---|---|---|
| | 不貞行為の主導 | Y₁、A双方が積極的だった |
| | 請 求 相 手 の経 済 力 等 | 刑務官 |
| | 妊 娠 ・ 出 産の 有 無 | 無 |
| | 謝罪の有無 | ― |
| その他考慮される事項 | | ・Aは、Xと事実上の夫婦であった時期に他の男性と肉体関係を持ったことがあり、Y₁と肉体関係を持つに至った経緯等からも、男性と肉体関係を持つことにつき抵抗感が比較的少ない女性であることがうかがわれ、Xもそのことを知っていた<br>・Y₁とAは刑務所近くのラーメン店で知り合い、AがY₁にファミリーレストランの割引券を渡したことなどをきっかけに会う約束をし、居酒屋で飲酒してY₁の官舎に行き肉体関係を持った。その後月に2・3回の割合で会い、継続的に肉体関係を持った。Y₁とAは、性行為の様子をAの携帯電話で撮影し、AはY₁から送信されたメールや撮影した写真等を携帯電話で保存し、削除することはしなかった<br>・Xが請求した時期は、Aとの離婚直後ではなく、AとY₁との交際が終わった直後であった |

## 算定のポイント

### 増額要素

◆AがXの服役中に刑務官であるY₁と肉体関係を持ち、これを約1年間の間継続してきたこと

第1章　不貞相手のみを被告とする事例　　109

減額要素

◆Xは離婚後程なくAに復縁を申し入れ、その後両者が肉体関係を持つなど両者関係が修復されてきていること

◆Aが、Xと事実上の夫婦であった時期にも、他の男性と肉体関係を持ったことがあり、$Y_1$と肉体関係を持つに至った経緯等（性行為中の写真を撮ることなども含む。）からも、男性と肉体関係を持つことにつき抵抗感が比較的少ない女性であることがうかがわれ、Xもそのことを知っていたこと

◆Xが$Y_1$に対し損害賠償を請求してきたのが、XとAが離婚した直後ではなく、$Y_1$とAとの交際が終わった直後であること

※Bは$Y_1$の不貞行為を容易に知ることができたとはいえないとして$Y_2$の責任は否定された。

※Xが$Y_1$の職場に電話をし、$Y_1$とAとの不貞関係などを話し刑務所の姿勢を問うた行為及びXが出版社に$Y_1$とAとの不貞関係について情報提供した行為（実際に雑誌に仮名により掲載された）について、プライバシー権侵害の不法行為として$Y_1$に対する慰謝料10万円が認められた。

[45] うつ病で休職中の元夫が独身と偽って連絡を取り合っていた女性に対し、元妻が連絡を取らないよう警告したが、その後不貞行為に及び、元夫婦が離婚するに至った事例 （東京地判平20・10・28（平19（ワ）10718））

| 当事者 | 原告Ｘ：Ａの元妻、被告Ｙ：Ａの不貞相手（女性）、Ａ：原告Ｘの元夫 |

## 事実関係

| 認 容 額 | 150万円 | | |
|---|---|---|---|
| 請 求 額 | 350万円 | | |
| 不貞までの家族・婚姻関係 | 婚姻生活の状況 | ・ＸとＡ間の夫婦関係の破綻の事実は何らうかがわれない<br>・Ａは平成16年6月からうつ病により休職扱いとなっていたが、ＸとＡはその後も平成17年中は歌手のコンサートに2度訪れ、東京ドームにプロ野球観戦に行ったり、花火大会などに行ったりしている。ＡがＹと知り合った後も、夫婦で愛猫の3回忌に動物霊園に赴いたり、映画を見に行ったり、Ａの職場復帰のためのワイシャツなどの買い物に行ったりしていた。平成18年2月、ＡがＸの目の前でＹに電話をしたので、ＸはＡの携帯電話を利用してＹに架電し、夫に連絡をしないようにという警告を行った | | |
| | 不貞開始までの婚姻期間 | 約7年 | | |
| | 同居の有無 | 同居 | | |
| | 子の人数 | 無 | | |
| 不貞の態様 | 不貞期間 | 平18・3〜平18・6（約2か月） | 不貞回数 | － |
| | 中断の有無 | 無 | 年齢差 | － |
| 不貞の被害に関する事項 | 婚姻関係 | 破綻（離婚） | 別居の有無 | 別居 |
| | 備考 | － | | |

第1章　不貞相手のみを被告とする事例　　111

| 当 事 者 の 態 様 | 請 求 相 手 | Y（不貞相手） |
| --- | --- | --- |
| | 当事者の認識 | Yは、XとAが同居の夫婦であり、Xには夫の浮気を許す様子がないことを知っていた。AはYに対しては独身者であると述べていたが、XのYに対する警告後は、YはAが虚偽を述べていたことを知った。Yにおいては、XとAの婚姻関係が破綻していないことを半ば知りながらも、Aとの情交に溺れた |
| | 不貞行為の主導 | － |
| | 請求相手の経済力等 | Aと知り合った当時は無職であり、肉体関係の生じた頃も就職したばかりでアルバイト程度の収入しかなかった |
| | 妊娠・出産の有無 | 無 |
| | 謝罪の有無 | Yは、Xに対し、Aと話し合ってきちんとした形で謝罪したいと理解されるメールを送った |
| その他考慮される事項 | | － |

## 算定のポイント

### 増額要素

◆Yが、Xの事前の警告にもかかわらず、Aと会い情交関係を結んでいること

◆YとAとの肉体関係の継続がAX間の婚姻関係の破綻の原因となっていること

### 減額要素

◆YがAと肉体関係にあった期間はそう長いものとはいえないこと

[46] 妻の家事等について不満を持つ夫が、同僚の女性に対し婚姻関係が
破綻している旨述べ、その女性がこれを鵜呑みにして不貞に及び、夫
が家を出て女性と同棲した事例　　（東京地判平21・1・19（平20（ワ）8510））

当事者　原告X：Aの妻、被告Y：Aの不貞相手（女性）、A：原告Xの夫

### 事 実 関 係

| 認 容 額 | | 180万円 | | |
|---|---|---|---|---|
| 請 求 額 | | 260万円 | | |
| 不貞までの家族・婚姻関係 | 婚姻生活の状況 | ・Xが家事等を完璧にこなしておらず、AがXとの夫婦関係に不満を感じていたが、Xはパート勤務をして生活を支えていた<br>・Aが平成19年8月に「別々に暮らしたい」と述べたが、これに対しXは「悪いところは直す」と伝えて夫婦生活の維持に努めた。XとAは同年10月に夫婦関係に関する話合いを始め、その後双方の両親が同席して話合いの機会を持ち、Aは少なくとも平成19年12月末頃までは生活費をXに渡して共同生活を営んでいた | | |
| | 不貞開始までの婚姻期間 | 3年7か月 | | |
| | 同居の有無 | 同居 | | |
| | 子の人数 | 無 | | |
| 不貞の態様 | 不貞期間 | 平19・7頃～（継続）（約2年） | 不貞回数 | 月2・3度以上 |
| | 中断の有無 | 無 | 年齢差 | － |
| 不貞の被害に関する事項 | 婚姻関係 | 破綻 | 別居の有無 | 別居 |
| | 備考 | XはAとの婚姻継続を希望するが、AはYと同居し夫婦関係調整調停を申し立てた | | |

| 当事者の態様 | 請 求 相 手 | Ｙ（不貞相手） |
|---|---|---|
| | 当事者の認識 | ＹはＡが妻帯者であることを認識しつつも、Ａから婚姻関係が破綻していると言われ、その言葉を鵜呑みにした |
| | 不貞行為の主導 | Ａが積極的に働きかけた |
| | 請 求 相 手 の経 済 力 等 | 会社員 |
| | 妊 娠 ・ 出 産の 有 無 | － |
| | 謝罪の有無 | － |
| その他考慮される事項 | | － |

## 算定のポイント

### 増額要素

◆Ｙは、自らも夫がいる身でありながら、また、Ａが妻帯者であると認識しつつも、求められて、同人と肉体関係を持つようになり、婚姻関係は破綻していると言われて、その言葉を鵜呑みにして不貞を続けてきたこと

◆ＹがＡとの不貞を継続し、同棲するようになったことで、ＸとＡの婚姻関係は破綻するに至り、夫婦関係の修復は不可能となっているところ、Ｙは、今後もＡと一緒に生活したいというのであって、このような経過に鑑みると、Ｘの受けた精神的な苦痛は大きいというべきであること

### 減額要素

◆不貞の継続について第一に責任を負うべきなのはＸの配偶者でありながら積極的にＹに働きかけたＡであり、Ｙの責任は副次的なものというべきであること

※ＡがＹと不貞に及ぶについては、ＡがＸとの夫婦関係に不満を感じていたことが背景としてうかがわれ、実際に、Ｘが家事等を完璧にこなしていたとは認めることはできないけれども、このような状態は妻がパート勤務をして生活を支えている家庭ではある意味致し方ないところであって、だからといって不満を感じる夫が不貞をしてよいわけではなく、本件でも、Ｘの帰責性を認めたり、Ｙの責任を軽減すべきものとは解されない、とされた。

第1章　不貞相手のみを被告とする事例

[47]　夫が不貞相手に対し妻とは離婚した旨述べて結婚前提の交際を申し
　　　入れ、不貞相手が間もなく嘘であることを知って速やかに夫との関係
　　　を解消した事例　　　　　　　　　（東京地判平21・1・27（平20(ワ)13324））

当事者　原告Ｘ：Ａの妻、被告Ｙ：Ａの不貞相手（女性）、Ａ：原告Ｘの夫

事実関係

| 認　容　額 | | 80万円 | | |
|---|---|---|---|---|
| 請　求　額 | | 300万円 | | |
| 不貞までの家族・婚姻関係 | 婚姻生活の状況 | 平成19年9月時点ではＡとＸとの婚姻関係は継続しており、Ａはこの時点ではＸに対し離婚する意思をほのめかしてはいたものの、離婚の合意までは至っていなかった | | |
| | 不貞開始までの婚姻期間 | 4年 | | |
| | 同居の有無 | 同居 | | |
| | 子の人数 | 1人 | | |
| 不貞の態様 | 不貞期間 | 平19・10〜平19・12頃（約1か月） | 不貞回数 | ― |
| | 中断の有無 | 無 | 年齢差 | ― |
| 不貞の被害に関する事項 | 婚姻関係 | 破綻 | 別居の有無 | 別居 |
| | 備考 | ＸとＡとの婚姻関係は、離婚未成立ながら、修復困難な状態になった | | |
| 当事者の態様 | 請求相手 | Ｙ（不貞相手） | | |
| | 当事者の認識 | ＡがＹに対しＸとは離婚したと述べて結婚を前提に交際を申し込み、Ｙがこれを信じて交際に応じた。他方、Ｙは離婚の合意についてその内容等確認をしようとしなかった（過失あり） | | |

| | 不貞行為の主導 | — |
|---|---|---|
| | 請 求 相 手 の 経 済 力 等 | 日本郵政公社職員 |
| | 妊 娠・出 産 の 有 無 | 無 |
| | 謝 罪 の 有 無 | — |
| その他考慮される事項 | | Yは、AがXと離婚の合意をしているわけではないことを知り、同日Aとの関係を解消した |

## 算定のポイント

### 増額要素

◆XとAの婚姻関係が修復困難な状態になった主要な原因は、AとYとの不貞行為にあったといわざるを得ないこと

### 減額要素

◆不貞行為についてYに故意があったとまで認定することには疑問の余地があること
◆Yが、AがXと離婚の合意をしているわけではないことを知った後は、Aとの関係を解消したこと
◆不貞行為の第一次的責任は配偶者であるAが負うべきものであること

[48]　元夫に射精障害があり不妊治療中、元妻が、同僚と肉体関係を持つ
　　　や直ちに元夫に離婚を申し入れて離婚した事例

（東京地判平21・3・27（平20（ワ）9389））

当事者　原告Ｘ：Ａの元夫、被告Ｙ：Ａの不貞相手（男性）、Ａ：原告Ｘの
元妻

## 事 実 関 係

| 認　容　額 | | 200万円 | | |
|---|---|---|---|---|
| 請　求　額 | | 500万円 | | |
| 不貞まで<br>の家族・<br>婚姻関係 | 婚姻生活の状況 | ・ＸとＡは、Ｘの射精障害等を理由として子供に恵まれなかったため、平成18年3月から、不妊治療を開始した。ＸとＡは、その後も不妊治療を継続し、平成19年11月には8回、同年12月には2回、人工授精等の不妊治療を受けた<br>・ＸとＡは、同年初め頃、マンションを購入した。その引渡しは平成20年2月に予定されており、ＸとＡは平成19年12月銀行から不動産購入資金の融資を受けるのに必要な団体信用生命保険の申込みを行った<br>・ＸとＡは、平成20年1月、神戸にあるＡの実家に共に帰省し、一緒にＡの出身高校を訪れた | | |
| | 不貞開始まで<br>の 婚 姻 期 間 | 3年 | | |
| | 同 居 の 有 無 | 同居 | | |
| | 子 の 人 数 | 無 | | |
| 不 貞 の<br>態　　様 | 不 貞 期 間 | 平20・1〜平20・2（1か月） | 不 貞 回 数 | － |
| | 中 断 の 有 無 | 無 | 年 　 齢 　 差 | － |
| 不貞の被<br>害に関す<br>る事項 | 婚 姻 関 係 | 破綻（離婚） | 別 居 の 有 無 | 別居 |
| | 備 　 　 考 | Ａは、Ｙと肉体関係を持った2日後に、Ｘに対し、離婚を申し入れ、1か月以内に離婚が成立した | | |

| 当事者の態様 | 請 求 相 手 | Ｙ（不貞相手） |
|---|---|---|
| | 当事者の認識 | Ａは、Ｙが婚姻していることを知っていた |
| | 不貞行為の主導 | － |
| | 請 求 相 手 の経 済 力 等 | 会社員 |
| | 妊 娠・出 産の 有 無 | 無 |
| | 謝 罪 の 有 無 | 無 |
| その他考慮される事項 | | ・Ａは、Ｘとの離婚成立から1か月も経たないうちに、Ｙと同居を開始し、現在も継続している<br>・ＹはＡと初めて肉体関係を持った際に、膣内射精をした<br>・Ｙは離婚を経験している |

### 算定のポイント

#### 増額要素

◆Ｙが、Ａに夫がいることを知りながらＡと肉体関係を持ち、妊娠の可能性の低い日である旨Ａから告げられたとはいえ、射精障害を有するＸが行い得なかった膣内射精まで敢行したこと

◆Ｙが、ＡがＸに離婚を申し入れるに当たってＡの相談に乗り、ＸとＡとの離婚が成立して間もない時期にＡと同居を開始し、その後現在までＡとの同居を続けていること

◆Ｙが離婚を経験し、夫婦間の情愛の機微に通じているべき男性であること

◆間近に迫ったマンションにおけるＡとの新たな生活を期待しながらおおむね平穏な夫婦生活を維持してきたＸが、幸せな夫婦生活を突然奪われたことによって多大な精神的苦痛を受けたこと

#### 減額要素

◆ＸとＡとの婚姻期間が3年余りと比較的短かったこと

◆ＸとＡとの間に子がなかったこと

[49] 夫から妻の不貞相手に対する不貞を理由とする慰謝料の算定におい
て、夫の暴力を斟酌した事例 　　　　（東京地判平21・4・23（平20（ワ）11067））

当事者 　原告X：Aの夫、被告Y：Aの不貞相手（男性）、A：原告Xの妻

事　実　関　係

| 認　容　額 | | 120万円 | | |
|---|---|---|---|---|
| 請　求　額 | | 500万円 | | |
| 不貞まで の家族・ 婚姻関係 | 婚姻生活の状況 | YがAと初めて性的関係を持った当時、XとAとの間に 著しい不和が生じていたが、その関係が修復不能な程度 にまで悪化していたとは到底認め難い | | |
| | 不貞開始まで の婚姻期間 | 4年 | | |
| | 同居の有無 | 同居 | | |
| | 子の人数 | 1人 | | |
| 不貞の 態様 | 不貞期間 | 平18・7〜平19・7（約 1年） | 不貞回数 | 複数回 |
| | 中断の有無 | 無 | 年齢差 | — |
| 不貞の被 害に関す る事項 | 婚姻関係 | 破綻 | 別居の有無 | 別居 |
| | 備　考 | Yの不貞行為に起因して、XとAの関係が著しく悪化し て別居に至り、以後、両名の関係が修復された形跡はな い | | |
| 当事者 の態様 | 請求相手 | Y（不貞相手） | | |
| | 当事者の認識 | Aが既婚であるとの認識有 | | |
| | 不貞行為の主導 | — | | |
| | 請求相手の 経済力等 | 美容師 | | |

第1章　不貞相手のみを被告とする事例　　119

| 妊娠・出産の有無 | ― |
|---|---|
| 謝罪の有無 | ― |
| その他考慮される事項 | XとAとの間には、婚姻後、ときに諍いが生じ、XがAに暴力を振るったことがあった |

## 算定のポイント

### 増額要素

◆Yの本件不貞行為によって、Xの被った憤怒、失望感は想像に難くないこと

◆本件不貞行為に起因して、XとAとの関係が著しく悪化して別居に至り、以後、両名の関係が修復された形跡はないこと

◆Xは、Aとの別居後、単独で長男を養育せざるを得ず、転職に至るなどしたこと

### 減額要素

◆Aは、本件不貞行為の以前から、Xとの間でときに不和を生じており、XがAに暴力を振るうなどしたこともあって、Xとの婚姻生活に不満を抱いていたことが看取されること

◆本件不法行為開始後ではあるが、Aが、Yとの会話中に、Xの暴力行為に言及し、Xとの離婚の意向をほのめかしたことがあったこと

# 第1章 不貞相手のみを被告とする事例

**[50]** 元夫から不貞相手に対する慰謝料請求につき、継続した同居関係を全体として違法な行為と評価しつつ、元夫が元妻の慰謝料債務を免除したこと等を考慮して慰謝料額を算定した事例

（東京地判平21・6・4（平20(ワ)24721））

| 当事者 | 原告Ｘ：Ａの元夫、被告Ｙ：Ａの不貞相手（男性）、Ａ：原告Ｘの元妻 |
|---|---|

## 事 実 関 係

| | | | | |
|---|---|---|---|---|
| 認 容 額 | | 50万円 | | |
| 請 求 額 | | 500万円 | | |
| 不貞までの家族・婚姻関係 | 婚姻生活の状況 | 別居するに当たり、不仲になっていたが、この時点では直ちに離婚に至るほど夫婦関係が客観的に破綻していたものではなく、夫婦関係を修復する可能性が残されていた | | |
| | 不貞開始までの婚姻期間 | 2年余り | | |
| | 同居の有無 | 別居 | | |
| | 子の人数 | 1人 | | |
| 不貞の態様 | 不貞期間 | 平17・1・30〜平17・4初旬（2か月余り） | 不貞回数 | 複数回 |
| | 中断の有無 | 無 | 年齢差 | ― |
| 不貞の被害に関する事項 | 婚姻関係 | 破綻（離婚） | 別居の有無 | 別居 |
| | 備考 | 継続した同居関係が全体として違法な行為として評価されるとともに、同居期間中の不貞行為（性交渉）もＸの婚姻生活の平和維持という法的利益を侵害した違法なものとして評価される | | |
| 当事者の態様 | 請求相手 | Ｙ（不貞相手） | | |
| | 当事者の認識 | Ａが既婚であるとの認識有 | | |

| | 不貞行為の主導 | ― |
|---|---|---|
| | 請求相手の<br>経済力等 | ― |
| | 妊娠・出産<br>の有無 | ― |
| | 謝罪の有無 | ― |
| その他考慮される事項 | | ― |

## 算定のポイント

### 減額要素

◆婚姻生活の平和は第一次的には配偶者相互の守操義務、協力義務によって維持されるものであって、不貞行為又は婚姻破綻の主たる責任は不貞行為等を働いた配偶者にあり、その不貞行為等の相手方の責任は副次的なものにとどまること

◆Xは、裁判上の和解によりAと離婚するに際しては、慰謝料請求を放棄して、Aの慰謝料債務を免除したこと

◆本件訴えは、Aとの裁判上の和解による離婚で一旦紛争の解決をみてから約2年後に提訴されたものであること

◆Xの提訴の動機として、Aが養育監護する長女との面接交渉がなかなか実施されないことへの不満があること

◆Yは、Aとの同居を解消してから不貞行為等の関係を有した形跡が何らうかがわれないこと

122　　第1章　不貞相手のみを被告とする事例

[51]　不貞の関係を結ぶに至った背景として夫が妻との関係に不満を感じていたことがあるとしても、このことを理由として妻の帰責性を認めたり、不貞相手の責任を軽減すべきではないとして、慰謝料額を算定した事例

(東京地判平21・6・22（平20(ワ)20698))

| 当 事 者 | 原告X：Aの妻、被告Y：Aの不貞相手（女性）、A：原告Xの夫 |

## 事 実 関 係

| 認 容 額 | | 200万円 | | |
|---|---|---|---|---|
| 請 求 額 | | 400万円 | | |
| 不貞までの家族・婚姻関係 | 婚姻生活の状況 | AがXに対する不満を抱いていたことが認められるも、婚姻関係が回復不能なまで破綻するに至っていたと認めることはできない | | |
| | 不貞開始までの婚姻期間 | 約8年半 | | |
| | 同居の有無 | 別居 | | |
| | 子の人数 | 2人 | | |
| 不貞の態様 | 不貞期間 | 平19・11・10〜平20・8・1（訴訟提起日）（約10か月）※請求原因としているのは上記期間であるが、実際には口頭弁論終結時まで不貞継続 | 不貞回数 | 複数回 |
| | 中断の有無 | 無 | 年齢差 | ― |
| 不貞の被害に関する事項 | 婚姻関係 | 破綻（離婚調停中） | 別居の有無 | 別居 |
| | 備考 | ― | | |

| 当事者の態様 | 請 求 相 手 | Y（不貞相手） |
|---|---|---|
| | 当事者の認識 | Aが既婚であるとの認識有 |
| | 不貞行為の主導 | Aが積極的にYに働きかけた |
| | 請 求 相 手 の 経 済 力 等 | ― |
| | 妊 娠 ・ 出 産 の 有 無 | 無 |
| | 謝 罪 の 有 無 | 無 |
| その他考慮される事項 | | ― |

### 算定のポイント

増額要素

◆YがAとの不貞関係を継続し、同棲を続けていることもあって、XとAの婚姻関係はもはや修復不可能な状態になっていること
◆約10年間にわたる結婚生活を営んでいたこと
◆6歳と1歳の2人の子供をもうけていたこと

減額要素

◆不貞関係の継続について第一に責任を負うべきなのは、Xの配偶者でありながら積極的にYに働きかけたAであり、Yの責任は副次的なものというべきであること
※AがYと不貞の関係を結ぶに至ったことについては、AがXとの関係に不満を感じていたことが背景としてうかがわれ、それらの不満には一定程度考慮すべき部分があり得るにしても、このような不満があるからといって、不満を感じる夫が不貞をしてよいわけはなく、本件でも、このことを理由としてXの帰責性を認めたり、Yの責任を軽減すべきものとは解されない、とされた。

**[52]** 本件訴状の送達後も不貞関係を継続していること等を考慮して慰謝料額を算定した事例 （東京地判平21・7・23（平21(ワ)2022)）

| 当 事 者 | 原告Ｘ：Ａの妻、被告Ｙ：Ａの不貞相手（女性）、Ａ：原告Ｘの夫 |
|---|---|

### 事 実 関 係

| 認 容 額 | | 250万円 | | |
|---|---|---|---|---|
| 請 求 額 | | 1,000万円 | | |
| 不貞までの家族・婚姻関係 | 婚姻生活の状況 | 相当程度円滑を欠く面があったものの、おおむね円満な関係を維持していた | | |
| | 不貞開始までの婚姻期間 | 約6年 | | |
| | 同 居 の 有 無 | 同居 | | |
| | 子 の 人 数 | 1人 | | |
| 不 貞 の 態 様 | 不 貞 期 間 | 平20・7～口頭弁論終結時（約1年） | 不 貞 回 数 | 複数回 |
| | 中 断 の 有 無 | 無 | 年 齢 差 | － |
| 不貞の被害に関する事項 | 婚 姻 関 係 | 破綻（離婚調停中） | 別居の有無 | 別居 |
| | 備 考 | 破綻に近い状態に至ったものと認められる | | |
| 当事者の態様 | 請 求 相 手 | Ｙ（不貞相手） | | |
| | 当事者の認識 | Ａが既婚であるとの認識有 | | |
| | 不貞行為の主導 | － | | |
| | 請 求 相 手 の 経 済 力 等 | Ａが歯科医師として勤務する歯科医院に勤務 | | |
| | 妊 娠 ・ 出 産 の 有 無 | － | | |
| | 謝 罪 の 有 無 | － | | |
| その他考慮される事項 | | － | | |

第1章　不貞相手のみを被告とする事例　　125

### 算定のポイント

**増額要素**

◆XがAとの婚姻以来6年以上にわたり築いてきた婚姻生活を破綻に近い状態に至らせたものであり、これによってXが受けた精神的苦痛は大きいものであったと認められること

◆Yは、本件訴状の送達後、Aとの交際を絶った旨主張するところ、現実には、Aとの関係を継続していること

**減額要素**

◆不貞行為の開始当時、XとAの婚姻関係が相当程度円滑を欠く状態にあったこと

第1章　不貞相手のみを被告とする事例

[53]　元妻から不貞相手に対する慰謝料請求につき、元夫が元妻に対して
支払う旨約した解決金を考慮して慰謝料額を算定した事例

（東京地判平21・10・21（平20（ワ）25310））

| 当事者 | 原告X：Aの元妻、被告Y：Aの不貞相手（女性）、A：原告Xの元夫 |

### 事 実 関 係

| 認 容 額 | | 200万円 | | |
|---|---|---|---|---|
| 請 求 額 | | 500万円 | | |
| 不貞までの家族・婚姻関係 | 婚姻生活の状況 | 一応は平穏な家庭生活を営んでいた | | |
| | 不貞開始までの婚姻期間 | 約4年 | | |
| | 同居の有無 | 同居 | | |
| | 子 の 人 数 | 1人 | | |
| 不貞の態様 | 不 貞 期 間 | 平14頃〜平20・1・31離婚まで（約6年） | 不 貞 回 数 | 複数回 |
| | 中 断 の 有 無 | 無 | 年 齢 差 | — |
| 不貞の被害に関する事項 | 婚 姻 関 係 | 破綻（離婚） | 別居の有無 | 別居 |
| | 備 考 | Aの暴力が婚姻関係を破綻させた大きな要因であったとしても、Yとの不貞関係が副次的な要因にすぎなかったということはできない | | |
| 当事者の態様 | 請 求 相 手 | Y（不貞相手） | | |
| | 当事者の認識 | 既婚の認識有 | | |
| | 不貞行為の主導 | — | | |
| | 請求相手の経 済 力 等 | タレント業 | | |
| | 妊 娠・出 産の 有 無 | — | | |

| | |
|---|---|
| 謝 罪 の 有 無 | ― |
| その他考慮される事項 | 離婚訴訟の和解において、Aは、Xに対し、解決金として1億円の支払義務があることを認めた |

## 算定のポイント

### 増額要素

◆YがAとの間で不貞関係を有するようになった時点で、XとAとの婚姻関係は既に約4年を経過していた上、その間、Xは、Aとの間に長男をもうけるなど、Aの母親との不仲などの事情があったにせよ、一応は平穏な家庭生活を営んでいたこと

◆XとAの婚姻関係は、YとAの不貞関係を主たる原因として破綻するに至り、Xは、Aが離婚訴訟を提起したことを契機として、Aと離婚せざるを得なくなったこと

◆Aは、高額の収入のあるプロ騎手であり、Aとの離婚によってXが被った経済的な不利益は著しく大きいものと考えられること

◆Xは、Aと離婚したため、以後、離婚当時8歳の幼い長男の監護養育に独力で当たらなければならない状況に陥ったこと

◆Aは、離婚に当たり、Xに対して、長男の養育費として毎月10万円及び解決金として一時金1,000万円、月々の分割金125万円ずつの支払を約束し、現在、上記の養育費及び解決金の支払を怠っていないものとうかがわれるものの、今度もその支払が滞りなく行われるであろうことを確信させるに足りる確実な担保はなく、一方、X自身は特段の職業を有しておらず、固有の収入を得ていないものとうかがわれることから、今後、Xが一定程度の経済的苦境に立たされるおそれは絶無とはいえないこと

◆Yは、現在でもAとの間で男女関係を有していること

### 減額要素

◆XとAの婚姻関係の破綻については、YとAの不貞関係のほか、Aの暴力が大きな要因となったこと（換言すれば、Yが、Aとの間で不貞関係を有したことによりXに対して負うべき損害賠償債務の金額は、Aが、離婚に当たってXに対して負うべき損害賠償債務の金額と比して、少額にとどまるというべきこと）

◆Xは、Aから、長男の養育費として月額10万円及び解決金として一時金1,000万円、月々の分割金125万円ずつの支払を受けており、少なくとも現在においては特段の経済的苦境に立たされていないものとうかがわれること

◆XがAから受領することになるはずの解決金は総額1億円もの高額に達する見込みとなっていること

※YとAは不貞関係を有したことにつき共同不法行為者としてXに対して連帯して損害賠償責任を負うのであるから、別件離婚訴訟における和解条項でAがXに対して支払うことを約した1億円の解決金は、慰謝料の趣旨を多分に含むものであるとしても、YがXに対する損害賠償責任を免れるものではないことは当然であり、YがXの精神的苦痛を慰謝するために金銭を支払う必要は全くないというYの主張は、採用されなかった。

※Aは、本件訴訟の口頭弁論終結時点において、既に上記解決金のうち3,375万円を支払済みであることが認められ、YがXに対して負うべき200万円の損害賠償債務については、損害の全部又は一部が既に填補済みではないかとの疑いが生じ得るところであるが、他方、Aが既にXに対して支払った解決金内金のうち、いかなる金額がYと不貞関係を有したことに対する慰謝料に充当すべきかが判然としない以上、YがXに対して負うべき損害賠償債務については、全く損害の填補がなされていないものとして取り扱うのが相当である、とされた。

第1章　不貞相手のみを被告とする事例　　129

[54]　妻から不貞相手に対する慰謝料請求につき、性的関係を持った当時は既婚の認識があったとは認められず不法行為は成立しないが、既婚の認識を有した後の親密な交際によって婚姻関係が破綻したことにつき不法行為の成立を認めた事例　（東京地判平21・11・17（平20(ワ)23826)）

当 事 者　原告Ｘ：Ａの妻、被告Ｙ：Ａの不貞相手（女性）、Ａ：原告Ｘの夫

事 実 関 係

| 認 容 額 | | 100万円 | | |
|---|---|---|---|---|
| 請 求 額 | | 1,000万円 | | |
| 不貞まで<br>の家族・<br>婚姻関係 | 婚姻生活の状況 | 婚姻関係が既に破綻していたとは認められない | | |
| | 不貞開始まで<br>の 婚 姻 期 間 | 約7年 | | |
| | 同 居 の 有 無 | 同居 | | |
| | 子 の 人 数 | 2人 | | |
| 不 貞 の<br>態 様 | 不 貞 期 間 | 平19・6頃～平19・12<br>頃（約6か月） | 不 貞 回 数 | 複数回 |
| | 中 断 の 有 無 | 無 | 年 齢 差 | － |
| 不貞の被<br>害に関す<br>る 事 項 | 婚 姻 関 係 | 破綻 | 別 居 の 有 無 | 別居 |
| | 備 考 | Ａが離婚調停を申し立てるも取下げで終了 | | |
| 当 事 者<br>の 態 様 | 請 求 相 手 | Ｙ（不貞相手） | | |
| | 当事者の認識 | 性的関係を持った時点では、既婚の認識なく、過失があったともいえない | | |
| | 不貞行為の主導 | － | | |
| | 請 求 相 手 の<br>経 済 力 等 | － | | |
| | 妊 娠・出 産<br>の 有 無 | 無 | | |

| | 謝罪の有無 | 無 |
|---|---|---|
| その他考慮される事項 | | — |

### 算定のポイント

#### 増額要素

◆Yは、Aが結婚していることを知った後、Aと性的関係を持ったとは認められないものの、Aと親密に交際し、その結果、XとAとの間の婚姻関係を破綻させたといえること

◆Xは、YとAの親密な交際によって、Aとの間の7年余りの婚姻関係や2人の子との家族関係を破綻させられ、精神的な疾患にも罹患するなど、精神的な苦痛を受けたこと

#### 減額要素

◆Yは、Aが結婚していることを知った後、Aと性的関係を持ったとは認められないこと

[55]　妻から不貞相手に対する慰謝料請求につき、不貞相手に対する夫の
　　　言動や夫婦関係を考慮して、慰謝料額を認定した事例

（東京地判平21・11・26（平20（ワ）36995））

当 事 者　原告Ｘ：Ａの妻、被告Ｙ：Ａの不貞相手（女性）、Ａ：原告Ｘの夫

## 事 実 関 係

| 認　容　額 | | 30万円 | | |
|---|---|---|---|---|
| 請　求　額 | | 300万円 | | |
| 不貞までの家族・婚姻関係 | 婚姻生活の状況 | 破綻していたとは認められないものの、ＹがＡと交際する以前から、ＸとＡには互いに夫婦関係を維持すべく協力する姿勢が薄かった | | |
| | 不貞開始までの婚姻期間 | 約6年 | | |
| | 同居の有無 | 同居 | | |
| | 子の人数 | 1人（体外受精による） | | |
| 不貞の態様 | 不貞期間 | 平19・2頃〜平20・2頃（約1年） | 不貞回数 | 複数回 |
| | 中断の有無 | 無 | 年齢差 | — |
| 不貞の被害に関する事項 | 婚姻関係 | 破綻 | 別居の有無 | 別居 |
| | 備考 | — | | |
| 当事者の態様 | 請求相手 | Ｙ（不貞相手） | | |
| | 当事者の認識 | 既婚の認識有 | | |
| | 不貞行為の主導 | Ｙは、ＡからＸＡ夫婦の関係につき虚実をないまぜにしたもっともらしい説明を受けた | | |
| | 請求相手の経済力等 | 信用組合勤務 | | |

| | 妊娠・出産の有無 | — |
|---|---|---|
| | 謝罪の有無 | — |
| その他考慮される事項 | | — |

### 算定のポイント

#### 増額要素

◆ＸＡ夫婦が破綻に至った直接の原因は、ＹとＡの不貞関係にあると認められること

◆ＸＡ夫婦の破綻に至るまでの婚姻期間（約6年半）、ＹとＡの不貞期間（約1年。ただし、不貞関係の開始からＸ夫婦が破綻に至るまでの期間は約6か月）

#### 減額要素

◆ＹがＡと交際を開始する以前から、ＸとＡには、互いに夫婦関係を維持すべく協力する姿勢が薄かったことがうかがわれるので、ＸＡ夫婦が破綻に至った原因としては、かかる夫婦の在り方にも問題があったものであること

◆ＹがＡとの不貞に至ったのは、Ａから、ＸＡ夫婦の関係につき、虚実をないまぜにしたもっともらしい説明を受けたことが原因であり、Ｙがかかる説明を信じたとしてもやむを得なかったような事情もうかがえること（Ｙは、Ａから、ＸとＡの夫婦関係が非常に悪く、妻であるＸが長期間実家に帰っていること、子供は体外受精により生まれたこと、Ｘからは離婚届の用紙を渡されたこと、離婚は時間の問題である等の説明を受け、また、Ａに案内されてＸＡ夫婦の関係が既に破断していると納得し、その後Ａと性的関係を結ぶに至ったことがうかがえる）

第1章　不貞相手のみを被告とする事例　　133

[56]　元夫から不貞相手に対する慰謝料請求につき、元妻が元夫に支払った慰謝料を考慮して、慰謝料額を認定した事例

(東京地判平21・11・26（平21(ワ)11039）)

| 当事者 | 原告Ｘ：Ａの元夫、被告Ｙ：Ａの不貞相手（男性）、Ａ：原告Ｘの元妻 |
|---|---|

### 事　実　関　係

| 認　容　額 | | 50万円（既払金300万円を控除） | | |
|---|---|---|---|---|
| 請　求　額 | | 500万円 | | |
| 不貞までの家族・婚姻関係 | 婚姻生活の状況 | 具体的な離婚の合意が成立していたとまで認めることはできない | | |
| | 不貞開始までの婚姻期間 | 約2年8か月 | | |
| | 同居の有無 | 同居 | | |
| | 子の人数 | 1人 | | |
| 不貞の態様 | 不貞期間 | 平20・11〜平20・12（離婚まで）（約1か月） | 不貞回数 | 複数回 |
| | 中断の有無 | 無 | 年齢差 | － |
| 不貞の被害に関する事項 | 婚姻関係 | 破綻（離婚） | 別居の有無 | 別居 |
| | 備考 | ＡはＸに対し慰謝料300万円を支払った | | |
| 当事者の態様 | 請求相手 | Ｙ（不貞相手） | | |
| | 当事者の認識 | 既婚の認識有 | | |
| | 不貞行為の主導 | － | | |
| | 請求相手の経済力等 | 医学部の学生 | | |
| | 妊娠・出産の有無 | － | | |

| | 謝罪の有無 | － |
|---|---|---|
| その他考慮される事項 | | － |

## 算定のポイント

### 増額要素

◆Aは、Xとの離婚の際、離婚の原因が自らの不貞にあることを認めることなどを内容とする合意書に署名押印していること

◆XとAとの間には幼い長男がいること

◆医学部に通う学生であったAをXが経済的に支えていたという関係があったこと及びYとAとの不貞関係がそのような状況の中で生じたものであったこと

◆婚姻関係の破綻について、YとAとの不貞関係に比肩するほどのXの特段の落ち度のようなものを認めるに足りる証拠はないこと

### 減額要素

◆XとAとの婚姻期間が長期間でなかったこと

◆Aは、Xに対し、離婚に伴う慰謝料として300万円の支払をしているものと認めることができるところ、AのXに対する慰謝料の支払義務は、専らYとの不貞関係によって婚姻関係を破綻させたことを理由とするものであると推認するのが相当であるから、本件請求に係るYのXに対する慰謝料の支払義務と不真正連帯の関係にあり、そうすると、AのXに対する上記300万円の支払は、YのXに対する350万円の慰謝料の支払に充当されるべきものであること

※Yは、Aが請求することを放棄した養育費に相当する金員も、本件請求に係る慰謝料に充当されるべきであると主張するところ、そもそもAのXに対する養育費請求権の発生自体が明らかではないし、その金額を確定することもできない上、養育費の性質に鑑みても、AがXに対して養育費を請求しないと約束したことにより、A又はYのXに対する慰謝料の支払義務が減殺されたと認めることはできない、とされた。

第1章　不貞相手のみを被告とする事例　135

[57]　妻から不貞相手に対する慰謝料請求につき、不貞以外の夫婦関係破綻要因や夫の子らに対する扶養等を考慮して慰謝料額を算定した事例

（東京地判平21・12・22（平20(ワ)23666））

当事者　原告Ｘ：Ａの妻、被告Ｙ：Ａの不貞相手（女性）、Ａ：原告Ｘの夫

事　実　関　係

| | | | | |
|---|---|---|---|---|
| 認　容　額 | 150万円 | | | |
| 請　求　額 | 500万円 | | | |
| 不貞までの家族・婚姻関係 | 婚姻生活の状況 | ＸとＡは休日には一緒に買い物に行くなどの夫婦関係を有していた | | |
| | 不貞開始までの婚姻期間 | 約8年 | | |
| | 同居の有無 | 同居 | | |
| | 子の人数 | 3人 | | |
| 不貞の態様 | 不貞期間 | 平8頃〜（約6年） | 不貞回数 | 複数回 |
| | 中断の有無 | 無 | 年齢差 | ― |
| 不貞の被害に関する事項 | 婚姻関係 | 破綻 | 別居の有無 | 別居 |
| | 備考 | ― | | |
| 当事者の態様 | 請求相手 | Ｙ（不貞相手） | | |
| | 当事者の認識 | 既婚の認識有 | | |
| | 不貞行為の主導 | ― | | |
| | 請求相手の経済力等 | レストランのパート従業員のウエイトレス | | |
| | 妊娠・出産の有無 | ― | | |

| 謝罪の有無 | － |
| その他考慮される事項 | － |

### 算定のポイント

**増額要素**

◆XとAの夫婦関係は実質的に破綻したと評価し得る状態にあるところ、本件不貞関係がその要因になっているといえること
◆本件不貞行為が、Aが婚姻中であることを認識しながら継続されたこと
◆本件不貞行為の期間
◆XとAの子ら（未成年）及びX自身の年齢

**減額要素**

◆AがYとは異なる女性の裸体の写真をも保有するに至るような生活をしていたことによってAと長男との関係が悪化したこと（Yに帰責性はない）も上記破綻の要因の一つになっているというべきこと
◆Xの両親との同居に対するAの不満も潜在的には破綻に影響した可能性があること
◆Aが子らの経済的な面を含め扶養を放棄していないこと

第1章　不貞相手のみを被告とする事例　　137

[58]　元妻から不貞相手に対する慰謝料請求につき、元夫の元妻に対する
　　　離婚に伴う解決金の支払を考慮して慰謝料額を算定した事例

（東京地判平21・12・22（平21(ワ)27745））

当事者　原告Ｘ：Ａの元妻、被告Ｙ：Ａの不貞相手（女性）、Ａ：原告Ｘの
　　　　元夫

事　実　関　係

| 認　容　額 | | 100万円（既払金50万円控除） | | | |
|---|---|---|---|---|---|
| 請　求　額 | | 300万円 | | | |
| 不貞までの家族・婚姻関係 | 婚姻生活の状況 | 夫婦仲は良好であった | | | |
| | 不貞開始までの婚姻期間 | 約8年 | | | |
| | 同 居 の 有 無 | 同居 | | | |
| | 子 の 人 数 | 無 | | | |
| 不貞の態様 | 不 貞 期 間 | 平19・9頃〜平21・1・14（離婚まで）（約1年半） | 不 貞 回 数 | 複数回 | |
| | 中 断 の 有 無 | 無 | 年 齢 差 | － | |
| 不貞の被害に関する事項 | 婚 姻 関 係 | 破綻（離婚） | 別 居 の 有 無 | 別居 | |
| | 備　　　　考 | Ａは、Ｘに対し、離婚に伴う解決金として50万円を支払った | | | |
| 当事者の態様 | 請 求 相 手 | Ｙ（不貞相手） | | | |
| | 当事者の認識 | 既婚の認識有 | | | |
| | 不貞行為の主導 | － | | | |
| | 請求相手の経済力等 | 不動産会社の子会社に勤務 | | | |

| | 妊娠・出産の有無 | — |
|---|---|---|
| | 謝罪の有無 | — |
| その他考慮される事項 | | — |

## 算定のポイント

### 増額要素

◆Yは、Aが既婚者であることを知りながら、Aと親しく交際するようになり、親密な内容のメールや自らの写真をAに送付し、これがXに露見した後も、互いの自宅を訪問し合うような交際を続けたため、Xは、離婚に踏み切ることを余儀なくされたというのであるから、YとAとの不貞関係が主たる原因となってXとAとの婚姻関係が破綻したことは明らかであり、Yの行為は、婚姻関係の平穏に対する違法な干渉として不法行為を構成するといわざるを得ないこと

◆XとAの婚姻期間（約8年）

◆YとAの交際の経緯（Aがそれまで勤務していた不動産会社の子会社に出向し、子会社に勤務していたYと知り合った。YはAが既婚者であることを知りながら、Aと親しく交際するようになり、親密な内容のメールや自らの写真をAに送付し、これがXに露見した後も、互いの自宅を訪問し合うような交際を続けた）や期間（約1年半）

### 減額要素

◆AがXに対して支払った離婚に伴う解決金は、YとAの不貞行為によるXの精神的苦痛を慰謝する趣旨のものであったというべきであり、YとAの不貞行為は、Xに対する共同不法行為を構成し、両人の不法行為による損害賠償債務は、いわゆる不真正連帯債務の関係になると解されるところ、Xは、共同不法行為の一人であるAから50万円の支払を受けたというのであるから、YのXに対する損害賠償債務はAの上記弁済によってその限度で消滅したものといわざるを得ないこと

第1章　不貞相手のみを被告とする事例　　139

[59]　元妻から不貞相手に対する慰謝料請求につき、夫婦関係が必ずしも
　　円満な状態にあるとはいえなかったことや、元夫が元妻に対して離婚
　　に伴う慰謝料の支払を約したこと等を考慮して、慰謝料額を算定した
　　事例　　　　　　　　　　　　　　　　（東京地判平22・1・27（平21(ワ)5896)）

| 当 事 者 | 原告X：Aの元妻、被告Y：Aの不貞相手（女性）、A：原告Xの 元夫 |

**事 実 関 係**

| 認　容　額 | 80万円 | | |
|---|---|---|---|
| 請　求　額 | 500万円 | | |
| 不貞までの家族・婚姻関係 | 婚姻生活の状況 | 必ずしも円満であったとはいい難いものの、破綻していたとまで認めることはできない | |
| | 不貞開始までの婚姻期間 | 約8年 | |
| | 同居の有無 | 同居 | |
| | 子の人数 | 無 | |
| 不貞の態様 | 不貞期間 | 平19・7頃〜平20・6頃（約1年） | 不貞回数　10回前後 |
| | 中断の有無 | 無 | 年齢差　　— |
| 不貞の被害に関する事項 | 婚姻関係 | 破綻（離婚） | 別居の有無　別居 |
| | 備考 | — | |
| 当事者の態様 | 請求相手 | Y（不貞相手） | |
| | 当事者の認識 | 既婚の認識有 | |
| | 不貞行為の主導 | YとAが、不貞関係を持ち、これを継続したことについては、Aが主導的な役割を果たしたものであり、Yは専ら従属的な立場にあった | |

| | 請 求 相 手 の 経 済 力 等 | モデル |
|---|---|---|
| | 妊 娠・出 産 の 有 無 | — |
| | 謝 罪 の 有 無 | — |
| その他考慮される事項 | | Aは、離婚調停において、離婚に伴う慰謝料として200万円の支払を約束し、その支払の準備が完了している |

## 算定のポイント

### 増額要素

◆XとAとの婚姻関係は、YとAとの不貞行為により破綻したものと認められること

◆モデル仲間であるYと夫であるAの双方に裏切られたXの精神的苦痛は多大なものがあること

### 減額要素

◆YとAが不貞関係を持った当時、XとAの夫婦関係は必ずしも円満な状態にあるとはいえなかったし、XとAのYに対する説明によりYもそのように認識していたこと

◆Aは、心の病に罹患し嫌がるYに対し、執拗かつ強引に性的関係を結ぶことを求め、その結果、Yは、やむを得ず、これに応じたものであるし、その後も、Aが、病状が好転しないYを誘い性的関係を結んだことが認められること

◆YとAとが不貞関係を持ち、これを継続したことについては、Aが主導的な役割を果たしたものであり、Yは専ら従属的な立場にあったこと

◆Aは、Xに対し、離婚調停において、離婚に伴う慰謝料として200万円の支払を約し、その支払の準備が完了していること

第1章　不貞相手のみを被告とする事例　　141

[60]　不貞開始時に既婚者であることを知らなかったものの、不貞関係を
　　　有するようになって間もない頃に既婚者であることを知ったにもかか
　　　わらず、不貞関係を継続した不貞相手に不法行為責任が認められた事
　　　例　　　　　　　　　　　　　　　　　　（東京地判平22・2・3（平20(ワ)34118)）

| 当事者 | 原告X：A（妻）の元夫、被告Y：Aの不貞相手（男性）、補助参加人A：原告Xの元妻 |

### 事 実 関 係

| | | | | |
|---|---|---|---|---|
| 認　容　額 | 100万円 | | | |
| 請　求　額 | 300万円 | | | |
| 不貞までの家族・婚姻関係 | 婚姻生活の状況 | 不貞行為の発覚までは比較的平穏であった | | |
| | 不貞開始までの婚姻期間 | 2年10か月 | | |
| | 同居の有無 | 同居 | | |
| | 子の人数 | 無 | | |
| 不貞の態様 | 不貞期間 | 平17・2頃～平18・12頃（1年10か月） | 不貞回数 | ― |
| | 中断の有無 | 無 | 年齢差 | ― |
| 不貞の被害に関する事項 | 婚姻関係 | 破綻（離婚） | 別居の有無 | 別居 |
| | 備考 | ― | | |
| 当事者の態様 | 請求相手 | Y（不貞相手） | | |
| | 当事者の認識 | YはAとの不貞関係を有するようになって間もない頃に既婚者であることを知った | | |
| | 不貞行為の主導 | ― | | |
| | 請求相手の経済力等 | ― | | |

| | | |
|---|---|---|
| 妊娠・出産の有無 | 無 | |
| 謝罪の有無 | — | |
| その他考慮される事項 | — | |

### 算定のポイント

**増額要素**

◆1年以上の比較的長期間にわたって不貞関係が継続したこと

◆YはAとの間で不貞関係を有するようになって間もない頃に、Aが既婚者であることを知ったにもかかわらず、その後も不貞関係を継続したこと

◆XとAとの婚姻関係が、YとAとの不貞関係が原因となって破綻したこと

**減額要素**

◆不貞関係が始まった時点で、婚姻期間がいまだ3年を経過していなかったこと

◆XとAとの間には子がいないこと

## [61] 内縁関係の破綻を理由に不貞行為慰謝料が認められた事例

(東京地判平22・2・25（平20(ワ)35152)）

| 当事者 | 原告X：Aの内縁の妻、被告Y：Aの不貞相手（女性）、A：原告Xの内縁の夫 |
|---|---|

### 事 実 関 係

| 認 容 額 | | 150万円 | | |
|---|---|---|---|---|
| 請 求 額 | | 200万円 | | |
| 不貞までの家族・婚姻関係 | 婚姻生活の状況 | 円満ではなかったが破綻していない | | |
| | 不貞開始までの婚姻期間 | 約4年（内縁関係） | | |
| | 同 居 の 有 無 | 同居 | | |
| | 子 の 人 数 | 無 | | |
| 不 貞 の 態 様 | 不 貞 期 間 | 平19中〜（おそらく継続） | 不 貞 回 数 | ― |
| | 中 断 の 有 無 | 無 | 年 齢 差 | ― |
| 不貞の被害に関する事項 | 婚 姻 関 係 | 内縁関係破綻 | 別 居 の 有 無 | 別居 |
| | 備 考 | 平20・5〜別居 | | |
| 当事者の態様 | 請 求 相 手 | Y（不貞相手） | | |
| | 当事者の認識 | 内縁の妻がいることを認識 | | |
| | 不貞行為の主導 | 不貞関係の形成にはYに比してAの方がより積極的に働きかけたこと | | |
| | 請 求 相 手 の 経 済 力 等 | ― | | |
| | 妊 娠 ・ 出 産 の 有 無 | 無 | | |

| | 謝罪の有無 | ― |
|---|---|---|
| その他考慮される事項 | | ― |

### 算定のポイント

**増額要素**

◆内縁関係が破綻したこと

**減額要素**

◆XとAの関係は婚姻届出をすることに障害が見当たらないにもかかわらず内縁関係のまま止まっていること

◆Xの態度に対するAの不満も内縁関係の破綻の一因となっていること

◆不貞関係の形成にはYに比してAの方がより積極的に働きかけていること

第1章　不貞相手のみを被告とする事例　145

[62]　元妻が不貞をした元夫から一定の財産分与を受けたことが考慮された事例

(東京地判平22・9・9（平21（ワ）13357））

当事者　原告X：Aの元妻、被告Y：Aの不貞相手（女性）、A：原告Xの元夫

## 事実関係

| 認　容　額 | | 170万円 | | | |
|---|---|---|---|---|---|
| 請　求　額 | | 1,000万円 | | | |
| 不貞までの家族・婚姻関係 | 婚姻生活の状況 | 比較的平穏 | | | |
| | 不貞開始までの婚姻期間 | 9年9か月 | | | |
| | 同居の有無 | 同居 | | | |
| | 子の人数 | 3人 | | | |
| 不貞の態様 | 不貞期間 | 平12・4・22〜平16・4、平16・10〜（平18・4）（約5年半） | 不貞回数 | — | |
| | 中断の有無 | 1回 | 年齢差 | — | |
| 不貞の被害に関する事項 | 婚姻関係 | 破綻（離婚） | 別居の有無 | 別居 | |
| | 備考 | — | | | |
| 当事者の態様 | 請求相手 | Y（不貞相手） | | | |
| | 当事者の認識 | 既婚であることを認識 | | | |
| | 不貞行為の主導 | Aの一方的意思により開始したものの、Yにも関係維持の意思が存した | | | |
| | 請求相手の経済力等 | Aから相当額の金銭の支払や物品の贈与を受けていた | | | |
| | 妊娠・出産の有無 | — | | | |

| | 謝罪の有無 | ― |
|---|---|---|
| その他考慮される事項 | | ― |

### 算定のポイント

**増額要素**

◆YがAと約5年半にも及ぶ不倫交際を自らも継続する意思を有していたこと

◆不貞関係によってYが相応の利益を得ていたこと

**減額要素**

◆YがAとの不倫関係を自ら積極的に始めたものではないこと

◆YがXとAとの夫婦関係を故意に崩壊させることを意図していたというものでもないこと

◆Xが財産分与によってAから一定の経済的利益を得たこと

第1章　不貞相手のみを被告とする事例　　147

## [63]　不貞行為により新築工事の中断を余儀なくされたことも慰謝料の算定に考慮された事例

（東京地判平22・10・7（平22(ワ)8009））

**当事者**　原告Ｘ：Ａの夫、被告Ｙ：Ａの不貞相手（男性）、Ａ：原告Ｘの妻

### 事　実　関　係

| | | | | |
|---|---|---|---|---|
| 認　容　額 | | 400万円 | | |
| 請　求　額 | | 800万円 | | |
| 不貞までの家族・婚姻関係 | 婚姻生活の状況 | Ｘは単身赴任中も毎週のようにＡが子らと共に生活するＡの実家に戻っており、平成19年の結婚記念日にＡの実家近くに自宅建築用の土地を購入し、平成21年6月まで妊娠を前提とする性交渉を持つなど、不貞行為が開始するまで破綻していなかった | | |
| | 不貞開始までの婚姻期間 | 約6年 | | |
| | 同居の有無 | 別居（単身赴任） | | |
| | 子の人数 | 2人 | | |
| 不貞の態様 | 不貞期間 | 平21・8・20〜（継続）（約1年） | 不貞回数 | － |
| | 中断の有無 | － | 年齢差 | － |
| 不貞の被害に関する事項 | 婚姻関係 | 破綻（離婚訴訟中） | 別居の有無 | 別居 |
| | 備考 | － | | |
| 当事者の態様 | 請求相手 | Ｙ（不貞相手） | | |
| | 当事者の認識 | 既婚であることを認識していた | | |
| | 不貞行為の主導 | Ｙは必ずしも消極的ではなかった | | |
| | 請求相手の経済力等 | － | | |

| | 妊娠・出産の有無 | 1人 |
|---|---|---|
| | 謝罪の有無 | ― |
| その他考慮される事項 | | ― |

算定のポイント

増額要素

◆Yは、Aとの不貞関係について、必ずしも消極的であったわけではなく、自宅の建築の中止、Aが居住するアパートの選定、Xとの離婚等について、Aに対して少なからず助言を行っていること

◆Yは、Aの不貞相手であることが明らかにならないようにするため、自らの特徴を偽ること等を画策しつつ、自らの行為がXの慰謝料請求権を発生させ得ることを認識した上で、Aとの不貞関係を継続したこと

◆Yは、本訴訟係属後もAとの関係が恋愛の自由市場における競争の結果にすぎない等と主張して不貞関係を継続したこと

◆AがYの子を妊娠したこと

◆YがXの子らを伴って出かけたり、Xの子が居住するアパートに出入りするなどしてAとの不貞関係を継続したこと

◆XとAとの間には幼い2人の子がいること

◆Xは、Aの実家近くに自宅建築用の土地を購入し、自宅の建築請負契約を締結する直前の段階であったのに、YとAとの不貞関係に起因してこれがとん挫するに至ったこと

◆Xは、不貞関係について、相当程度の負担を伴う調査等を行わざるを得ない状況に陥らされたこと

# 第1章　不貞相手のみを被告とする事例　149

[64]　当初は風俗店でサービスを受ける関係であったものの、後に個人的な不貞関係に発展した事例　（東京地判平22・11・26（平22（ワ）1886））

**当事者**　原告Ｘ：Ａの妻、被告Ｙ：Ａの不貞相手（女性）、Ａ：原告Ｘの夫

## 事 実 関 係

| 認　容　額 | | 40万円 | | |
|---|---|---|---|---|
| 請　求　額 | | 800万円 | | |
| 不貞までの家族・婚姻関係 | 婚姻生活の状況 | 破綻していなかったものの平穏ではなかった | | |
| | 不貞開始までの婚姻期間 | 5年1か月 | | |
| | 同 居 の 有 無 | 同居 | | |
| | 子 の 人 数 | 1人 | | |
| 不 貞 の 態 様 | 不 貞 期 間 | 平20・10頃〜平21・7（約10か月） | 不 貞 回 数 | — |
| | 中 断 の 有 無 | — | 年 齢 差 | — |
| 不貞の被害に関する事項 | 婚 姻 関 係 | 破綻（離婚調停中） | 別 居 の 有 無 | 別居 |
| | 備 考 | — | | |
| 当 事 者 の 態 様 | 請 求 相 手 | Ｙ（不貞相手） | | |
| | 当事者の認識 | 既婚であることを認識。破綻を信じていた | | |
| | 不貞行為の主導 | Ａが積極的に交際を申し込んだ | | |
| | 請 求 相 手 の 経 済 力 等 | — | | |
| | 妊 娠 ・ 出 産 の 有 無 | — | | |
| | 謝 罪 の 有 無 | — | | |
| その他考慮される事項 | | — | | |

## 算定のポイント

### 減額要素

◆当初は、サービスを受けようとする顧客とサービスを提供することを仕事としている者との関係であったこと

◆Aが自分には妻子がいないとYに申し出て、そのことを前提にしてYとAが個人的関係へ発展したこと

◆YがAに妻子がいることを知った後、Aに交際を止めるよう申し出たこと

◆Yが交際を止めるように申し出た際、AからXの署名捺印済みの離婚届を示されて不貞に当たらないと強く交際の継続を求められたこと

◆AとYとの関係以前からAの金遣いの荒さや暴力により婚姻関係が脆弱になっていたこと

第1章　不貞相手のみを被告とする事例　　151

[65]　子が通うスイミングスクールのインストラクターと不貞に及んだ事
　　　例　　　　　　　　　　　　　　　　（東京地判平22・12・9（平22（ワ）3064））

| 当 事 者 | 原告X：Aの夫、被告Y：Aの不貞相手（男性）、A：原告Xの妻 |

## 事 実 関 係

| 認 容 額 | | 300万円 | | |
|---|---|---|---|---|
| 請 求 額 | | 1,000万円 | | |
| 不貞までの家族・婚姻関係 | 婚姻生活の状況 | 相応に円満 | | |
| | 不貞開始までの婚姻期間 | 9年10か月 | | |
| | 同 居 の 有 無 | 別居（単身赴任） | | |
| | 子 の 人 数 | 2人 | | |
| 不 貞 の 態 様 | 不 貞 期 間 | 平21・7〜平21・11（約4か月） | 不 貞 回 数 | － |
| | 中 断 の 有 無 | － | 年 齢 差 | － |
| 不貞の被害に関する事項 | 婚 姻 関 係 | 破綻 | 別居の有無 | 別居 |
| | 備 考 | － | | |
| 当事者の態様 | 請 求 相 手 | Y（不貞相手） | | |
| | 当事者の認識 | 既婚者であることを十分に承知していた（子が通うスイミングスクールのインストラクター） | | |
| | 不貞行為の主導 | 積極的にYとの関係にのめり込んだのはA | | |
| | 請求相手の経 済 力 等 | スイミングスクールインストラクター | | |
| | 妊 娠・出 産の 有 無 | － | | |
| | 謝 罪 の 有 無 | 肉体関係を否定 | | |
| その他考慮される事項 | | － | | |

## 算定のポイント

### 増額要素

◆XとAとの婚姻関係は、AとYとが交際を始めるまでは特段の問題はなく相応に円満であったこと

◆Yは、Aが既婚者であることを十分に承知した上でAと肉体関係を結んだこと

◆Yは、本件においてもAとの肉体関係を否定するなど、Xに対し不誠実な対応に終始していること

### 減額要素

◆XとAとの婚姻関係が破綻した最も大きな原因は、何よりXの配偶者でありながらXに対する貞操義務を顧みずにYとの間で不貞を働き、さらに、積極的にYとの関係にのめり込んだAの不道徳な行いにあるというべきこと

第1章　不貞相手のみを被告とする事例　　153

[66]　離婚時に財産分与としてマンションの共有持分の分与及び解決金
150万円の支払を受けていたが、不貞の精神的損害がすべて慰謝された
とは認められなかった事例　　（東京地判平22・12・21（平21（ワ）42763））

当 事 者　原告X：Aの元妻、被告Y：Aの不貞相手（女性）、A：原告Xの
元夫

事 実 関 係

| 認　容　額 | | 150万円 | | | |
|---|---|---|---|---|---|
| 請　求　額 | | 300万円 | | | |
| 不貞までの家族・婚姻関係 | 婚姻生活の状況 | 円満 | | | |
| | 不貞開始までの婚姻期間 | 4年 | | | |
| | 同 居 の 有 無 | 同居 | | | |
| | 子 の 人 数 | 無 | | | |
| 不貞の態様 | 不 貞 期 間 | 平18春～平20・3（約2年） | 不 貞 回 数 | 複数回 | |
| | 中 断 の 有 無 | 無 | 年　齢　差 | － | |
| 不貞の被害に関する事項 | 婚 姻 関 係 | 破綻（離婚） | 別 居 の 有 無 | 別居 | |
| | 備　　　考 | － | | | |
| 当事者の態様 | 請 求 相 手 | Y（不貞相手） | | | |
| | 当事者の認識 | 認識有 | | | |
| | 不貞行為の主導 | － | | | |
| | 請 求 相 手 の 経 済 力 等 | － | | | |
| | 妊 娠・出 産 の 有 無 | － | | | |
| | 謝 罪 の 有 無 | － | | | |
| その他考慮される事項 | | Xは不貞発覚後反応性うつ病を発症した | | | |

## 第1章　不貞相手のみを被告とする事例

### 算定のポイント

#### 増額要素

◆ＹとＡとの交際が発覚した直後、Ｘは心療内科において夫婦間のストレス状況の影響による反応性うつ病との診断を受け、その後は体調不良のため当時の勤務先の退職を余儀なくされたこと

◆Ｘは口頭弁論終結時になお、反応性うつ病の通院治療を継続していること

◆Ａと離婚するまで、ＹとＡの不貞関係が2年間継続していたこと

#### 減額要素

◆Ｘは、離婚時の財産分与としてＸとＡが居住していたマンションのＡの共有持分の分与を受け、後にそれを売却し、住宅ローンと精算した残額として1,100万円がＸの手元に残ったこと

◆ＸがＡから離婚時に解決金として150万円の支払を受けたこと

第1章　不貞相手のみを被告とする事例　　　155

## [67]　夫婦の自宅で不貞相手と妻が密会していた現場に夫が遭遇した事例

（東京地判平22・12・21（平21（ワ）44214））

当事者　原告X：Aの夫、被告Y：Aの不貞相手（男性）、A：原告Xの妻

### 事　実　関　係

| 認　容　額 | | 180万円 | | |
|---|---|---|---|---|
| 請　求　額 | | 300万円 | | |
| 不貞までの家族・婚姻関係 | 婚姻生活の状況 | 性的交渉が少ないという問題があることについて夫婦間の共通認識があったとまでは認められるものの、平成21年5月頃までの時点で、その婚姻関係が修復し難いほどに破綻していたとは認めることはできない | | |
| | 不貞開始までの婚姻期間 | 2年 | | |
| | 同居の有無 | 同居 | | |
| | 子の人数 | 無 | | |
| 不貞の態様 | 不貞期間 | 平18・5〜平21・4（約3年） | 不貞回数 | 複数回 |
| | 中断の有無 | 無 | 年齢差 | ― |
| 不貞の被害に関する事項 | 婚姻関係 | 破綻 | 別居の有無 | ― |
| | 備考 | ― | | |
| 当事者の態様 | 請求相手 | Y（不貞相手） | | |
| | 当事者の認識 | 既婚者であることの認識有 | | |
| | 不貞行為の主導 | ― | | |
| | 請求相手の経済力等 | ― | | |
| | 妊娠・出産の有無 | 無 | | |

| | 謝罪の有無 | ― |
|---|---|---|
| その他考慮される事項 | | ― |

## 算定のポイント

### 増額要素

◆不貞関係が約3年間という長期間にわたるものであること

◆XがYと自宅で鉢合わせたこと（YとAが平成19年頃、夜にXとAの自宅で会っており、Aが、同所の浴室にてシャワーを浴びていたところ、Xが帰宅してYと遭遇し、Yは、Xから直ちに出て行くように告げられ、同所を立ち去ったとの認定有）

◆不貞行為により婚姻関係が破綻したこと

### 減額要素

◆性的交渉が少ないという問題があることについて夫婦間の共通認識があったこと

第1章　不貞相手のみを被告とする事例　　157

[68]　元妻が元夫から既に相応の金銭を交付されていることが不貞相手に
　　対する賠償額の算定に考慮されるべきとした事例

（東京地判平22・12・22（平22（ワ）6001））

当事者　原告X：Aの元妻、被告Y：Aの不貞相手（女性）、A：原告Xの
　　　　元夫

事　実　関　係

| 認　容　額 | | 100万円 | | |
|---|---|---|---|---|
| 請　求　額 | | 300万円 | | |
| 不貞までの家族・婚姻関係 | 婚姻生活の状況 | — | | |
| | 不貞開始までの婚姻期間 | 7年 | | |
| | 同居の有無 | 同居 | | |
| | 子の人数 | 無 | | |
| 不貞の態様 | 不貞期間 | 平18末〜平21・11（離婚時）まで（3年） | 不貞回数 | 複数回 |
| | 中断の有無 | — | 年齢差 | — |
| 不貞の被害に関する事項 | 婚姻関係 | 破綻（離婚） | 別居の有無 | 別居 |
| | 備考 | — | | |
| 当事者の態様 | 請求相手 | Y（不貞相手） | | |
| | 当事者の認識 | — | | |
| | 不貞行為の主導 | — | | |
| | 請求相手の経済力等 | — | | |
| | 妊娠・出産の有無 | 1人出産 | | |
| | 謝罪の有無 | — | | |
| その他考慮される事項 | | — | | |

## 算定のポイント

### 増額要素

◆不貞行為によりできたYとAの子の出産がXとAとの間の婚姻の破綻原因となったこと

### 減額要素

◆XとAの間において、離婚に伴う慰謝料として1,500万円の支払義務があることが合意され（離婚給付等に関する契約公正証書による合意）、そのうち465万円が口頭弁論終結時までに現実に交付されていること。そのこと自体は、賠償額の算定に考慮されるべきこと

※もっとも、慰謝料としての支払義務として合意されている額が過大であり、財産分与としての性質も含まれていると認められ、その上で、いかなる金額を慰謝料に充当すべきかが判然としない以上、YがXに対して負うべき損害賠償請求権が、Aからの支払によって填補されているとみることはできないと認定された。

第1章　不貞相手のみを被告とする事例　　159

[69]　妻と不貞相手が不貞関係を伴う交際を継続したことが決定的となり、夫と妻との婚姻関係が破綻した事例

（東京地判平23・2・22（平21（ワ）25604））

当事者　原告Ｘ：Ａの夫、被告Ｙ：Ａの不貞相手（男性）、Ａ：原告Ｘの妻

事 実 関 係

| 認　容　額 | | 300万円 | | | |
|---|---|---|---|---|---|
| 請　求　額 | | 1,000万円 | | | |
| 不貞までの家族・婚姻関係 | 婚姻生活の状況 | 婚姻関係が完全に破綻していたものであるとは認められない状態 | | | |
| | 不貞開始までの婚姻期間 | 5年半 | | | |
| | 同居の有無 | 同居 | | | |
| | 子の人数 | 1人 | | | |
| 不貞の態様 | 不貞期間 | 平19・8〜（継続）（約4年） | 不貞回数 | — | |
| | 中断の有無 | 無 | 年齢差 | — | |
| 不貞の被害に関する事項 | 婚姻関係 | 破綻 | 別居の有無 | 別居 | |
| | 備考 | — | | | |
| 当事者の態様 | 請求相手 | Ｙ（不貞相手） | | | |
| | 当事者の認識 | — | | | |
| | 不貞行為の主導 | — | | | |
| | 請求相手の経済力等 | — | | | |
| | 妊娠・出産の有無 | 無 | | | |

| | 謝罪の有無 | ― |
|---|---|---|
| その他考慮される事項 | | ― |

### 算定のポイント

**増額要素**

◆YとAはお互いを異性として強く意識するとともに、真剣な気持ちで交際する関係となったこと

◆Aが別居するについてもYが協力しAの転居先を確保し、かつ、Aに対し、別居後の生活支援を行うことを約束し、これを前提にAはXとの別居を断行し、まもなく同人を相手に離婚調停を申し立てたこと

◆以上の事実からすれば、XとAの婚姻関係は、YとAが不貞関係を伴う交際を継続したことが決定的となり、破綻したこと

第1章　不貞相手のみを被告とする事例　　　161

[70]　元夫は、元妻が不貞相手に強姦されたと主張したが、強姦の事実は
　　　認定されず、元妻と不貞相手の関係は合意の上での性的関係であると
　　　認定された事例　　　　　　　　　（東京地判平23・2・24（平21（ワ）42791））

当 事 者　原告X：Aの元夫、被告Y：Aの不貞相手（男性）、A：原告Xの
　　　　　　元妻

事 実 関 係

| 認 容 額 | 70万円 | | |
|---|---|---|---|
| 請 求 額 | 300万円 | | |
| 不貞まで の家族・ 婚姻関係 | 婚姻生活の状況 | 本件不貞行為当時、XとAは同居していたのであり、ま た、婚姻関係が実質的に破綻していたことを外形的にう かがわせる証拠はない | |
| | 不貞開始まで の 婚 姻 期 間 | 1年3か月 | |
| | 同 居 の 有 無 | 同居 | |
| | 子 の 人 数 | 無 | |
| 不 貞 の 態 様 | 不 貞 期 間 | — | 不 貞 回 数 | 1回 |
| | 中 断 の 有 無 | 無 | 年 齢 差 | — |
| 不貞の被 害に関す る 事 項 | 婚 姻 関 係 | 破綻（離婚） | 別 居 の 有 無 | 別居 |
| | 備 考 | — | | |
| 当 事 者 の 態 様 | 請 求 相 手 | Y（不貞相手） | | |
| | 当事者の認識 | XA間の婚姻関係の認識有 | | |
| | 不貞行為の主導 | — | | |
| | 請 求 相 手 の 経 済 力 等 | — | | |
| | 妊 娠・出 産 の 有 無 | 無 | | |

| 謝罪の有無 | 有 |
|---|---|
| その他考慮される事項 | Xは、AがYに強姦されたと主張して争った |

### 算定のポイント

**減額要素**

◆YによるAの強姦に当たる事実は認められなかったこと

◆不貞行為は1回のみであったこと

◆離婚の原因は、Xが、当時体調を崩していたAをいたわる反面、本件不貞行為についての警察の捜査に協力を強いたり、本件裁判の証人として出頭することをAに強く求めるなどの行為が繰り返されたこともあってXとAとの別居、さらには協議離婚に至らせた可能性も否定することはできず、本件不貞行為のみにより婚姻関係が破綻し、協議離婚に至ったとまでは認められないこと

◆XとAの婚姻関係は約1年9か月であり、本件不貞行為が行われるまでの期間でいえば、約1年3か月程度の比較的短期間であったこと

◆Yは自己の非を認め、一応Xに陳謝していること

第1章　不貞相手のみを被告とする事例　　163

[71]　夫が性風俗店で不貞相手と知り合い、不貞関係を継続した事例

（東京地判平23・3・17（平21(ワ)37659））

当事者　原告X：Aの妻、被告Y：Aの不貞相手（女性）、A：原告Xの夫

事実関係

| 認　容　額 | | 180万円 | | |
|---|---|---|---|---|
| 請　求　額 | | 500万円 | | |
| 不貞までの家族・婚姻関係 | 婚姻生活の状況 | 円満 | | |
| | 不貞開始までの婚姻期間 | 4年 | | |
| | 同居の有無 | 同居 | | |
| | 子の人数 | 無 | | |
| 不貞の態様 | 不貞期間 | 平15夏頃～平21・6頃（約6年） | 不貞回数 | － |
| | 中断の有無 | 無 | 年齢差 | － |
| 不貞の被害に関する事項 | 婚姻関係 | 破綻 | 別居の有無 | 同居（家庭内別居と認定） |
| | 備　考 | － | | |
| 当事者の態様 | 請求相手 | Y（不貞相手） | | |
| | 当事者の認識 | X・A間の婚姻関係の認識有 | | |
| | 不貞行為の主導 | A | | |
| | 請求相手の経済力等 | － | | |
| | 妊娠・出産の有無 | 無 | | |
| | 謝罪の有無 | 無 | | |
| その他考慮される事項 | | － | | |

## 算定のポイント

### 増額要素

◆Xは、Aと円満な婚姻関係にあったところ、本件不貞関係が原因となって、Aに対する信用をすべて喪失して、家庭内別居となり、現在もその状態が続いていること

◆本件不貞関係の期間は6年近くに及んでいること

◆Yから謝意の表明がないこと

### 減額要素

◆本件不貞行為は、主としてAのYに対する詐言を原因としていること

第1章　不貞相手のみを被告とする事例　　165

[72]　夫と妻との間の婚姻関係は必ずしも良好なものではなかったものの、妻の不貞行為が一因となり婚姻関係が破綻し、離婚した事例

(東京地判平23・5・16（平21(ワ)3074))

当事者　原告X：Aの夫、被告Y：Aの不貞相手（男性）、A：原告Xの妻

事実関係

| 認　容　額 | | 130万円 | | | |
|---|---|---|---|---|---|
| 請　求　額 | | 500万円 | | | |
| 不貞までの家族・婚姻関係 | 婚姻生活の状況 | 良好な関係にあったとはいえない | | | |
| | 不貞開始までの婚姻期間 | 8年 | | | |
| | 同居の有無 | 同居 | | | |
| | 子の人数 | 1人 | | | |
| 不貞の態様 | 不貞期間 | 平19・5・12〜平20・8・21（1年3か月） | 不貞回数 | ― | |
| | 中断の有無 | ― | 年齢差 | ― | |
| 不貞の被害に関する事項 | 婚姻関係 | 破綻 | 別居の有無 | 別居 | |
| | 備　考 | 離婚訴訟中・第一審で認容判決 | | | |
| 当事者の態様 | 請求相手 | Y（不貞相手） | | | |
| | 当事者の認識 | Aが婚姻していることの認識有 | | | |
| | 不貞行為の主導 | ― | | | |
| | 請求相手の経済力等 | ― | | | |
| | 妊娠・出産の有無 | 無 | | | |
| | 謝罪の有無 | 無 | | | |
| その他考慮される事項 | | ― | | | |

## 第1章　不貞相手のみを被告とする事例

### 算定のポイント

#### 増額要素

◆YとAの不貞関係も一因となり婚姻関係が破綻して別居状態となり、別件訴訟においては、XとA双方からの離婚請求を認容する第一審判決が言い渡されていること

◆YとAの不貞関係の存続期間は少なくとも1年3か月近くに及んでいること

◆Yは本件訴訟においてAとの不貞関係を否定し、不自然な弁解を弄していること

#### 減額要素

◆AとX間の婚姻関係は必ずしも良好なものではなかったこと

第1章　不貞相手のみを被告とする事例　　167

[73]　夫の休職と不貞行為との間には相当因果関係は認められず、夫による経済的損害の請求については排斥した事例

（東京地判平23・6・16（平22(ワ)9219））

当事者　原告X：Aの夫、被告Y：Aの不貞相手（男性）、A：原告Xの妻

事　実　関　係

| 認　容　額 | | 150万円 | | |
|---|---|---|---|---|
| 請　求　額 | | 1,000万円 | | |
| 不貞までの家族・婚姻関係 | 婚姻生活の状況 | Xが婚姻関係の修復に向けて努力するような状態にあった | | |
| | 不貞開始までの婚姻期間 | 2年 | | |
| | 同居の有無 | 同居 | | |
| | 子の人数 | 1人 | | |
| 不貞の態様 | 不貞期間 | 平19・12・24頃～平20・4（5か月） | 不貞回数 | 継続的 |
| | 中断の有無 | 無 | 年齢差 | － |
| 不貞の被害に関する事項 | 婚姻関係 | 破綻に瀕していると認定 | 別居の有無 | 別居 |
| | 備考 | － | | |
| 当事者の態様 | 請求相手 | Y（不貞相手） | | |
| | 当事者の認識 | 既婚の認識有 | | |
| | 不貞行為の主導 | － | | |
| | 請求相手の経済力等 | － | | |
| | 妊娠・出産の有無 | 無 | | |

| | 謝罪の有無 | 無 |
|---|---|---|
| その他考慮される事項 | | — |

## 算定のポイント

### 増額要素

◆YとAとの間の不貞関係は、平成19年12月24日頃から平成20年4月までの間に何度か飲食を共にして性交渉に及んでおり、それが発覚してXとAが別居するに至ったものであるところ、これら不貞関係が継続した期間の長さや頻度、その後、Aとは別居するに至っており、XとAとの婚姻関係は破綻に瀕しているものといえること

### 減額要素

◆不貞行為以前からXとAの婚姻関係はXが修復に向けて努力するような状態にあったこと

第1章　不貞相手のみを被告とする事例　　169

[74]　元妻の不貞相手が元夫の元上司であり、不貞関係につき、性交渉が
　　あった日（回数）を詳細に認定した事例

(東京地判平23・12・28（平22(ワ)41115))

| 当 事 者 | 原告X：Aの元夫、被告Y：Aの不貞相手（男性）、A：原告Xの元妻 |

### 事 実 関 係

| 認　容　額 | | 150万円 | | |
|---|---|---|---|---|
| 請　求　額 | | 2,000万円 | | |
| 不貞までの家族・婚姻関係 | 婚姻生活の状況 | 不貞行為当時、相当程度希薄なものであったが、婚姻関係が破綻していたとまでは認められない | | |
| | 不貞開始までの婚姻期間 | 4年 | | |
| | 同居の有無 | 同居 | | |
| | 子の人数 | 無 | | |
| 不貞の態様 | 不貞期間 | 平22・1・13〜平22・10・4（約9か月） | 不貞回数 | 11回 |
| | 中断の有無 | 無 | 年齢差 | — |
| 不貞の被害に関する事項 | 婚姻関係 | 破綻（本訴訟中に離婚） | 別居の有無 | 別居 |
| | 備　考 | — | | |
| 当事者の態様 | 請求相手 | Y（不貞相手） | | |
| | 当事者の認識 | 既婚の認識有 | | |
| | 不貞行為の主導 | — | | |
| | 請求相手の経済力等 | 経済力有・株式会社の常務執行役員 | | |

| | | |
|---|---|---|
| 妊娠・出産の有無 | 無 | |
| 謝罪の有無 | 無 | |
| その他考慮される事項 | ― | |

## 算定のポイント

### 増額要素

◆不貞相手がXの元上司であること

◆Yが、XとAが不妊治療をしていることを知り、避妊をせず性交渉をしていること

◆Yが事実と反することを証言していること

◆XはAと婚姻した後、4年以上にわたりAと生活を共にし、不妊治療に努めるなどして夫婦関係を築いてきたが、AがXの元上司でもあるYと不貞関係にあることを知り、これにより強い衝撃を受けるとともに、平穏な家庭生活を破壊され、Aとの離婚を余儀なくされるなど、大きな精神的苦痛を受けたこと

◆約9か月の間に11回の不貞行為に及んだこと

※Xは、慰謝料額の算定において、Yの現在の役職（社会的地位の高さ）や財力を考慮すべきであると主張するが、これらのYの属性に関する一般的事情は、不法行為により原告に生じた精神的損害とは無関係であるから、慰謝料額の算定において考慮することはできないとされた。

### 減額要素

◆YがAとの不貞行為を主導したものと認めることはできないこと

◆XとAの婚姻関係が、不貞行為当時、既に破綻していたとまではいえないものの相当程度に希薄なものであったのであり、両者が離婚に至った原因は不貞行為だけでなく、Xの不妊治療に関する心ない言動や他の女性との関係を疑わせて省みない態度等からAがXに対して嫌気が差すようになったこと等にもあること

第1章　不貞相手のみを被告とする事例　　171

## [75]　不貞相手が不貞配偶者の子を2度妊娠し2度中絶した事例

（東京地判平24・6・19（平23(ワ)7050））

当 事 者　原告X：Aの妻、被告Y：Aの不貞相手（女性）、A：原告Xの夫

### 事 実 関 係

| | | | | |
|---|---|---|---|---|
| 認 容 額 | 170万円 | | | |
| 請 求 額 | 400万円 | | | |
| 不貞まで<br>の家族・<br>婚姻関係 | 婚姻生活の状況 | — | | |
| | 不貞開始まで<br>の 婚 姻 期 間 | 5年 | | |
| | 同 居 の 有 無 | 同居 | | |
| | 子 の 人 数 | 2人 | | |
| 不 貞 の<br>態 様 | 不 貞 期 間 | 平18・7〜平22・6・<br>1（約4年） | 不 貞 回 数 | 複数回 |
| | 中 断 の 有 無 | 無 | 年 齢 差 | — |
| 不貞の被<br>害に関す<br>る事項 | 婚 姻 関 係 | 破綻 | 別 居 の 有 無 | — |
| | 備 考 | — | | |
| 当 事 者<br>の 態 様 | 請 求 相 手 | Y（不貞相手） | | |
| | 当事者の認識 | 婚姻の認識有 | | |
| | 不貞行為の主導 | 相互 | | |
| | 請 求 相 手 の<br>経 済 力 等 | — | | |
| | 妊 娠・出 産<br>の 有 無 | 妊娠2回（いずれも中絶） | | |
| | 謝 罪 の 有 無 | 無 | | |
| その他考慮される事項 | — | | | |

第1章　不貞相手のみを被告とする事例

## 算定のポイント

### 増額要素

◆Yは、平成18年7月以降、Aが結婚していることを認識しながら、Aと性的関係を持つに至り、その関係は平成22年6月1日まで断続的に継続したこと

◆Yは、平成18年11月2日及び平成19年7月29日には、Aの子を妊娠し中絶していること

◆平成19年11月までの間のAとYの関係は、YがAから一方的に性的関係を迫られ、性的関係を強要される関係であったということができないこと

◆平成19年11月16日にYがAから暴行を受けた以降、YはAに対して関係の終了を切り出したものの、Aがこれを受け入れなかったため、なお自らの意思でAとの関係を継続したものであること

◆Yは不貞行為以外にも、Xの自宅の固定電話やXの携帯電話に対する無言電話、手袋の投げつけ行為その他の執拗かつ悪質な嫌がらせ行為をしていること

◆不貞によってXとA間の婚姻関係の破綻が決定的なものとなったこと

### 減額要素

◆Yが、平成19年11月16日から平成22年6月1日までの間、Aとの間で性的関係を継続したのは、Aから同関係を継続するように懇願されたり脅迫的言質を用いられたりしたためであるという面もあること

◆YはAから自宅周辺での待ち伏せ、携帯電話等への執拗な架電といった被害を受けており、精神的に相当疲弊していたこと

◆YのXへの嫌がらせ行為は、Yに対して甘言を弄しながらそれを実現しないAに対する強い苛立ちや、Xに対する嫉妬心の現れであること

第 1 章　不貞相手のみを被告とする事例　　173

[76]　不貞配偶者である元夫が原告である元妻に慰謝料150万円を先に支
　　払ったことが減額要素として考慮された事例

(東京地判平24・8・29（平23(ワ)917))

当事者｜　原告Ｘ：Ａの元妻、被告Ｙ：Ａの不貞相手（女性）、Ａ：原告Ｘの
　　　　　元夫

事　実　関　係

| 認　容　額 | | 150万円 | | | |
|---|---|---|---|---|---|
| 請　求　額 | | 300万円 | | | |
| 不貞までの家族・婚姻関係 | 婚姻生活の状況 | 円満 | | | |
| | 不貞開始までの婚姻期間 | 4年 | | | |
| | 同居の有無 | 同居 | | | |
| | 子の人数 | 2人 | | | |
| 不貞の態様 | 不貞期間 | 平21年春〜平22・12（ＸとＡ離婚時）まで継続 | 不貞回数 | | — |
| | 中断の有無 | 有 | 年齢差 | | — |
| 不貞の被害に関する事項 | 婚姻関係 | 破綻（離婚） | 別居の有無 | | 別居 |
| | 備　考 | Ａが平成22年11月4日、Ｘに対し、慰謝料として150万円を支払った | | | |
| 当事者の態様 | 請求相手 | Ｙ（不貞相手） | | | |
| | 当事者の認識 | 不貞開始当初は既婚の認識なし、途中から認識有 | | | |
| | 不貞行為の主導 | Ａ | | | |
| | 請求相手の経済力等 | — | | | |
| | 妊娠・出産の有無 | — | | | |

| | 謝 罪 の 有 無 | ― |
|---|---|---|
| その他考慮される事項 | | ― |

### 算定のポイント

**増額要素**

◆XとAは中学の頃から交際をし、平成17年に婚姻して2児をもうけるなど円満な婚姻関係を継続していたと認めることができること

◆婚姻関係が不貞行為を原因に破綻し、協議離婚に至ったこと

**減額要素**

◆Aが積極的に誘って交際が開始し、その後もAがXと離婚することになったなどとYに述べて不貞関係を継続したこと

◆AがXとの離婚に際してXに慰謝料150万円を支払っていること

第1章　不貞相手のみを被告とする事例　　175

[77]　離婚調停の条項で元妻に慰謝料請求をしないとされていたことが考慮された事例　　（東京地判平24・11・22（平23（ワ）18634））

| 当事者 | 原告Ｘ：Ａの元夫、被告Ｙ：Ａの不貞相手（男性）、Ａ：原告Ｘの元妻 |

## 事実関係

| 認 容 額 | 150万円 | | |
|---|---|---|---|
| 請 求 額 | 1,000万円 | | |
| 不貞までの家族・婚姻関係 | 婚姻生活の状況 | ・平成17年までは円満であった<br>・Ａが、その頃からささいなことで激高し、Ｘとけんかをするようになり、Ｘは平成17年5月頃には、興奮したＡから求められるまま、離婚届に署名したこともあった。しかし、婚姻関係が平成13年に破綻していたとするＹの主張は理由がない | |
| | 不貞開始までの婚姻期間 | 約8年 | |
| | 同居の有無 | 同居 | |
| | 子の人数 | 2人 | |
| 不貞の態様 | 不貞期間 | 遅くとも平18・12頃〜少なくとも平22・9までは継続（約3年10か月） | 不貞回数 | － |
| | 中断の有無 | 無 | 年齢差 | － |
| 不貞の被害に関する事項 | 婚姻関係 | 破綻（離婚） | 別居の有無 | － |
| | 備考 | － | |
| 当事者の態様 | 請求相手 | Ｙ（不貞相手） | |
| | 当事者の認識 | － | |

| | 不貞行為の主導 | ― |
|---|---|---|
| | 請求相手の経済力等 | 一級建築士（X宅をリフォームした） |
| | 妊娠・出産の有無 | ― |
| | 謝罪の有無 | ― |
| その他考慮される事項 | | 離婚調停の際、XとAの間では、離婚に関し、調停条項に定めるほか何らの債権債務がないことの確認がされたが、その際の調停条項には慰謝料に関する定めがない |

## 算定のポイント

### 増額要素

◆婚姻関係の破綻は不貞行為に起因していること
◆Yが不貞に積極的な姿勢を示していること

### 減額要素

◆不貞行為による婚姻関係の平穏の侵害に対する責任は、第一次的には、不貞行為に及んだ配偶者であるAにあり、この点で、Aもまた、Xに対する損害賠償責任を負うものであるが、XにAに対する慰謝料請求の意思がないことは、慰謝料の算定に当たり、考慮しなければならない事実であること（ただし、これをもって、XがYの損害賠償債務をも免除する意思を有しているとまでは認められない）

第1章　不貞相手のみを被告とする事例　　177

[78]　不貞行為終了後に原告の元妻の元不貞相手が原告の元妻と面会した
　　こと自体を不法行為と認定した事例

（東京地判平25・4・19（平23（ワ）39342））

当事者　原告Ｘ：Ａの元夫、被告Ｙ：Ａの不貞相手（男性）、Ａ：原告Ｘの
　　　　　元妻

事実関係

| 認　容　額 | | 80万円 | | |
|---|---|---|---|---|
| 請　求　額 | | 500万円 | | |
| 不貞までの家族・婚姻関係 | 婚姻生活の状況 | 不貞後の再会時において、ＸとＡの婚姻関係が完全に修復の見込みのない状態に立ち至っていたとまでは認められない | | |
| | 不貞開始までの婚姻期間 | 不貞行為開始まで　約1年半<br>再会するまで　約4年半 | | |
| | 同居の有無 | 同居 | | |
| | 子の人数 | － | | |
| 不貞の態様 | 不貞期間 | 不貞期間：平20・5〜平20・12（ただし、Ａが80万円の慰謝料を支払って解決済）<br>再会期間：平23・7〜平23・8 | 不貞回数 | 再会後の面会回数は2回 |
| | 中断の有無 | － | 年齢差 | － |
| 不貞の被害に関する事項 | 婚姻関係 | 破綻（離婚） | 別居の有無 | － |
| | 備　考 | － | | |
| 当事者の態様 | 請求相手 | Ｙ（不貞相手） | | |
| | 当事者の認識 | 既婚者の認識有 | | |

| | 不貞行為の主導 | ― |
|---|---|---|
| | 請 求 相 手 の 経 済 力 等 | ― |
| | 妊 娠 ・ 出 産 の 有 無 | ― |
| | 謝罪の有無 | ― |
| その他考慮される事項 | | ― |

## 算定のポイント

### 増額要素

◆約5年にわたって婚姻生活を営んでいたこと

◆Yが平成20年にAと不貞行為を行い、平成22年2月には、Xに慰謝料の支払を約束したものの、平成23年7月から平成23年8月にかけて、少なくとも2回、深夜の時間帯にAと面会したこと

◆XとAがYとの関係をめぐって口論となり、平成23年9月以降には婚姻関係が完全に修復の見込みのない状態に至っていること

### 減額要素

◆Yが、Aと再会する前からXとの離婚を考え、思い悩んでいたAの窮状を見かね、Aの求めに応じてやむを得ず面会したものであり、必ずしもAとの面会に積極的であったわけではないこと

※Yは、XがAから支払を受けた財産分与が、本来額より200万円多く、Xが本件再会という不法行為により損害は被っていないと主張したが、同財産分与により受領した金員が不法行為による慰謝料の趣旨で授受されたものと解すべき根拠はないとして、同主張は採用されなかった。

第1章　不貞相手のみを被告とする事例　　179

[79]　不貞配偶者が不貞相手と同棲を開始し不貞行為を継続している事例

（東京地判平25・7・16（平24（ワ）33586））

| 当 事 者 | 原告Ｘ：Ａの妻、被告Ｙ：Ａの不貞相手（女性）、Ａ：原告Ｘの夫 |

事　実　関　係

| 認　容　額 | | 100万円 | | | |
|---|---|---|---|---|---|
| 請　求　額 | | 300万円 | | | |
| 不貞までの家族・婚姻関係 | 婚姻生活の状況 | ＡがＹとは違う相手と不貞をしたことにより、ＸとＡは別居していたが、Ａは月に数回自宅に戻り、Ｘと性的関係を持ったり、長男と遊んだり、電話・メールでのやりとりはしていた | | | |
| | 不貞開始までの婚姻期間 | ・当初の婚姻からだと、約7年弱<br>・ＸとＡの名のる氏をＡの氏ではなく、Ｘの婚姻前の氏にすることを目的とする形式的な離婚・再婚からだと、約1年半<br>※状況別慰謝料索引では、「不貞開始までの婚姻期間」については、当初の婚姻時から起算して「5年以上10年未満」に分類している | | | |
| | 同居の有無 | 不貞開始時は別居（Ｙとは違う相手との不貞発覚により） | | | |
| | 子 の 人 数 | 1人 | | | |
| 不貞の態様 | 不 貞 期 間 | 平23・10〜（継続）（約2年弱） | 不 貞 回 数 | － | |
| | 中 断 の 有 無 | 無 | 年 齢 差 | － | |
| 不貞の被害に関する事項 | 婚 姻 関 係 | 破綻 | 別居の有無 | 別居 | |
| | 備　　　考 | 離婚調停が不成立、Ｘは離婚訴訟提起を検討中 | | | |
| 当事者の態様 | 請 求 相 手 | Ｙ（不貞相手） | | | |
| | 当事者の認識 | 既婚者たる認識有 | | | |

| | 不貞行為の主導 | ― |
|---|---|---|
| | 請 求 相 手 の 経 済 力 等 | ― |
| | 妊 娠 ・ 出 産 の 有 無 | ― |
| | 謝罪の有無 | 無（むしろ、Yによるインターネット上のXに対する誹謗中傷書き込み有） |
| その他考慮される事項 | | ― |

算定のポイント

増額要素

◆不貞関係が平成23年10月から現在まで継続し、YとAはYの自宅で同居していること

◆YとAが不貞関係になる前は、XとAは別居していたものの、月に数回会い、電話やメールのやりとりがあったが、YとAの不貞関係が始まった後は、AはXと連絡を取ろうとせず、離婚を要求し、離婚調停を申し立てたこと

◆Xは、YとAとの不貞を知って、一時期、腸炎や食道炎を患い、Aが帰宅しないことで長男が精神的に不安定になり、その世話にも苦労したこと

◆Aの両親が、AをYの自宅から連れ戻そうとしても、AはYの自宅に戻り、Yとの関係を解消しようとしていないこと

◆YはXに対して謝罪することなく、Xからのインターネット上の書き込みの削除の要望にも対応せず、本件弁論準備手続に出頭することを予定されたが、出頭もしないこと

◆YはAとの関係を解消する意思はなく、AがXと離婚した場合、Aと婚姻する意思であること

減額要素

◆離婚調停は不成立となったが、AもXも離婚訴訟を提起していないこと

第1章　不貞相手のみを被告とする事例　　　181

[80]　婚姻破綻原因が不貞行為以外にもあったとした事例

(東京地判平26・6・9（平24(ワ)35814)）

| 当 事 者 | 原告X：Aの妻、被告Y：Aの不貞相手（女性）、A：原告Xの夫 |

**事 実 関 係**

| 認　容　額 | | 100万円 | | |
|---|---|---|---|---|
| 請　求　額 | | 500万円 | | |
| 不貞まで<br>の家族・<br>婚姻関係 | 婚姻生活の状況 | AによるXに対する暴力、Aが経済的に堅実でなくXの<br>親族からの借入金を返済しないなどの問題有 | | |
| | 不貞開始まで<br>の婚姻期間 | 約2年11か月 | | |
| | 同居の有無 | 同居 | | |
| | 子 の 人 数 | ― | | |
| 不 貞 の<br>態　　様 | 不 貞 期 間 | 平24・2頃～平25・<br>12・25(約1年10か月)<br>※明確な終期認定では<br>ない | 不 貞 回 数 | ― |
| | 中 断 の 有 無 | 無 | 年　齢　差 | 16歳 |
| 不貞の被<br>害に関す<br>る事項 | 婚 姻 関 係 | 破綻 | 別居の有無 | 別居 |
| | 備　　考 | Xが提起した離婚訴訟の判決待ち | | |
| 当 事 者<br>の 態 様 | 請 求 相 手 | Y（不貞相手） | | |
| | 当事者の認識 | 既婚者の認識有 | | |
| | 不貞行為の主導 | ― | | |
| | 請求相手の<br>経 済 力 等 | キャバクラ嬢 | | |
| | 妊 娠・出 産<br>の　有　無 | ― | | |

| | 謝罪の有無 | ― |
|---|---|---|
| その他考慮される事項 | | ― |

### 算定のポイント

**増額要素**

◆不貞開始後に、別居、離婚訴訟に至っていることからすれば、ＹとＡの不貞関係が
ＸとＡの婚姻関係の破綻の一因となったこと

**減額要素**

◆ＸはＡから暴力を振るわれることがあり、Ａが経済的にも堅実ではなく、Ｘの親族
からの借入金を返済しないなどの問題があったことからすると、ＸとＡの婚姻関係
が破綻し、離婚に至った原因がＹとＡの不貞関係のみにあったとはいえないこと

第1章　不貞相手のみを被告とする事例　　183

## [81]　慰謝料額の算定に当たり、不貞行為の調査費用を考慮した事例

（東京地判平27・1・30（平26(ワ)400)）

当事者　原告Ｘ：Ａの元夫、被告Ｙ：Ａの不貞相手（男性）、Ａ：原告Ｘの
　　　　元妻

### 事　実　関　係

| 認　容　額 | | 300万円 | | | |
|---|---|---|---|---|---|
| 請　求　額 | | 600万円 | | | |
| 不貞までの家族・婚姻関係 | 婚姻生活の状況 | 平穏 | | | |
| | 不貞開始までの婚姻期間 | 8年 | | | |
| | 同 居 の 有 無 | 同居 | | | |
| | 子 の 人 数 | 2人 | | | |
| 不 貞 の 態　様 | 不 貞 期 間 | 平24・11・22〜平24・12・29（1か月）（不貞に及ばないものの不適切な関係は4か月） | 不 貞 回 数 | 複数回 | |
| | 中 断 の 有 無 | 無 | 年　齢　差 | — | |
| 不貞の被害に関する事項 | 婚 姻 関 係 | 破綻（離婚） | 別居の有無 | 別居 | |
| | 備　　　考 | ・Ｘが仕事を辞めざるを得なくなった<br>・Ｘは精神的苦痛から、数度の自殺を図る、心労で倒れるなどした | | | |
| 当 事 者の 態 様 | 請 求 相 手 | Ｙ（不貞相手） | | | |
| | 当事者の認識 | 有 | | | |
| | 不貞行為の主導 | Ｙ | | | |
| | 請 求 相 手 の経 済 力 等 | — | | | |

| | 妊娠・出産の有無 | — |
|---|---|---|
| | 謝罪の有無 | Yの対応はXに誠意が伝わるようなものではなかった |
| その他考慮される事項 | | — |

### 算定のポイント

**増額要素**

◆Xが仕事を辞めざるを得なくなった原因の一つに不貞行為があったことは否定できないこと（事実経過としては、Xが子らを連れ、家を出て実家に戻ったところ、通勤時間が片道3時間を超えることになり、心身ともに疲弊し、仕事を休みがちになり退職するに至った。仕事に関してはその他にも、数度の自殺を図り、心労のために救急車で運ばれるなどする状況で、仕事が手につかず、当時従事していたプロジェクトメンバーから外してもらい、アメリカへの中期滞在の話も断った）

◆探偵事務所に対する調査費用の支払も含め、Xの経済的な打撃の大きさも無視することができないこと

◆本件訴訟の前後を通じてのYの対応は、Xに誠意が伝わるようなものではなかったこと

第1章　不貞相手のみを被告とする事例　　185

[82]　不貞配偶者の配偶者に対する愛情がもともと希薄であったと考えら
　　　れることを考慮して慰謝料額を決定した事例

（東京地判平27・9・29（平27（ワ）9636））

当事者　原告X：Aの元夫、被告Y：Aの不貞相手1（男性）、A：原告Xの
　　　　元妻、B：Aの不貞相手2（男性）

事 実 関 係

| 認 容 額 | | 60万円 | | |
|---|---|---|---|---|
| 請 求 額 | | 300万円 | | |
| 不貞まで<br>の家族・<br>婚姻関係 | 婚姻生活の状況 | XとAが不仲となった平成25年1月までは、年賀状を連名で出したり、XがAの食事を作って食べたり、共に外食をしたり、温泉旅行をしたりするなど、性交渉がない以外は通常の夫婦と相違ない生活をしていたことが認められる | | |
| | 不貞開始まで<br>の 婚 姻 期 間 | 3年弱 | | |
| | 同 居 の 有 無 | 同居 | | |
| | 子 の 人 数 | 無 | | |
| 不 貞 の<br>態 様 | 不 貞 期 間 | 平23・9頃〜平24・12頃（1年3か月） | 不 貞 回 数 | ― |
| | 中 断 の 有 無 | 無 | 年 齢 差 | ― |
| 不貞の被<br>害に関す<br>る事項 | 婚 姻 関 係 | 破綻（離婚） | 別居の有無 | 別居 |
| | 備 考 | ― | | |
| 当 事 者<br>の 態 様 | 請 求 相 手 | Y（不貞相手） | | |
| | 当事者の認識 | 有 | | |
| | 不貞行為の主導 | ― | | |

| | 請 求 相 手 の 経 済 力 等 | ― |
|---|---|---|
| | 妊 娠 ・ 出 産 の 有 無 | ― |
| | 謝 罪 の 有 無 | ― |
| その他考慮される事項 | | ― |

## 算定のポイント

**増額要素**

◆4年以上の婚姻期間

**減額要素**

◆XとAとの婚姻破綻の直接の原因はAとBの不貞であることが認められ、YとAの不貞行為により婚姻が破綻したとまでは認められないこと（Bは訴外。別訴でXがBに対し不貞行為を原因として損害賠償請求訴訟を提起し、135万円を支払えとの判決が出ている）

◆XとAは婚姻期間中性交渉がなく、AはXとの間の子供を望まないなど、AについてはもともとXに対する愛情が希薄であったとも考えられること

第1章　不貞相手のみを被告とする事例　　187

[83]　離婚訴訟の第一審において離婚するという判決がされたと聞いたことをもって、婚姻関係が破綻していたと信じたことについてやむを得ないと認めた事例　　（東京地判平28・1・27（平27（ワ）10438））

| 当 事 者 | 原告Ｘ：Ａの妻、被告Ｙ：Ａの不貞相手（女性）、Ａ：原告Ｘの夫 |
| --- | --- |

### 事 実 関 係

| | | |
| --- | --- | --- |
| 認 容 額 | | 140万円 |
| 請 求 額 | | 200万円 |
| 不貞まで<br>の家族・<br>婚姻関係 | 婚姻生活の状況 | ・Ａは、平成23年11月21日、Ｘを相手に、離婚訴訟を提起し、平成24年7月20日にはＡとＸとを離婚する旨の判決（その後Ｘがこれに控訴し、東京裁判所は平成24年12月26日、原判決を取り消し、Ａの請求を棄却する旨の判決）<br>・平成23年12月頃までについてみると、けんかが絶えなかったという事情があったとしても、夫婦としての実態がないような家庭内別居とまでいえる状態であったとは認められない<br>・平成23年7月から別居するようになってはいるが、別居期間もいまだ短いものであって、ＸとＡとの間の婚姻関係が破綻していたとは認められない |

| | | | | |
| --- | --- | --- | --- | --- |
| | 不貞開始まで<br>の 婚 姻 期 間 | 8年 | | |
| | 同 居 の 有 無 | 別居 | | |
| | 子 の 人 数 | 3人 | | |
| 不 貞 の<br>態　様 | 不 貞 期 間 | 平24・1・6～<br>（継続）（4年） | 不 貞 回 数 | － |
| | 中 断 の 有 無 | 有（1か月程度） | 年 齢 差 | － |
| 不貞の被<br>害に関す<br>る 事 項 | 婚 姻 関 係 | 破綻 | 別 居 の 有 無 | 別居 |
| | 備　　考 | － | | |

| 当事者の態様 | 請求相手 | Y（不貞相手） |
|---|---|---|
| | 当事者の認識 | 有 |
| | 不貞行為の主導 | ― |
| | 請求相手の経済力等 | ― |
| | 妊娠・出産の有無 | 無 |
| | 謝罪の有無 | ― |
| その他考慮される事項 | | ― |

### 算定のポイント

#### 増額要素

◆Yは平成24年1月6日に不貞行為に及んでいる上、その頃から現在に至るまで、途中1か月程度連絡を取らなかった時期があるものの、4年近くの長期にわたり交際を続けていること

#### 減額要素

◆Yが、平成24年7月に第一審判決（離婚する）の内容をAから伝えられてから、控訴審判決（平成24年12月に原判決を破棄）の内容を伝えられるまでの期間は不法行為が成立しないこと

◆YとAが交際を開始した時点でXとAとの婚姻関係は円満ではなかったこと

※Yは婚姻関係が破綻していないのであれば損害はないと主張したが、不貞行為は、婚姻関係にある者との間で性交渉を持つことが、夫婦間に存在する貞操関係に対する侵害行為であり、本件はXがYに対してこのような侵害行為による精神的損害への慰謝を求めていることからすると、不貞行為によって婚姻関係が破綻に至らなかったとしても損害がないということはできないとして、その主張が排斥された。

第1章　不貞相手のみを被告とする事例　　189

[84]　不貞配偶者の不貞相手に対する暴行により、不貞相手が不貞関係を
　　継続せざるを得なかったことが減額要素とされた事例

（東京地判平28・2・18（平27（ワ）31582））

| 当事者 | 原告Ｘ：Ａの元妻、被告Ｙ：Ａの不貞相手（女性）、Ａ：原告Ｘの元夫 |

### 事　実　関　係

| 認　容　額 | | 70万円 | | | |
|---|---|---|---|---|---|
| 請　求　額 | | 400万円 | | | |
| 不貞までの家族・婚姻関係 | 婚姻生活の状況 | 普通 | | | |
| | 不貞開始までの婚姻期間 | 4年 | | | |
| | 同居の有無 | 同居 | | | |
| | 子の人数 | 2人 | | | |
| 不貞の態様 | 不貞期間 | 平26・3初旬〜平27・2末頃（1年） | 不貞回数 | ― | |
| | 中断の有無 | 無 | 年齢差 | ― | |
| 不貞の被害に関する事項 | 婚姻関係 | 破綻（離婚） | 別居の有無 | 別居 | |
| | 備考 | ― | | | |
| 当事者の態様 | 請求相手 | Ｙ（不貞相手） | | | |
| | 当事者の認識 | 有 | | | |
| | 不貞行為の主導 | ― | | | |
| | 請求相手の経済力等 | ― | | | |
| | 妊娠・出産の有無 | 無 | | | |

| 謝罪の有無 | ― |
|---|---|
| その他考慮される事項 | Aは、Yに対する傷害及び住居侵入の罪により、平成27年7月8日、懲役1年6月、執行猶予3年（保護観察付き）の有罪判決を受けた |

算定のポイント

増額要素

◆XとAとの婚姻期間は約4年5か月であること（おそらく増額要素）
◆不貞期間は1年にわたること
◆Yは交際当初からAに妻がいることを認識していたこと

減額要素

◆平成26年6月頃、YがAに対して離婚しないのであれば別れたいと伝えたところ、YはAから暴力を振るわれるようになるなどして別れることができないまま関係が続き、Aによる暴力行為（傷害、住居侵入で懲役1年6月執行猶予3年）が原因で不貞行為が終了したこと
◆Xは離婚の際、AとYの不貞行為を認識していなかったこと
◆XはAに損害賠償を請求するつもりがないこと
　※減額か増額か不明であるが、慰謝料額決定の要素として、離婚後、Xが2人の子を引き取り監護養育していることが挙げられている

第1章　不貞相手のみを被告とする事例　　191

[85]　妻から不貞相手とその父に対する慰謝料請求につき、不貞相手の父
　　　に対する請求は棄却し、不貞相手には夫の離婚を安易に信じた過失が
　　　認められるものの、その主要な責任は虚偽の説明をした夫にある等と
　　　して、慰謝料額を算定した事例　　（東京地判平28・5・9（平26（ワ）30524））

| 当 事 者 | 原告X：Aの妻、被告Y₁：Aの不貞相手（女性）、被告Y₂：Y₁の父、A：原告Xの夫 |

## 事 実 関 係

| 認 容 額 | | 100万円（Y₁に対してのみ） | | |
|---|---|---|---|---|
| 請 求 額 | | 1,000万円（Y₁、Y₂連帯） | | |
| 不貞までの家族・婚姻関係 | 婚姻生活の状況 | 別居を開始したからといって直ちにXとAの婚姻関係が破綻したと認めるのは相当でない | | |
| | 不貞開始までの婚姻期間 | 5年半 | | |
| | 同 居 の 有 無 | 別居 | | |
| | 子 の 人 数 | 1人 | | |
| 不貞の態様 | 不 貞 期 間 | 平24・12頃〜平25・11頃（約1年間） | 不 貞 回 数 | 複数回 |
| | 中 断 の 有 無 | 無 | 年 齢 差 | — |
| 不貞の被害に関する事項 | 婚 姻 関 係 | 破綻 | 別 居 の 有 無 | 別居 |
| | 備 考 | 破綻時期は、XがAに対して不貞等を理由とする損害賠償請求訴訟を提起した頃と認めるのが相当である | | |
| 当事者の態様 | 請 求 相 手 | Y₁（不貞相手）、Y₂（Y₁の父） | | |
| | 当事者の認識 | 既婚の認識有 | | |
| | 不貞行為の主導 | — | | |
| | 請 求 相 手 の経 済 力 等 | — | | |

| | | |
|---|---|---|
| | 妊娠・出産の有無 | ― |
| | 謝罪の有無 | ― |
| その他考慮される事項 | | Y₁は、Aのためにアパートの賃貸借契約を締結し、Y₂はこれを連帯保証した。しかし、当時、Y₁がXとAの婚姻関係の存在を知っていたと認めるに足りる証拠はなく、賃貸借契約の締結直後からY₁がAと同棲したとの事実も認められないことからすれば、Y₂がXとAの婚姻関係を知った上でY₁の不貞行為を援助・助長したとは認められない |

## 算定のポイント

### 増額要素

◆Y₁とAの関係は、XとAの婚姻関係の破綻前に開始されたと認めるのが相当であること

◆Y₁は、XとAが離婚していないことを知ることもできたにもかかわらず、安易にAの発言を信じてAとの関係を継続したことにつき、Y₁には過失が認められ、過失によりAとの不貞行為に及びXの妻としての権利を侵害した不法行為が認められること

◆XがY₁とAの不法行為によって相応の精神的苦痛を被ったことは明らかであること

### 減額要素

◆Y₁は、XとAの婚姻関係が終了していることに疑いを持つべき契機があったにもかかわらず、Xとは離婚した旨のAの発言を漫然と信用した点で落ち度があるといえるものの、その主要な責任は虚偽の説明をしたAにあるといえ、Y₁の過失の程度は重大なものとまではいい難いといわざるを得ないこと

第1章　不貞相手のみを被告とする事例　　193

[86]　不貞相手の職業が市議会議員であることを考慮して慰謝料額が決定された事例

　　　　　　　　　　　　　　　　　　　　　　　　（宮崎地判平28・5・18（平27(ワ)306））

| 当事者 | 原告X：Aの夫、被告Y：Aの不貞相手（男性）、A：原告Xの妻 |

## 事実関係

| 認　容　額 | 200万円 | | | |
|---|---|---|---|---|
| 請　求　額 | 500万円 | | | |
| 不貞までの家族・婚姻関係 | 婚姻生活の状況 | 平穏（平成26年8月に結婚式を予定していた） | | |
| | 不貞開始までの婚姻期間 | 1年 | | |
| | 同居の有無 | 別居（勤務先の都合）→同居 | | |
| | 子の人数 | 1人（平27年出生） | | |
| 不貞の態様 | 不貞期間 | 平26・7〜平26・8（2か月） | 不貞回数 | 3回以上 |
| | 中断の有無 | 無 | 年齢差 | ― |
| 不貞の被害に関する事項 | 婚姻関係 | 破綻 | 別居の有無 | 別居 |
| | 備　考 | 婚姻関係は継続 | | |
| 当事者の態様 | 請求相手 | Y（不貞相手） | | |
| | 当事者の認識 | 有 | | |
| | 不貞行為の主導 | ― | | |
| | 請求相手の経済力等 | 市議会議員 | | |
| | 妊娠・出産の有無 | ― | | |
| | 謝罪の有無 | 有 | | |
| その他考慮される事項 | ― | | | |

## 算定のポイント

### 増額要素

◆Yは、AがXと婚姻しており、結婚式を間近に控えていることを知っていたこと

◆Yは、M市議会議員として道徳的にも市民の規範たるべき人間であることが求められる者であり、Y自身も結婚していること

◆AはM市関係の団体に勤務する者であり、XはM市の職員であるところ、Yはそれを容易に知ることができたこと

◆XとAとの婚姻関係がYとAとの不貞関係によって破綻したこと

◆Xは、結婚して間もないAとYの不貞行為により、本来であれば、子ができたことで最大の幸せを感じ、今後の家族の将来に思いをはせる時期であったにもかかわらず、その時期に婚姻関係を破綻させられ、離婚は必至の状況に追い込まれたのであるから、多大な精神的苦痛を被ったことは想像に難くないこと

◆YがXの勤めるM市の市議会議員であり、信頼もしていたであろうことに照らすと、Xの精神的苦痛はさらに大きいものがあったといえ、Yの責任は重大であること

### 減額要素

◆Aに比べれば、Yの責任は副次的なものであること

◆XとAとの婚姻期間

◆YとAとの不貞行為の期間・頻度

◆不貞行為発覚後にYが謝罪の意思を表していること

第1章　不貞相手のみを被告とする事例　　195

## 【婚姻期間　10年以上】

[87]　婚姻関係破綻後の肉体関係であっても妻子ある男性の接近を拒否せ
ずに受け入れ、強い精神的つながりを築いた不貞相手の行為は違法で
あるとして慰謝料請求を一部認容した事例

（東京地判平15・6・26（平13(ワ)26555））

| 当 事 者 | 原告Ｘ：Ａの妻、被告Ｙ：Ａの不貞相手（Ｘの兄嫁）、Ａ：原告Ｘの夫 |
|---|---|

### 事 実 関 係

| 認 容 額 | | 100万円 | | |
|---|---|---|---|---|
| 請 求 額 | | 500万円 | | |
| 不貞までの家族・婚姻関係 | 婚姻生活の状況 | Ａの過去の不貞が原因でぎくしゃくし、破綻状態 | | |
| | 不貞開始までの婚姻期間 | 36年 | | |
| | 同居の有無 | 別居 | | |
| | 子の人数 | 2人 | | |
| 不貞の態様 | 不貞期間 | 平12・12〜（継続） | 不貞回数 | 複数回 |
| | 中断の有無 | 無 | 年齢差 | — |
| 不貞の被害に関する事項 | 婚姻関係 | 破綻 | 別居の有無 | 別居 |
| | 備考 | — | | |
| 当事者の態様 | 請求相手 | Ｙ（不貞相手） | | |
| | 当事者の認識 | Ａに妻子あることは認識していたが破綻していると思っていた | | |
| | 不貞行為の主導 | Ａ | | |

| 請求相手の経済力等 | － |
|---|---|
| 妊娠・出産の有無 | 無 |
| 謝罪の有無 | － |
| その他考慮される事項 | 仮にAがXと別居したことにより両者の婚姻が破綻したとしても、また、平成12年12月まではYとAの間に肉体関係がなかったとしても、その前の時点でYはAの好意に気付きその好意を受け入れていたのであるから、Yの行為が違法であったことに変わりはないとして、不法行為の成立を認めた |

### 算定のポイント

**増額要素**

◆AがXと別居したときのAの心の中にはYの存在があった。Yは、Aの好意に気付きながら妻子あるAの接近を拒否せずAの好意を受け入れて、Aと強い精神的なつながりを築くに至ったこと

◆Xは、Aが家出し家庭生活が崩壊したことやAがその後兄嫁であったYと交際を継続していることにより多大の精神的苦痛を受けたこと

**減額要素**

◆AがそもそもXとの生活に大きな不満を抱いた原因はYにはなく、AがXと別居したのもYの存在だけが原因であったとは認められず、AとYとの交際・関係は、常にAが積極的でありYはこれを受動的に受け入れていたにすぎないこと

第1章　不貞相手のみを被告とする事例　　197

[88]　夫の紹介で夫の関係会社の訴訟事件等を受任した弁護士と妻とが不
　　　貞関係になった事案において、携帯電話のメールの内容等から、不貞相
　　　手である弁護士と妻の情交関係が一因で婚姻関係が破綻したことも否
　　　定できないとした上、夫の関係会社の代理人であった不貞相手による
　　　夫の信頼を裏切る行為であるとして、慰謝料を300万円と認定した事例

（東京地判平19・2・27（平17(ワ)9741））

当事者　原告Ｘ：Ａの夫、被告Ｙ：Ａの不貞相手（男性）、Ａ：原告Ｘの妻

事実関係

| 認　容　額 | | 300万円 | | | |
| 請　求　額 | | 2,000万円 | | | |
| 不貞までの家族・婚姻関係 | 婚姻生活の状況 | Ｘの暴力により別居と離婚調停 | | | |
| | 不貞開始までの婚姻期間 | 14年 | | | |
| | 同 居 の 有 無 | 別居 | | | |
| | 子 の 人 数 | 1人 | | | |
| 不貞の態様 | 不 貞 期 間 | 平16・7・18〜平16・7・29 | 不 貞 回 数 | — | |
| | 中 断 の 有 無 | — | 年 　齢 　差 | — | |
| 不貞の被害に関する事項 | 婚 姻 関 係 | 破綻 | 別 居 の 有 無 | 別居 | |
| | 備　　　考 | — | | | |
| 当事者の態様 | 請 求 相 手 | Ｙ（不貞相手） | | | |
| | 当事者の認識 | 既婚の認識有 | | | |
| | 不貞行為の主導 | — | | | |
| | 請求相手の経済力等 | 弁護士 | | | |

| | | |
|---|---|---|
| 妊娠・出産の有無 | 無 | |
| 謝罪の有無 | — | |
| その他考慮される事項 | Yは一たびはXの紹介でXの父の会社及び関連企業の支配権争いに関し民事保全事件、訴訟事件を受任するなどしていた | |

算定のポイント

増額要素

◆Yは、平成6年の離婚交渉後もAに好意を持ち、個人的にサポートするなど、その不満の相談にも乗っていたところ、充填料引下げ問題（Xの会社とAの親の会社とのトラブル）をめぐりAの心がXから離れていく過程で、親密な関係になっていった。婚姻関係の破綻についてはX自身の問題点もあるにせよ、Yは一たびはXの紹介でXの父の経営する会社及び関連企業の支配権争いに関し民事保全事件、訴訟事件を受任するなどしており、その信頼を裏切る行為であること

減額要素

◆YとAがお互いに好意を持っていたことは推認することができ、弁護士と、元依頼者で配偶者のある女性との交際としての相当性には疑問符がつくものの、直ちに情交関係まで推認するに足りる具体的事実とはいえないこと

第1章　不貞相手のみを被告とする事例　　199

[89]　夫が不貞相手と同居を始めた後も、妻と夫の婚姻関係は、夫と不貞
相手の同居以前に完全に破綻していたとは認められず、不貞相手が、
妻と夫の関係が完全に破綻していると信じていたとも認められないと
して、不貞相手の損害賠償責任を認定し、夫の複数の女性との交際経
歴、不貞相手と夫の同居後の妻と夫の婚姻関係の状況等を考慮して、
慰謝料を100万円と認定した事例　（東京地判平19・3・28（平16(ワ)26472)）

当事者　原告X：Aの妻、被告Y：Aの不貞相手（女性）、A：原告Xの夫

事実関係

| 認容額 | 100万円 | | |
|---|---|---|---|
| 請求額 | 2,000万円 | | |
| 不貞までの家族・婚姻関係 | 婚姻生活の状況 | — | |
| | 不貞開始までの婚姻期間 | 38年 | |
| | 同居の有無 | 別居 | |
| | 子の人数 | 5人 | |
| 不貞の態様 | 不貞期間 | 昭63・3〜平16（16年間） | 不貞回数　複数回 |
| | 中断の有無 | 無 | 年齢差　— |
| 不貞の被害に関する事項 | 婚姻関係 | 破綻 | 別居の有無　別居 |
| | 備考 | — | |
| 当事者の態様 | 請求相手 | Y（不貞相手） | |
| | 当事者の認識 | 既婚の認識有 | |
| | 不貞行為の主導 | — | |
| | 請求相手の経済力等 | — | |

| 妊娠・出産の有無 | 無 |
|---|---|
| 謝罪の有無 | — |
| その他考慮される事項 | — |

### 算定のポイント

**増額要素**

◆AがYと同居を始めた後においても、XとAの夫婦としてのつながりはなお維持されていたと認められ、Xが、YとAの行為を容認していたとは認められないし、その他本件全証拠によっても、XがAの妻としての権利を放棄していたものとは認められないこと

◆YとAの同居期間は、昭和63年以来長期間に及ぶこと

**減額要素**

◆Aは、Yとの同居以前において複数の女性と同居あるいは内縁関係にあった経緯があること

◆YとAが同居するに至った後、XはA宅（アメリカ）を訪ねなくなったこと

第1章　不貞相手のみを被告とする事例　　201

[90]　夫婦の婚姻生活が破綻していたということはできないとして、不貞
　　相手の損害賠償責任を認めたが、夫は以前、別の女性と不貞関係にあ
　　り、夫と妻との婚姻関係は精神的に形骸化し、その原因が夫にあるこ
　　とを考慮して、慰謝料100万円の限度で請求を認容した事例

（東京地判平19・3・30（平17（ワ）13304））

当事者　原告X：Aの夫、被告Y：Aの不貞相手（男性）、A：原告Xの妻

事　実　関　係

| 認　容　額 | | 100万円 | | | |
|---|---|---|---|---|---|
| 請　求　額 | | 1,000万円 | | | |
| 不貞まで の家族・ 婚姻関係 | 婚姻生活の状況 | 表面的には平穏な家庭生活 | | | |
| | 不貞開始まで の 婚 姻 期 間 | 23年 | | | |
| | 同 居 の 有 無 | 同居 | | | |
| | 子 の 人 数 | 3人 | | | |
| 不 貞 の 態　　様 | 不 貞 期 間 | 平13〜平16（3年間） | 不 貞 回 数 | 複数回 | |
| | 中 断 の 有 無 | 無 | 年 齢 差 | — | |
| 不貞の被 害に関す る 事 項 | 婚 姻 関 係 | 破綻 | 別 居 の 有 無 | 別居 | |
| | 備　　　　　考 | — | | | |
| 当 事 者 の 態 様 | 請 求 相 手 | Y（不貞相手） | | | |
| | 当事者の認識 | 夫婦関係は破綻していた | | | |
| | 不貞行為の主導 | — | | | |
| | 請 求 相 手 の 経 済 力 等 | — | | | |

| | 妊 娠 ・ 出 産 の 有 無 | 無 |
|---|---|---|
| | 謝 罪 の 有 無 | ― |
| その他考慮される事項 | | ― |

算定のポイント

増額要素

◆表面的には、平穏な家庭生活が営まれていたと評価できる側面もあったのであるから、完全には回復したということは到底できないにせよ、XとAの婚姻生活が破綻していたということもできないこと

減額要素

◆XとAとの婚姻関係は、外形的表面的には、平穏であるかのようであっても、精神的には形骸化していたものであり、その原因は、Xにあったこと

第1章　不貞相手のみを被告とする事例　　　203

[91]　妻と夫との婚姻関係は、不貞相手が夫と関係を有するに至ったことによって破綻したとして、慰謝料120万円の限度で妻の請求を認容する一方、妻が探偵社に夫の行動調査を依頼したことに違法性があるということはできないとして、不貞相手の請求を棄却した事例

（東京地判平19・5・10（平17(ワ)27219・平18(ワ)26650））

当事者　原告X：Aの妻、被告Y：不貞相手（女性）、A：原告Xの夫

### 事　実　関　係

| 認　容　額 | | 120万円 | | | |
|---|---|---|---|---|---|
| 請　求　額 | | 1,000万円 | | | |
| 不貞までの家族・婚姻関係 | 婚姻生活の状況 | 家事や子育て、仕事等に関する価値観、生活観の相違から度々意見が対立し、離婚が話題になることもあった。Aの女性問題（Y以外）もあり | | | |
| | 不貞開始までの婚姻期間 | 11年 | | | |
| | 同居の有無 | 同居 | | | |
| | 子の人数 | 2人 | | | |
| 不貞の態様 | 不貞期間 | 平17・5〜（継続中） | 不貞回数 | 複数回 | |
| | 中断の有無 | 無 | 年齢差 | — | |
| 不貞の被害に関する事項 | 婚姻関係 | 破綻 | 別居の有無 | 別居 | |
| | 備考 | — | | | |
| 当事者の態様 | 請求相手 | Y（不貞相手） | | | |
| | 当事者の認識 | 既婚者であることは認識していた | | | |
| | 不貞行為の主導 | — | | | |
| | 請求相手の経済力等 | — | | | |

| | 妊娠・出産の有無 | 無 |
|---|---|---|
| | 謝罪の有無 | ― |
| その他考慮される事項 | | ― |

### 算定のポイント

#### 増額要素

◆婚姻の届出から破綻までの期間が約11年に及ぶこと

◆ＸとＡの間に未成年の子が2名いること

◆破綻の直接の原因がＡと親密に交際するというＹの行為にあったこと

#### 減額要素

◆ＸとＡの婚姻関係は、ＹがＡと知り合う前の平成10年頃から良好といえない状態が続いており、その原因の一つはＸとＡの価値観の相違等であり、Ｘの側に落ち度がなかったとはいい難いこと

◆Ｙが積極的にＡを誘うなどして交際を開始したとは認められないこと

第1章　不貞相手のみを被告とする事例　　　205

[92]　不貞相手は、客観的に夫との不貞行為の事実が明るみになった以降
　　も約1年もの間不貞行為を継続し、結果として、妻と夫との婚姻関係の
　　破綻を招来しているものと認められるとして、慰謝料50万円を認定し
　　た事例　　　　　　　　　　　　　　（東京地判平19・6・4（平18(ワ)21435)）

当事者　原告Ｘ：Ａの妻、被告Ｙ：Ａの不貞相手（女性）、Ａ：原告Ｘの夫

事　実　関　係

| 認 容 額 | | 50万円 | | |
|---|---|---|---|---|
| 請 求 額 | | 500万円 | | |
| 不貞までの家族・婚姻関係 | 婚姻生活の状況 | ＡはＸに気付かれないように浮気を繰り返していたが、離婚に至るようなことはなかった | | |
| | 不貞開始までの婚姻期間 | 20年 | | |
| | 同 居 の 有 無 | 同居 | | |
| | 子 の 人 数 | 1人 | | |
| 不 貞 の 態 様 | 不 貞 期 間 | 平17夏〜平18・10(約1年間) | 不 貞 回 数 | 複数回 |
| | 中 断 の 有 無 | 無 | 年 齢 差 | － |
| 不貞の被害に関する事項 | 婚 姻 関 係 | 破綻 | 別 居 の 有 無 | 別居 |
| | 備 考 | － | | |
| 当 事 者の 態 様 | 請 求 相 手 | Ｙ（不貞相手） | | |
| | 当事者の認識 | 離婚していない配偶者の存在の認識無 | | |
| | 不貞行為の主導 | － | | |
| | 請 求 相 手 の経 済 力 等 | － | | |

| | | |
|---|---|---|
| | 妊娠・出産の有無 | 無 |
| | 謝罪の有無 | ― |
| その他考慮される事項 | | ― |

### 算定のポイント

**増額要素**

◆Yは、Aに配偶者が存在することを知ると、Aの協議離婚はしているが離婚届は提出していないなどの言動を真に受け、Aの生家に対し、Aとの関係を続けていくなどと表明するなど、客観的にAとの不貞行為の事実が明るみになった以降も約1年もの間不貞行為を継続し、結果として、XとAとの婚姻関係の破綻を招来していること

**減額要素**

◆Yは、Aから、Xとの婚姻事情を打ち明けられるまではAとの婚姻を真に期待していたこともあり、Aの上記告白を受け、混乱していたこと

第1章　不貞相手のみを被告とする事例　　207

[93]　夫の複数回の不貞行為が原因で円満さを欠くに至った後に、夫が9年にわたって他の女性と交際し、婚姻関係が破綻した事例

（東京地判平19・10・17（平18（ワ）23861））

| 当 事 者 | 原告X：Aの妻、被告Y：Aの不貞相手（女性）、A：原告Xの夫 |

## 事 実 関 係

| 認　容　額 | 130万円 | | |
|---|---|---|---|
| 請　求　額 | 200万円 | | |
| 不貞までの家族・婚姻関係 | 婚姻生活の状況 | 平成元年頃には、それまでのAの複数回の不貞行為が原因で円満さを欠いていた | | |
| | 不貞開始までの婚姻期間 | 22年 | | |
| | 同居の有無 | 同居 | | |
| | 子の人数 | 2人 | | |
| 不貞の態様 | 不貞期間 | 平10・5～平19・8（9年） | 不貞回数 | ― |
| | 中断の有無 | 無 | 年齢差 | ― |
| 不貞の被害に関する事項 | 婚姻関係 | 破綻（離婚未成立） | 別居の有無 | 別居 |
| | 備考 | ― | | |
| 当事者の態様 | 請求相手 | Y（不貞相手） | | |
| | 当事者の認識 | Aは、Yに対し、妻子はあるが婚姻関係は既に以前から破綻していると話していた | | |
| | 不貞行為の主導 | ― | | |
| | 請求相手の経済力等 | ― | | |

| | 妊娠・出産の有無 | 無 |
|---|---|---|
| | 謝罪の有無 | — |
| その他考慮される事項 | | 婚姻関係の破綻によりXの老後の生活が不安定なものになった |

## 算定のポイント

### 増額要素

◆XとAの婚姻期間が20年を超えていること

◆婚姻関係の破綻によりXの老後の生活が不安定なものになったこと

◆YとAの交際期間が8年以上に及んでいること

### 減額要素

◆不貞発覚までは破綻には至っていなかったとはいえ、AとYとの不貞関係が始まった平成元年頃には、それまでのAの複数回の不貞行為が原因で円満さを欠いており、破綻についてYとAの交際のみが原因とは認め難い事情もあること

第1章　不貞相手のみを被告とする事例　　209

[94]　婚姻期間17年の妻が不貞な関係を肯定する内容のメールを送ってきた男性との間で約4か月間に約20回の性交渉をし、不貞相手が夫に対し慰謝料1,000万円を支払う旨の念書を書いた事例

（東京地判平20・6・17（平19（ワ）22176））

当事者　原告X：Aの夫、被告Y：Aの不貞相手（男性）、A：原告Xの妻

事実関係

| 認容額 | | 300万円 | | |
|---|---|---|---|---|
| 請求額 | | 1,000万円 | | |
| 不貞までの家族・婚姻関係 | 婚姻生活の状況 | Xは、A及び子並びにAの実母と同居し、4人で生活してきた。 | | |
| | 不貞開始までの婚姻期間 | 17年 | | |
| | 同居の有無 | 同居 | | |
| | 子の人数 | 1人 | | |
| 不貞の態様 | 不貞期間 | 平19・2〜平19・6（4か月） | 不貞回数 | 約20回 |
| | 中断の有無 | 無 | 年齢差 | ― |
| 不貞の被害に関する事項 | 婚姻関係 | 破綻 | 別居の有無 | 別居 |
| | 備考 | 離婚に関するAの考えや行動については何ら認定されないが、別居期間は約1年に及ぶ | | |
| 当事者の態様 | 請求相手 | Y（不貞相手） | | |
| | 当事者の認識 | YはAが婚姻していることを知っていた | | |
| | 不貞行為の主導 | YがAに対して不貞な交際を肯定する内容のメールを送り、積極的に関係を求めていた | | |

| | 請求相手の経済力等 | スポーツセラピスト |
|---|---|---|
| | 妊娠・出産の有無 | 無 |
| | 謝罪の有無 | ― |
| その他考慮される事項 | | ― |

算定のポイント

増額要素

◆XとAの婚姻期間

◆YとAの性交渉の回数が約20回と決して少なくないこと

◆YがAに対して不貞な交際を肯定する内容のメールを送り、積極的に関係を求めていたこと

　※Yが1,000万円の慰謝料を認める念書を差し入れたことは、心裡留保で無効とされたところ、慰謝料額算定の増額要素として明確に指摘されなかった。

減額要素

◆Xに対して最も責任を負うべき者は、配偶者としての貞操保持義務に違反したAであること

第1章　不貞相手のみを被告とする事例　　211

[95]　性的肉体的交渉自体は認められないが、夫が不貞相手と婚姻を約束
　　　して交際し、不貞相手が夫に別居・離婚を要求するなどして、婚姻関係
　　　が破綻した事例　　　　　　　　　　（東京地判平20・12・5（平20(ワ)2040））

当事者　原告Ｘ：Ａの妻、被告Ｙ：Ａの不貞相手（女性）、Ａ：原告Ｘの夫

事　実　関　係

| 認　容　額 | | 250万円 | | |
|---|---|---|---|---|
| 請　求　額 | | 300万円 | | |
| 不貞までの家族・婚姻関係 | 婚姻生活の状況 | Ｙの不法行為開始当時は、ＸとＡは同居していたことが明らかであるから、いまだ婚姻関係が破綻していたとは認めることができない | | |
| | 不貞開始までの婚姻期間 | 約25年 | | |
| | 同居の有無 | 同居 | | |
| | 子の人数 | 2人 | | |
| 不貞の態様 | 不貞期間 | 平16頃～　※婚姻を約束して交際し、キスをしたが性的肉体的交渉があったとは断定できない | 不貞回数 | 0回 |
| | 中断の有無 | 無 | 年齢差 | － |
| 不貞の被害に関する事項 | 婚姻関係 | 破綻（離婚未成立） | 別居の有無 | 別居 |
| | 備考 | ＡがＸを被告として離婚請求訴訟中 | | |
| 当事者の態様 | 請求相手 | Ｙ（不貞相手） | | |
| | 当事者の認識 | ＹはＡに対しＸと別れるよう要求した | | |

| | 不貞行為の主導 | Yに積極性があった |
|---|---|---|
| | 請求相手の経済力等 | ジャズシンガー |
| | 妊娠・出産の有無 | 無 |
| | 謝罪の有無 | 無 |
| その他考慮される事項 | | YとAはキスをし、YはAの海外出張先に同行してAがその際Yに性交渉を求め、その他性交渉を示唆するメールのやり取りをした |

### 算定のポイント

**増額要素**

◆YにAとの交際について積極性があること

**減額要素**

◆性的肉体的交渉自体が存在したとは断定できないこと
◆いまだ離婚に至っていないこと

※本判決は肉体関係があった事実を認定していないが、メールの内容から肉体関係が認定されていてもおかしくないと思われる。

第1章　不貞相手のみを被告とする事例　　213

[96]　夫が部下である20歳以上年下の不貞相手と立場を利用して主導的に
　　不倫関係を結び、不貞相手が訴訟上夫との交際を断ち切ったと主張し
　　ながらなおも関係を継続していた事例

（東京地判平21・2・27（平20（ワ）14000））

当 事 者　原告Ｘ：Ａの妻、被告Ｙ：Ａの不貞相手（女性）、Ａ：原告Ｘの夫

## 事 実 関 係

| 認　容　額 | | 200万円 | | | |
|---|---|---|---|---|---|
| 請　求　額 | | 500万円 | | | |
| 不貞までの家族・婚姻関係 | 婚姻生活の状況 | 特段の事情はなく、Ｘには、Ａとの婚姻関係の破綻の危機を招来したことに対する責任が全く認められない | | | |
| | 不貞開始までの婚姻期間 | 22年 | | | |
| | 同 居 の 有 無 | 同居 | | | |
| | 子 の 人 数 | 3人 | | | |
| 不貞の態様 | 不 貞 期 間 | 平18・12〜平20・11（1年11か月） | 不 貞 回 数 | — | |
| | 中 断 の 有 無 | 有（Ｘの申入れにより10日間以上中断） | 年 　 齢 　 差 | 20歳以上 | |
| 不貞の被害に関する事項 | 婚 姻 関 係 | 破綻 | 別 居 の 有 無 | 別居 | |
| | 備 　 　 考 | 離婚調停中 | | | |
| 当事者の態様 | 請 求 相 手 | Ｙ（不貞相手） | | | |
| | 当事者の認識 | ＹはＡが婚姻していることを知っていた | | | |
| | 不貞行為の主導 | Ａが上司の立場を利用して主導的に不倫関係を結んだ | | | |

| | 請 求 相 手 の経 済 力 等 | 会社員 |
|---|---|---|
| | 妊 娠 ・ 出 産の 有 無 | 無 |
| | 謝 罪 の 有 無 | ― |
| その他考慮される事項 | | ・Yは、訴訟上Aとの交際を断ったと主張していたが、これを継続していた<br>・Yは、Aとの関係に悩んで心身症を患い、今後はAと交際しないと法廷で誓った<br>・XはAに対して慰謝料を請求していない |

### 算定のポイント

#### 増額要素

◆YがXとAとが婚姻関係にあることを知りながらAと情交を結んだものであって、XとAとの婚姻関係は上記不貞行為を契機として破綻の危機に瀕し、Xは深刻な苦悩に陥ったこと

◆Yが、当初、Aとの関係は既に断っていると主張しておきながら、実は、その後もAと交際を続けており、この事実が、Aとの婚姻関係の破綻の危機を乗り越えようと必死に努力をしているXに精神的苦痛を与えたこと

◆Xには、Aとの婚姻関係の破綻の危機を招来したことに対する責任が全く認められないこと

※AがYの卑猥な写真を撮影して保存しており、Xは、YがAに自らの卑猥な写真を撮らせたことが違法性に影響を有すると強く主張したが、Yが自ら進んで撮影させたとはいえないから、違法性の程度を強めるものではないとされた。

#### 減額要素

◆婚姻破綻の主たる責任は、不貞を働いた配偶者にあるというべきであって、不貞の相手方において自己の優越的地位や不貞配偶者の弱点を利用するなど、悪質な手段を用いて不貞配偶者の意思決定を拘束したような特別の事情が存在する場合を除き、不貞の相手方の責任は副次的というべきところ、本件においては、YとAとの

関係は、職場の副部長職としての上司と秘書的な庶務の仕事をする部下というもので、2人の年齢は20歳以上も差があり、Yにおいて、Aの自由な意思決定を拘束するような状況にあったものとは認めることができず、AがYを昼食などに頻繁に誘って主導的に不倫関係を結んだものと判断するのが相当であり、婚姻関係破綻の危機によりXが被った精神的苦痛に対しては、第一次的には、配偶者相互間においてその回復が図られるべきであること

◆Xが、第一次的にその責任を負うべきAに対しては請求をしていないこと

◆Yが、Y自身、Aとの不貞関係を続けたことで精神的に影響を受け、法廷において、心身症を患っている旨述べ、今後は、Aと交際しないと誓っており、Y自身もAとの不倫関係について悩んでいたこと

216　　第1章　不貞相手のみを被告とする事例

[97]　会社の代表取締役である夫が取引先の取締役である女性と不貞関係
　　を持ち、妻に発覚して一旦は別れ話をしたがその後も関係を継続し、
　　再度発覚して収拾がつかなくなり、夫が家を出て妻に居場所を知らせ
　　なくなった事例　　　　　　（東京地判平21・3・11（平20（ワ）17231））

| 当事者 | 原告Ｘ：Ａの妻、被告Ｙ：Ａの不貞相手（女性）、Ａ：原告Ｘの夫 |
| --- | --- |

### 事 実 関 係

| 認 容 額 | | 400万円 | | |
| --- | --- | --- | --- | --- |
| 請 求 額 | | 1,000万円 | | |
| 不貞までの家族・婚姻関係 | 婚姻生活の状況 | ・Ｘは婚姻後Ａが経済的に苦しいことから家計を助けるため、中華料理店を経営したりリサイクルショップを経営して働き、次第にＡが経営する会社の経営が順調にいくようになった<br>・Ｘは、腰椎間板ヘルニアとなり、平成15年の一時期、Ａと寝室を異にしていたが、そのことで夫婦関係が悪化したことはなかった。ただし、Ｘが第2子の妊娠を希望するのに対し、Ａは応じようとしなくなった | | |
| | 不貞開始までの婚姻期間 | 14年 | | |
| | 同居の有無 | 同居 | | |
| | 子の人数 | 1人 | | |
| 不貞の態様 | 不貞期間 | 平17・春頃～平19・1（1年半余り） | 不貞回数 | ― |
| | 中断の有無 | 平成17年11月頃一旦別れ話をした | 年齢差 | ― |
| 不貞の被害に関する事項 | 婚姻関係 | 破綻 | 別居の有無 | 別居 |
| | 備考 | Ａが平成19年3月に自宅を出て別居し、Ａの居場所はＸに知らされていない | | |

第1章　不貞相手のみを被告とする事例　　217

| 当 事 者<br>の 態 様 | 請 求 相 手 | Y（不貞相手） |
| | 当事者の認識 | YはAが婚姻していることを知っていた |
| | 不貞行為の主導 | ― |
| | 請 求 相 手 の<br>経 済 力 等 | 会社の取締役 |
| | 妊 娠・出 産<br>の 有 無 | 無 |
| | 謝 罪 の 有 無 | ― |
| その他考慮される事項 | | 平成17年に不貞関係が発覚した際、Xは心療内科に通院<br>するような精神的苦痛を受けた |

### 算定のポイント

増額要素

◆XとAとの婚姻年数

◆養育すべき長女の存在

◆平成17年にYとAの関係が発覚した際、Xが心療内科に通院するような精神的苦痛を受けたこと

◆その後、さらにAを信頼して家庭を営んでいたXに対し、YはAとの交際を継続して夫婦関係を破綻させたこと

第1章　不貞相手のみを被告とする事例

[98]　かなり以前に別居状態となったことがあったとしても不貞の時点で
婚姻関係が破綻していたとまでは認められないとして、元夫から元妻
の不貞相手に対する不貞を理由とする慰謝料請求を認めた事例

（東京地判平21・4・20（平20（ワ）8937））

| 当 事 者 | 原告Ｘ：Ａの元夫、被告Ｙ：Ａの不貞相手（男性）、Ａ：原告Ｘの元妻 |

## 事 実 関 係

| 認　容　額 | 150万円 | | |
|---|---|---|---|
| 請　求　額 | 500万円 | | |
| 不貞までの家族・婚姻関係 | 婚姻生活の状況 | 別居状態にあったわけではなく、同居生活を送っていたことは明らかであり、婚姻関係が破綻していたとまで認定するに足りる事情を見いだすことはできない | |
| | 不貞開始までの婚姻期間 | 16年 | |
| | 同 居 の 有 無 | 同居 | |
| | 子 の 人 数 | 2人 | |
| 不 貞 の 態 様 | 不 貞 期 間 | 平17・9〜平19・4（離婚まで）（約1年半） | 不 貞 回 数　複数回 |
| | 中 断 の 有 無 | 無 | 年 齢 差　― |
| 不貞の被害に関する事項 | 婚 姻 関 係 | 破綻（離婚） | 別 居 の 有 無　別居 |
| | 備　　考 | 不貞関係が直接的な原因となって、離婚に至ったことは明らか | |
| 当 事 者の 態 様 | 請 求 相 手 | Ｙ（不貞相手） | |
| | 当事者の認識 | Ａが既婚であるとの認識有 | |
| | 不貞行為の主導 | ― | |

第1章　不貞相手のみを被告とする事例　　219

| | 請求相手の経済力等 | ― |
|---|---|---|
| | 妊娠・出産の有無 | ― |
| | 謝罪の有無 | ― |
| その他考慮される事項 | | ― |

### 算定のポイント

#### 増額要素

◆YとAとの関係が生じた当時、XとAとは別居状態にあったわけではなく、同居生活を送っていたことは証拠上明らかであり、XとAとの婚姻関係が破綻していないこと

◆YとAの関係は不貞関係と評価されるべきものであり、また、両者の関係が直接的な原因となって、XとAとが離婚に至ったこと

　※Xは、「YはAを脅迫して無理矢理不貞関係を継続させ、Xとの離婚に至らせたものであって、Yの行為は極めて悪質である。」という趣旨の主張をしているが、この点については、Aがこれを否定する証言をしている上、XがYによる脅迫の証拠であるとして提出している電子メール及び手紙も、不穏当な内容にみえる部分が含まれているとはいえ、別れ話を持ち出したり、それに対して抵抗しようとしたりといった関係の中で交わされるやりとりの域を出るものではないという評価も可能であり、Xの主張を裏付けるに足りるものとまでみることはできない。したがって、この点に関するXの主張をそのまま採用することには疑問が残るものといわざるを得ないとされた。

#### 減額要素

◆Aは約11年前というかなり以前であるとはいえ、別居状態になったことがあり、また、AがXに対し、主観的には相当程度の不満を持っていた節がうかがわれることなどの事情からすると、不貞行為開始当時において、XとAとの婚姻関係が、完全に円満で安定したものであったとまでいえるかどうかには疑問の余地があること

　※約11年前の別居は、昔のことである上に、期間も半年程度にすぎず、しかも、その後同居生活が再開されているのであるから、不貞行為開始当時の婚姻関係破綻を裏付けるに足りる事実であるとはいえないとされた。

※上記別居後、同居生活を再開した際に離婚届にＸとＡが署名押印したという点も、昔のことであり、しかもその後、現に両者が同居生活を送っていることからすれば、同様に婚姻関係破綻を裏付けるに足りる事情ということはできないとされた。

※Ａに対する干渉等、Ｘの問題点として主張されている点についてみると、Ａの証言によれば、ＡがＸに対して主観的な不満を持っていたことはうかがわれるものの、Ｘ本人の供述等に照らしてみると、すべてがＡの供述するとおりであったといえるかどうかには疑問があるのみならず、それによって婚姻関係が破綻状態になっていたとまで認定することができるかどうかにも疑問が存するものといわざるを得ないとされた。

第1章　不貞相手のみを被告とする事例　　　221

[99]　不貞及び嫌がらせにより、多大な精神的苦痛を被っただけでなく、極めて逼迫した経済状態に置かれるに至ったとして、不貞相手に対する慰謝料請求を認めた事例　　　（東京地判平21・5・13（平20（ワ）12443））

当事者　原告X：Aの元妻、被告Y：Aの不貞相手で現在のAの妻（女性）、A：原告Xの元夫

**事　実　関　係**

| 認　容　額 | | 350万円 | | |
|---|---|---|---|---|
| 請　求　額 | | 500万円 | | |
| 不貞までの家族・婚姻関係 | 婚姻生活の状況 | 一応平穏な夫婦関係にあった | | |
| | 不貞開始までの婚姻期間 | 14年 | | |
| | 同 居 の 有 無 | 同居 | | |
| | 子 の 人 数 | 1人 | | |
| 不 貞 の 態 様 | 不 貞 期 間 | 平13・14頃〜平17・9（離婚まで）（約3〜4年） | 不 貞 回 数 | 複数回 |
| | 中 断 の 有 無 | 無 | 年 齢 差 | — |
| 不貞の被害に関する事項 | 婚 姻 関 係 | 破綻（離婚） | 別 居 の 有 無 | 別居 |
| | 備　　　　考 | Yの不法行為がXとAの婚姻関係の破綻の主たる原因であったことには疑いを入れる余地がない | | |
| 当事者の態様 | 請 求 相 手 | Y（不貞相手） | | |
| | 当事者の認識 | Aが既婚であるとの認識有 | | |
| | 不貞行為の主導 | — | | |
| | 請 求 相 手 の 経 済 力 等 | Yの母が経営する飲食店勤務 | | |

| 妊娠・出産 の 有 無 | — |
|---|---|
| 謝 罪 の 有 無 | — |
| その他考慮される事項 | Yは、Aとの間で継続的に不貞関係を有するようになってから、事あるごとに、自分とAとの親密な交際ぶりをXに対して誇示するかのように嫌がらせをするようになった |

## 算定のポイント

**増額要素**

◆YはAとの間で継続的に不貞関係を有するようになってから、事あるごとに、自分とAとの親密な交際ぶりをXに対して誇示するかのように嫌がらせをするようになり、XとAの夫婦仲を引き裂こうとしたこと。このようなYの言動は、厳しい道義的・倫理的非難を免れないというべきであること

◆そのため、Xは抑うつ状態となって頑固な不眠や自殺念慮が生じるようになり、精神科医による診療を受けるようになったこと

◆AがXと別居するに至った直後には、Xは就労することも困難となって、いまだ中学生であった長女を抱えて生活保護を受給するまでに追い詰められたこと

◆AはXと離婚した際、長女の養育費として毎月8万円をXに支払う旨約したにもかかわらず、Aが実際に支払った金額は月額3万円にすぎなかったばかりか、Xが本訴を提起した後、正当な理由もなくその支払を履行していないこと

◆これらの事情に照らせば、XはYの不法行為により、多大な精神的苦痛を被っただけでなく、極めて逼迫した経済状態に置かれるに至ったことが明らかであること

◆XがAと離婚するに当たり、同人から財産分与として自宅マンションの共有持分2分の1の譲渡を受けたものの、慰謝料については全く支払を受けていないこと

第1章　不貞相手のみを被告とする事例　　　223

[100]　不貞相手が自己と交際する中で夫が多額の金員を支出していることを十分認識しながら交際を続けていたこと等を考慮して、妻から不貞相手に対する慰謝料額を算定した事例

（東京地判平21・6・10（平19(ワ)33757)）

当事者　原告Ｘ：Ａの妻、被告Ｙ：Ａの不貞相手（女性）、Ａ：原告Ｘの夫

事 実 関 係

| 認 容 額 | | 200万円 | | |
|---|---|---|---|---|
| 請 求 額 | | 800万円 | | |
| 不貞までの家族・婚姻関係 | 婚姻生活の状況 | 夫婦関係は良好であった | | |
| | 不貞開始までの婚姻期間 | 約16年 | | |
| | 同 居 の 有 無 | 別居（Ｘは留学中） | | |
| | 子 の 人 数 | 無 | | |
| 不 貞 の 態 様 | 不 貞 期 間 | 平19・7・24〜（約5か月半） | 不 貞 回 数 | 複数回 |
| | 中 断 の 有 無 | 無 | 年 齢 差 | ― |
| 不貞の被害に関する事項 | 婚 姻 関 係 | 破綻 | 別居の有無 | 別居 |
| | 備 考 | Ｘはうつ病との診断を受けた。ＸはＡに対する信用を失い、婚姻関係は破綻した | | |
| 当 事 者の 態 様 | 請 求 相 手 | Ｙ（不貞相手） | | |
| | 当事者の認識 | Ａが既婚であるとの認識有 | | |
| | 不貞行為の主導 | Ｙの方から積極的にＡを不貞行為に誘ったとまでは認定できない | | |
| | 請 求 相 手 の経 済 力 等 | 国際線の客室乗務員 | | |

| | 妊娠・出産の有無 | — |
|---|---|---|
| | 謝罪の有無 | — |
| その他考慮される事項 | | — |

算定のポイント

増額要素

◆Xは、Aから強く離婚を求められたショックから、心療内科を受診し、うつ病の診断を受けたこと

◆Xは、AからYとの交際の全容を告げられ、AがYとの交際により多額の金員を費消していたこと及び同人と同居する予定でマンションまで借りていたことを知るに至り、さらに多大な精神的苦痛を受けたものと推認されること

※Aが、Yとの交際中に総額1,000万円程度の支出をしていることが、仮に夫婦財産を減少させる行為であり、Xの財産分与額に影響を与えることがあるとしても、その経済的不利益自体が、ただちに本件不貞行為に基づく損害といえるものではない。ただし、YはAが自己と交際する中で多額の金員を支出していることを十分認識しながら交際を続けており、このことにより、Xが更なる精神的苦痛を被ったことも否定し得ないことから、上記事情についても、Xの慰謝料額を算定する際の一事情として考慮されるべきであるとされた。

減額要素

◆Yの方から積極的にAを不貞行為に誘ったとまでは認定できないこと

◆YとAの交際期間が比較的短期間にとどまっていること

第1章　不貞相手のみを被告とする事例　　225

[101]　夫からメールでの離婚の申入れと離婚調停の申立てがあっても婚姻関係が破綻していたとは認められないとして、妻から不貞相手に対する慰謝料請求を認めた事例　　（東京地判平21・7・23（平20（ワ）25586））

当事者　原告X：Aの妻、被告Y：Aの不貞相手（女性）、A：原告Xの夫

事 実 関 係

| 認　容　額 | | 120万円 | | |
|---|---|---|---|---|
| 請　求　額 | | 1,000万円 | | |
| 不貞までの家族・婚姻関係 | 婚姻生活の状況 | 不貞の関係が始まった時点で既にXとAの婚姻関係が破綻していたとは認められない | | |
| | 不貞開始までの婚姻期間 | 約19年 | | |
| | 同居の有無 | 同居 | | |
| | 子の人数 | 2人 | | |
| 不貞の態様 | 不貞期間 | 平19・12頃～平20末頃（約1年） | 不貞回数 | 複数回 |
| | 中断の有無 | 無 | 年齢差 | － |
| 不貞の被害に関する事項 | 婚姻関係 | 破綻（Aが離婚調停を申し立てた） | 別居の有無 | 別居 |
| | 備考 | Xは抑うつ状態（パニック症候群）に陥った | | |
| 当事者の態様 | 請求相手 | Y（不貞相手） | | |
| | 当事者の認識 | 子供達に会おうとしたことも、Aの自宅を訪ねたこともないといった点からすれば、AとXの婚姻関係について認識していたか、少なくともAの話を鵜呑みにし、Xとの婚姻関係を認識していなかったことについて過失がある | | |
| | 不貞行為の主導 | － | | |

| | 請求相手の経済力等 | システムコンサルティング会社勤務 |
|---|---|---|
| | 妊娠・出産の有無 | ― |
| | 謝罪の有無 | ― |
| その他考慮される事項 | | 本件提訴を受けた後、YはAに対して損害賠償請求訴訟を提起するなど、Yから関係を絶とうとしている |

算定のポイント

増額要素

◆Xとの婚姻期間が約20年に及ぶAが離婚に固執し、Xと話し合おうとしないこともあって、X自身は抑うつ状態（パニック症候群）に陥ったこと

◆子供達もショックを受けており、また、高校生の長男が高機能自閉症（アスペルガー症候群）で、今後社会人として自立することは相当難しいと思われるなど、子供の養育に関して困難に直面していること

※YがAを誘惑したといった経緯を認めるに足りる証拠はないとされた。

減額要素

◆不貞の継続について第一に責任を負うべきなのはXの配偶者たるAであり、Yの責任は副次的なものというべきこと

◆Yは、本件提訴を受けた後、Aに対して損害賠償請求訴訟を提起するなど、Yから関係を絶とうとしていること

第1章　不貞相手のみを被告とする事例　　227

[102]　夫婦関係が不貞行為以前から相当程度冷却化、悪化していたこと等を考慮して、慰謝料額を算定した事例

（東京地判平21・8・31（平21（ワ）615））

当事者　原告X：Aの元夫、被告Y：Aの不貞相手（男性）、A：原告Xの元妻

事　実　関　係

| 認　容　額 | | 60万円 | | |
|---|---|---|---|---|
| 請　求　額 | | 300万円 | | |
| 不貞までの家族・婚姻関係 | 婚姻生活の状況 | 相当に冷却化していたものの、破綻していたとまでは認め難い | | |
| | 不貞開始までの婚姻期間 | 約13年 | | |
| | 同居の有無 | 同居 | | |
| | 子の人数 | 2人 | | |
| 不貞の態様 | 不貞期間 | 平20・2・26〜平20・7・10（約半年） | 不貞回数 | 2回 |
| | 中断の有無 | 無 | 年齢差 | — |
| 不貞の被害に関する事項 | 婚姻関係 | 破綻（離婚） | 別居の有無 | 別居 |
| | 備考 | — | | |
| 当事者の態様 | 請求相手 | Y（不貞相手） | | |
| | 当事者の認識 | 既婚であるとの認識有 | | |
| | 不貞行為の主導 | — | | |
| | 請求相手の経済力等 | 服飾関係会社勤務 | | |
| | 妊娠・出産の有無 | — | | |

| | 謝罪の有無 | 無 |
|---|---|---|
| その他考慮される事項 | | ・以前にXがAに対し、結婚前に交際していた女性と生活するため離婚したいと言い出したことがあり、夫婦仲が冷却したこと<br>・Xの母とAとの間で意見の相違があったこと |

算定のポイント

減額要素

◆不貞行為以前から、XとAの夫婦関係は相当程度冷却化、悪化していたこと

◆Aが職場の上司であるYに対し、勤務条件に関連して、家庭の状況やXとの夫婦関係を相談したという不貞行為に至る経緯があること

◆不貞行為がXとAの婚姻関係の終了に及ぼした影響の程度、特に、Yの不貞行為が、Xら夫婦が離婚した主たる原因とまではいえないものの、他方で、YとAの不貞行為が離婚に至る要因の一つであり、契機となったこと

◆AとYの関係は一過性のものであって、現在、職場の上司としての関係を超える交際もなく、AもYとのそれ以上の関係を望んでいないことが認められること

第1章　不貞相手のみを被告とする事例　　229

[103]　不貞行為が比較的短期間であったとしても夫婦関係の悪化との間の因果関係を否定しないとした上で、妻の言動も夫婦関係悪化の一因であるとして慰謝料額を算定した事例

（東京地判平21・9・10（平19(ワ)29561））

当事者　原告Ｘ：Ａの妻、被告Ｙ：Ａの不貞相手（女性）、Ａ：原告Ｘの夫

事　実　関　係

| 認　容　額 | | 150万円 | | |
|---|---|---|---|---|
| 請　求　額 | | 1,000万円 | | |
| 不貞までの家族・婚姻関係 | 婚姻生活の状況 | 不貞行為が発覚するまでの間に夫婦関係に特段の問題があったとうかがうことはできない | | |
| | 不貞開始までの婚姻期間 | 約13年 | | |
| | 同居の有無 | 同居 | | |
| | 子の人数 | 2人 | | |
| 不貞の態様 | 不貞期間 | 平17・12中旬〜平18・2末頃（約2か月） | 不貞回数 | 複数回 |
| | 中断の有無 | 無 | 年齢差 | 約20歳 |
| 不貞の被害に関する事項 | 婚姻関係 | 破綻 | 別居の有無 | 別居 |
| | 備考 | Ａが離婚調停を申し立てるも、Ｘ出席せず | | |
| 当事者の態様 | 請求相手 | Ｙ（不貞相手） | | |
| | 当事者の認識 | 既婚であるとの認識有 | | |
| | 不貞行為の主導 | Ｙのみが積極的にＡと関係を持ったとも考えにくいものの、Ｙが仮に主導的でなかったからといって、そのことが直ちに因果関係の存在を否定するまでには至らない | | |

| | | |
|---|---|---|
| 請 求 相 手 の 経 済 力 等 | 会社員（Aと同じ会社に勤務。後に退職） | |
| 妊 娠・出 産 の 有 無 | － | |
| 謝 罪 の 有 無 | － | |
| その他考慮される事項 | Xは、Yの勤務先に本件不貞行為に関する文書を大量にファックス送信した | |

## 算定のポイント

### 増額要素

◆Xが、本件不貞行為が発覚し、夫婦関係が悪化したことにより、体調不良に陥り、精神科に通院するなどしていること

◆Xが、経済状態の悪化や子らの心情、今後の境遇等について深く気に病み、精神的苦痛を被っていること

### 減額要素

◆Aとの夫婦関係がここまで悪化したのは、XがAを厳しく追及し、精神的に追い込んだことも一因となっていると思料されること

◆Xは、Yの勤務先に本件不貞行為に関する文書を大量にファックス送信し、Yが勤務先を退職するに至っていること

第1章　不貞相手のみを被告とする事例　　231

[104]　元妻が離婚届に署名押印して元夫に交付した落ち度（過失）を斟酌
して慰謝料額を算定した事例　　（東京地判平21・9・28（平20（ワ）13125））

当事者　原告Ｘ：Ａの元妻、被告Ｙ：Ａの不貞相手（女性）、Ａ：原告Ｘの
　　　　元夫

事実関係

| 認　容　額 | | 50万円 | | |
|---|---|---|---|---|
| 請　求　額 | | 500万円 | | |
| 不貞までの家族・婚姻関係 | 婚姻生活の状況 | 婚姻関係が円満でなかったことは確かであるものの、これが完全に破綻していたとまで認めるに足りる証拠はない | | |
| | 不貞開始までの婚姻期間 | 約23年 | | |
| | 同居の有無 | 別居（Ａは単身赴任中） | | |
| | 子の人数 | 2人 | | |
| 不貞の態様 | 不貞期間 | 平17・5〜8以前〜平20・2（約3年） | 不貞回数 | 複数回 |
| | 中断の有無 | 無 | 年齢差 | — |
| 不貞の被害に関する事項 | 婚姻関係 | 破綻（離婚） | 別居の有無 | 別居 |
| | 備　考 | — | | |
| 当事者の態様 | 請求相手 | Ｙ（不貞相手） | | |
| | 当事者の認識 | Ａが既婚であるとの認識あり（Ａは、出会い系サイトで離婚歴のある独身男性と称してＹと出会った。後に既婚と告げるも、婚姻関係の破綻を主張し、Ｘの署名押印のある離婚届を持参した） | | |
| | 不貞行為の主導 | — | | |
| | 請求相手の経済力等 | — | | |

| | 妊娠・出産の有無 | ― |
|---|---|---|
| | 謝罪の有無 | ― |
| その他考慮される事項 | | ― |

### 算定のポイント

#### 増額要素

◆Yは、実際にはXがAとの離婚を希望していないことを認識することができたにもかかわらず、Aとの交際を継続したというのであるから、YがAとの交際を開始する以前にXとAとの婚姻関係が完全に破綻していたわけではなかったことからすると、XとAとの婚姻関係の破綻に多少なりとも影響を与えたことも否定することはできないこと

◆Xは、うつ病との病名により、投薬等の治療を受けるようになったほか、皮膚科医院において、じんましん、痒疹の病名で外来加療中であり、ストレスや疲労が原因の可能性もあるとの診断も受けている。また、Xは、障害等級3級の認定を受け、精神障害者保健福祉手帳の交付を受けており、現在は稼働していない。このようなXの現在の精神状況については、YのAとの婚姻関係の破綻が影響していること

#### 減額要素

◆Xが署名押印してAに交付した離婚届が、YがAとの交際継続を決意した一因となっていること（Yに全く落ち度がないとまではいえないものの、自ら離婚届に署名押印したXの落ち度も非常に大きく、Yの責任については、認めることができないか、極めて軽いというべきである）

◆XとAとの婚姻関係が必ずしも円満なものではなかったこと

※Yは、XとAの離婚に係る調停条項で定められた解決金550万円には慰謝料を含むとして、損害の填補を主張するが、実際の金員の支払等がなければ損害の填補がされたと認めることはできないところ、これまでにAがXに対して支払った金員が慰謝料として支払われたものと認めるに足りる証拠はないとされた。

第1章　不貞相手のみを被告とする事例　　233

[105]　夫から不貞相手に対する慰謝料請求につき、不貞の事実は全くない
　　　との不貞相手の主張を排斥し、夫自身の言動も斟酌して慰謝料額を算
　　　定した事例　　　　　　　　　　（東京地判平21・12・28（平20（ワ）35718））

| 当 事 者 | 原告Ｘ：Ａの夫、被告Ｙ：Ａの不貞相手（男性）、Ａ：原告Ｘの妻 |

## 事 実 関 係

| 認 容 額 | | 150万円 | | |
|---|---|---|---|---|
| 請 求 額 | | 1,000万円 | | |
| 不貞まで<br>の家族・<br>婚姻関係 | 婚姻生活の状況 | 破綻してはいないが、Ｘが定年退職した後のＸとＡの婚姻生活は、相互の意思疎通が必ずしもうまくいかずに相当に気詰まりな状況に陥っていた | | |
| | 不貞開始まで<br>の 婚 姻 期 間 | 35年以上 | | |
| | 同 居 の 有 無 | 同居 | | |
| | 子 の 人 数 | 2人 | | |
| 不 貞 の<br>態 様 | 不 貞 期 間 | 平16・4〜平19・6頃<br>（約3年間） | 不 貞 回 数 | 複数回 |
| | 中 断 の 有 無 | 無 | 年 齢 差 | 2歳 |
| 不貞の被<br>害に関す<br>る 事 項 | 婚 姻 関 係 | 破綻（離婚訴訟中） | 別居の有無 | 別居 |
| | 備 考 | ― | | |
| 当 事 者<br>の 態 様 | 請 求 相 手 | Ｙ（不貞相手） | | |
| | 当事者の認識 | 既婚の認識有 | | |
| | 不貞行為の主導 | ― | | |
| | 請 求 相 手 の<br>経 済 力 等 | 生活保護受給中 | | |

| | 妊娠・出産の有無 | — |
|---|---|---|
| | 謝罪の有無 | — |
| その他考慮される事項 | | — |

### 算定のポイント

**増額要素**

◆XとAが、既に婚姻生活35年以上の長期間にわたる婚姻関係を築いてきた夫婦であったこと

◆XとAが、離婚を前提に協議中となるに至った最大の理由は、YとAとの不貞行為にあったといわざるを得ないこと

**減額要素**

◆Xが定年退職した後のXとAの婚姻生活は、相互の意思疎通が必ずしもうまくいかずに相当に気詰まりな状態に陥っていたものであり、その原因は、AのみならずX自身の言動にも起因するところが相当にあったと解されること

第1章　不貞相手のみを被告とする事例　　235

[106]　不貞行為の開始時に、夫婦関係が修復不可能な程度に破綻していた
　　　と評価することはできない等として、妻から不貞相手に対する慰謝料
　　　請求を認めた事例　　　　　　　　（東京地判平22・1・26（平20(ワ)36556)）

当事者　原告Ｘ：Ａの妻、被告Ｙ：Ａの不貞相手（女性）、Ａ：原告Ｘの夫

事実関係

| 認 容 額 | | 300万円 | | |
|---|---|---|---|---|
| 請 求 額 | | 500万円 | | |
| 不貞までの家族・婚姻関係 | 婚姻生活の状況 | 多少の夫婦げんかなどはあったものの、通常の家庭生活を送っていた | | |
| | 不貞開始までの婚姻期間 | 約12年 | | |
| | 同 居 の 有 無 | 同居 | | |
| | 子 の 人 数 | 2人 | | |
| 不貞の態様 | 不 貞 期 間 | 平18・3・11～口頭弁論終結時（約3年） | 不 貞 回 数 | 複数回 |
| | 中 断 の 有 無 | 無 | 年 齢 差 | ― |
| 不貞の被害に関する事項 | 婚 姻 関 係 | 破綻 | 別 居 の 有 無 | 別居 |
| | 備 考 | Ａから離婚訴訟提起（棄却確定） | | |
| 当事者の態様 | 請 求 相 手 | Ｙ（不貞相手） | | |
| | 当事者の認識 | 既婚の認識有 | | |
| | 不貞行為の主導 | ― | | |
| | 請求相手の経 済 力 等 | 医師 | | |
| | 妊 娠・出 産の 有 無 | ― | | |

| | 謝 罪 の 有 無 | ― |
|---|---|---|
| その他考慮される事項 | | ― |

## 算定のポイント

### 増額要素

◆Xは、AとYとの不貞行為が発覚するまで、多少の夫婦げんかなどはあったものの、通常の家庭生活を送っていたものと認められ、それが、Yの不貞行為により破壊され、Xは、大きな精神的打撃を受けたこと

◆職場内のYとAとの不貞行為が人の噂にのぼり、Xはいたたまれなくなり退職のやむなきに至ったこと

◆Xは、Yの研究等に関して一定の恩恵を与えていたにもかかわらず、YがAと不貞行為に及んだことによって、裏切られたという気持ちを強く抱いたこと

### 減額要素

◆Xは、長男及び長女が生まれてから、自らの医師としての仕事と育児とを両立させていく生活の中で、Aの協力が少なく、そのことについて、Aを責めることがあり、その一方で、Aは、忙しい医師の仕事がある中で、Xに対して配慮していたのに、Xから責められ、不満を募らせるようになった。このように、双方に不満があったこと（〔編注〕損害額の認定理由として明記されているものではなく、本文中から読み取ったもの）

## [107] 妻から不貞相手に対する慰謝料請求につき、妻の脅迫的言動や夫の対応も考慮して慰謝料額を算定した事例

（東京地判平22・1・29（平21（ワ）5000））

| 当事者 | 原告Ｘ：Ａの妻、被告Ｙ：Ａの不貞相手（女性）、Ａ：原告Ｘの夫 |

## 事実関係

| 認 容 額 | | 200万円 | | |
|---|---|---|---|---|
| 請 求 額 | | 600万円 | | |
| 不貞までの家族・婚姻関係 | 婚姻生活の状況 | Ｘは、Ａとの間で平穏な家庭生活を送っていた | | |
| | 不貞開始までの婚姻期間 | 約13年 | | |
| | 同 居 の 有 無 | 同居 | | |
| | 子 の 人 数 | 1人 | | |
| 不貞の態様 | 不 貞 期 間 | 平10夏〜平11・12 平17・1〜平18・10（合計3年近く・中断期間除く） | 不 貞 回 数 | 20回程度 |
| | 中 断 の 有 無 | 有 | 年 齢 差 | 26歳 |
| 不貞の被害に関する事項 | 婚 姻 関 係 | 破綻 | 別 居 の 有 無 | 事実上の別居 |
| | 備 考 | — | | |
| 当事者の態様 | 請 求 相 手 | Ｙ（不貞相手） | | |
| | 当事者の認識 | 既婚の認識有 | | |
| | 不貞行為の主導 | ＹとＡとの関係は、上司であるＡが積極的にＹを誘ったことから始まった | | |
| | 請求相手の経済力等 | 会社員 | | |

| | 妊娠・出産の有無 | － |
|---|---|---|
| | 謝罪の有無 | Xに発覚後も、Xへの謝罪の意や反省の態度を明らかにすることはなかった |
| その他考慮される事項 | | 不貞関係発覚後のXの言動 |

算定のポイント

増額要素

◆YとAとの関係は、上司であるAが積極的にYを誘ったことから始まったものであり、Aが主導的な役割を担ったものというべきであるものの、中断後の不貞関係は、その継続について、YもAと同等の違法性があるというべきこと

◆YとAは、途中、中断期間はあるものの、合計3年近くの間、不貞関係であることを認識しながら、その関係を継続していること

◆Yは、Xに発覚後も、Xへの謝罪の意や反省の態度を明らかにすることもないまま過ごし、その結果、Xの精神的苦痛を増大させたものと認められること

◆YとAの不貞関係により、Xは深く傷つき、Aとの間の婚姻関係の維持にも支障が生じていること

減額要素

◆不貞関係が発覚後のXの言動には、強い衝撃と憤りによる情緒不安定からくるものであろうとはいえ、脅迫的言動を行い、また、職場やYの実家にも頻繁に電話をかけ、職場の関係者にYとAの関係を知らしめるなどしてYを苦境に追いやった等、社会的相当性を欠く行き過ぎな点があったと評さざるを得ないこと

◆Aの対応は、Xに対する負い目もあってか、Yに対し、自らの責任を棚に上げたかのような第三者的ともいうべき対応をしており、このような行動がXとY間のその後の対応や、双方の精神状況を悪化させる原因とも考えられるのであり、YがXに対し素直に謝罪を表すこともなく、不貞関係を一切否認するような回答を送った一因ともなっていると推察されること

## [108]　不貞相手が不貞関係維持に前向きであった事例

（東京地判平22・2・9（平20(ワ)28810・平21(ワ)4642））

| 当 事 者 | 甲事件　原告X：Y₂の妻、被告Y₁：Y₂の不貞相手（女性）<br>乙事件　被告Y₂：Xの夫（原告は甲事件の被告Y₁） |
|---|---|

### 事 実 関 係

| 認　容　額 | 200万円（Y₁のみ） | | | |
|---|---|---|---|---|
| 請　求　額 | 300万円（甲事件のみ） | | | |
| 不貞まで<br>の家族・<br>婚姻関係 | 婚姻生活の状況 | 平穏な婚姻生活 | | |
| | 不貞開始まで<br>の 婚 姻 期 間 | 10年3か月 | | |
| | 同 居 の 有 無 | 同居 | | |
| | 子 の 人 数 | 無 | | |
| 不 貞 の<br>態　　様 | 不 貞 期 間 | 平20・4・26頃～平<br>20・8下旬頃（4か月） | 不 貞 回 数 | － |
| | 中 断 の 有 無 | 無 | 年 齢 差 | － |
| 不貞の被<br>害に関す<br>る 事 項 | 婚 姻 関 係 | 破綻 | 別 居 の 有 無 | 別居後同居 |
| | 備　　　　考 | 平20・8・28～平20・12頃別居<br>Xが稼働できないため平20・12頃～同居再開。ただし、<br>家庭内別居の状態 | | |
| 当 事 者<br>の 態 様 | 請 求 相 手 | Y₁（不貞相手）のみ<br>※XはY₂（配偶者）には請求していない | | |
| | 当事者の認識 | 既婚であることを認識 | | |
| | 不貞行為の主導 | Y₁が不貞関係継続に前向きであった。また、Y₂も不貞<br>関係を積極的に解消しようとしなかった | | |

| | 請求相手の経済力等 | 不貞関係開始当時は、Y₂が勤める会社の受付係として稼働 |
|---|---|---|
| | 妊娠・出産の有無 | 無 |
| | 謝罪の有無 | － |
| その他考慮される事項 | | － |

算定のポイント

### 増額要素

◆Y₁が、Xが閲覧できることを知りながら、Y₂の個人携帯電話宛てにメールを送っていたこと

◆以下のように、XがY₁及びY₂の不貞関係を知った後も、Y₁が不貞関係継続に前向きな意向を示していたこと

・Y₂の出向先に備付けのパソコン宛てに、Y₂の実家の最寄り駅を撮った写真を添付したメールを送り、今度はY₂と一緒に行きたい旨のメッセージを添えていた。

・Y₂に対し「いつも一緒に笑って居られますように。」などと記載された平成20年7月7日付の手紙を、「また花火にも行きたいし、他にも遊びに行きたいトコロがいっぱいだよ」「いずれは私があなたにとって『世界に一つだけの花』になる予定です。」などと記載された同月下旬頃作成の手紙をそれぞれ渡した。

◆Xが不貞関係を知り、精神的に不安定となり心療内科に通院し投薬治療を受けることとなったこと

◆XとY₂とは家庭内別居の状態にあって、婚姻関係が修復する具体的見込みがないこと

### 減額要素

◆Y₁とY₂の各損害賠償債務はいわゆる不真正連帯債務の関係になるが、婚姻共同生活の平和は第一次的には配偶者相互の守操義務、協力義務によって維持されるものであって、不貞行為又は婚姻破綻の主たる責任は不貞行為を働いた配偶者にあり、その不貞行為の相手方の責任は副次的にとどまると解されること

◆本件では、不真正連帯債務の関係にあって主たる責任を負うY₂が、Xから慰謝料請求を受けていないにもかかわらず、副次的な責任しか負わないY₁が高額な慰謝料を負担するのは公平とはいえないこと

## [109] 不貞開始時に夫婦関係が円満でなかったことから減額が認められた事例

（東京地判平22・2・23（平21(ワ)9934））

当事者 原告X：Aの妻、被告Y：Aの不貞相手（女性）、A：原告Xの夫

### 事　実　関　係

| 認　容　額 | | 120万円 | | |
|---|---|---|---|---|
| 請　求　額 | | 1,200万円 | | |
| 不貞までの家族・婚姻関係 | 婚姻生活の状況 | XとAとの婚姻関係が修復することが不可能な状態にあったとはいえないが、円満ではなかった | | |
| | 不貞開始までの婚姻期間 | 20年 | | |
| | 同居の有無 | 同居 | | |
| | 子の人数 | 2人 | | |
| 不貞の態様 | 不貞期間 | 平19夏頃〜平20・2頃（約6か月） | 不貞回数 | 4回 |
| | 中断の有無 | 無 | 年齢差 | — |
| 不貞の被害に関する事項 | 婚姻関係 | 破綻（離婚調停不成立） | 別居の有無 | 別居 |
| | 備　考 | 平21・1・21〜　別居<br>平21・11・16　離婚調停が不成立となる | | |
| 当事者の態様 | 請求相手 | Y（不貞相手） | | |
| | 当事者の認識 | 既婚であることを認識していたものの、XとAとの婚姻関係が破綻したと信じていた | | |
| | 不貞行為の主導 | — | | |
| | 請求相手の経済力等 | — | | |

| | 妊 娠 ・ 出 産 の 有 無 | 無 |
|---|---|---|
| | 謝 罪 の 有 無 | ― |
| その他考慮される事項 | | ― |

## 算定のポイント

### 増額要素

◆XとAの婚姻期間は本件不貞行為の当時約20年余りの長期間にわたっていたこと

◆Xは、本件不貞行為があったことを知った後である平成20年2月頃から弁護士を代理人として離婚に向けた具体的な交渉を行うに至り、同年8月頃から体調不良を訴え通院服薬していること

◆平成21年1月21日にはXとAは別居するに至ったこと

### 減額要素

◆AとYとの不貞期間が6か月で4回であること

◆XとAとの婚姻関係が破綻していたとまでは認めることができないものの、AがXに対して不信感を抱き、夫婦関係が円満でなかったこと

＜破綻をうかがわせる事情＞

・Xは平成15年頃から人前でAとの離婚を口にすることがあったこと

・平成16年、17年頃には夫婦げんかが多くなり、平成17年頃には、AがXに対して離婚を前提とする話合いを求めることがあったこと

・平成18年頃には、Aが、Xの携帯電話のロックに用いた暗証番号が他の男性の誕生日であることを発見し、Xに対して不信感を抱くに至ったこと

・XとAは寝室は同じであったが、平成18年夏頃から寝るベッドを別々とするようになり、遅くともその頃以降は両名間の性交渉はなかったこと

＜破綻を否定する事情＞

・平成17年以降平成20年2月頃までの間、XとAの間で離婚に向けた具体的な協議がなされることはなかったこと

・平成21年1月21日まで、XとAは同居を継続し、Xは、Aを含む家族の朝食を用意する等の家事を行っていたこと

・Aは結局参加しなかったものの、平成19年7月から8月にかけて家族で海外旅行を計画する夫婦関係であったこと

第1章　不貞相手のみを被告とする事例　　243

[110]　高額の婚姻費用を慰謝料の減額事由として勘案した事例

(東京地判平22・3・4（平19(ワ)27644))

当事者　原告Ｘ：Ａの妻、被告Ｙ：Ａの不貞相手（女性)、Ａ：原告Ｘの夫
（補助参加人)

事 実 関 係

| 認　容　額 | | 250万円 | | |
|---|---|---|---|---|
| 請　求　額 | | 1,200万円 | | |
| 不貞までの家族・婚姻関係 | 婚姻生活の状況 | 円満・良好ではなかったが破綻していない | | |
| | 不貞開始までの婚姻期間 | 21年4か月 | | |
| | 同居の有無 | 同居 | | |
| | 子の人数 | 2人 | | |
| 不貞の態様 | 不貞期間 | 平17・7〜（継続中）（約3年半） | 不貞回数 | ― |
| | 中断の有無 | 無 | 年齢差 | ― |
| 不貞の被害に関する事項 | 婚姻関係 | 破綻（別居） | 別居の有無 | 別居 |
| | 備　考 | 平18・10〜　夫婦円満調整調停申立て 平19・5〜　別居 平19・12　上記調停不成立（婚姻費用月額55万円） | | |
| 当事者の態様 | 請求相手 | Ｙ（不貞相手） | | |
| | 当事者の認識 | Ａが既婚者であることを認識 | | |
| | 不貞行為の主導 | Ａの主導による | | |
| | 請求相手の経済力等 | ― | | |
| | 妊娠・出産の有無 | 無 | | |

| | 謝 罪 の 有 無 | 無 |
|---|---|---|
| その他考慮される事項 | | ・Aは、本件不貞行為以前にもY以外の女性と不貞を繰り返していた<br>・X・Y・Aは、同じテニスクラブに通っており、YとAの不貞関係がうわさになっていた |

算定のポイント

増額要素

◆Yの不貞行為が原因となって、XはAと別居状態となり、現在もその状態が続いていること

◆YとAの不貞関係は現在も継続中であり、その期間は4年半近くになっており、AにXとの婚姻関係を継続する意思がないこと

◆YからXに対する謝意は表されていないこと

減額要素

◆XとAとの婚姻関係は、不貞以前の段階でも、必ずしも円満・良好なものではなかったこと

◆XとAとの婚姻関係が円満・良好でない原因が専らAにあるともいえないこと

◆不貞関係はAの主導によるものであること

◆AはXに対し月額55万円の婚姻費用を負担していること

第1章　不貞相手のみを被告とする事例　　245

## ［111］　不貞相手との間に4人の子がいる事例

（東京地判平22・4・5（平21（ワ）33913））

当 事 者　原告X：Aの妻、被告Y：Aの不貞相手（女性）、A：原告Xの夫

### 事 実 関 係

| 認　容　額 | | 300万円 | | |
|---|---|---|---|---|
| 請　求　額 | | 300万円 | | |
| 不貞までの家族・婚姻関係 | 婚姻生活の状況 | — | | |
| | 不貞開始までの婚姻期間 | 12年 | | |
| | 同 居 の 有 無 | 同居 | | |
| | 子 の 人 数 | 無 | | |
| 不 貞 の 態 様 | 不 貞 期 間 | 平12・12〜（継続） | 不 貞 回 数 | — |
| | 中 断 の 有 無 | 無 | 年 齢 差 | — |
| 不貞の被害に関する事項 | 婚 姻 関 係 | 破綻（別居） | 別 居 の 有 無 | 別居 |
| | 備　　　　考 | 平21・10〜別居 | | |
| 当 事 者 の 態 様 | 請 求 相 手 | Y（不貞相手） | | |
| | 当事者の認識 | 既婚であることを認識 | | |
| | 不貞行為の主導 | — | | |
| | 請求相手の経 済 力 等 | 無職 | | |
| | 妊 娠・出 産 の 有 無 | 4人を妊娠・出産（いずれもAは認知せず） | | |
| | 謝 罪 の 有 無 | 平成16年4月頃交際について謝罪 | | |
| その他考慮される事項 | | — | | |

算定のポイント

増額要素

◆21年以上にわたる同居の婚姻生活を続けてきたこと

◆不貞期間が9年以上に及ぶこと

◆不貞関係発覚の時点でYが謝罪したにもかかわらず、関係を清算しなかったこと

◆YとAとの間に4人もの子があること

◆YがAからの生活援助を継続的に受けていたこと

第1章　不貞相手のみを被告とする事例　　247

[112]　不貞行為に積極的に突き進んだ元妻が離婚に際して元夫に対し支払った額を、元夫から不貞相手に対する慰謝料請求の減額事由として考慮した事例　　　　　　　　　（東京地判平22・6・24（平21（ワ）41736））

| 当事者 | 原告Ｘ：Ａの元夫、被告Ｙ：Ａの不貞相手（男性）、Ａ：原告Ｘの元妻 |

### 事実関係

| 認　容　額 | | 150万円 | | |
|---|---|---|---|---|
| 請　求　額 | | 300万円 | | |
| 不貞までの家族・婚姻関係 | 婚姻生活の状況 | 円満 | | |
| | 不貞開始までの婚姻期間 | 13年4か月 | | |
| | 同居の有無 | 同居 | | |
| | 子の人数 | 2人 | | |
| 不貞の態様 | 不貞期間 | 平18・11頃～（継続）（約4年半弱） | 不貞回数 | ― |
| | 中断の有無 | 無 | 年齢差 | ― |
| 不貞の被害に関する事項 | 婚姻関係 | 破綻（離婚） | 別居の有無 | 別居 |
| | 備　考 | ― | | |
| 当事者の態様 | 請求相手 | Ｙ（不貞相手） | | |
| | 当事者の認識 | 既婚であることを認識 | | |
| | 不貞行為の主導 | 不貞行為に積極的に突き進んだのはＡ | | |
| | 請求相手の経済力等 | ― | | |
| | 妊娠・出産の有無 | ― | | |

|  |  |  |
|---|---|---|
| | 謝 罪 の 有 無 | — |
| その他考慮される事項 | | — |

### 算定のポイント

#### 増額要素

◆AとYとが交際を始めるまでは、婚姻関係がそれなりに円満であったこと

◆Yは、Aが既婚者であることを承知した上で、Aと肉体関係を結んだこと

◆AとXとが正式に離婚する前からYがAと同棲するに至っていること

#### 減額要素

◆何よりもXの配偶者でありながらXに対する貞操義務を顧みずにYとの不貞な交際に及ぶことを躊躇しなかったばかりか、積極的にそれに突き進んだAに婚姻関係破綻の責任があること

◆その（Yとの不貞行為に積極的に突き進んだ）Aが離婚に際してXに支払った額が100万円であること

第1章　不貞相手のみを被告とする事例　　249

## [113]　婚姻期間及び不貞期間が比較的長期であった事例

（東京地判平22・7・6（平21（ワ）36748））

**当事者**　原告X：Aの妻、被告Y：Aの不貞相手（女性）、A：原告Xの夫

**事実関係**

| 認　容　額 | | 300万円 | | |
|---|---|---|---|---|
| 請　求　額 | | 500万円 | | |
| 不貞まで の家族・ 婚姻関係 | 婚姻生活の状況 | Yの主張を前提としても破綻していたと認めるに足りる 証拠はない | | |
| | 不貞開始まで の婚姻期間 | 約21年 | | |
| | 同 居 の 有 無 | 同居 | | |
| | 子 の 人 数 | 1人 | | |
| 不 貞 の 態　　様 | 不 貞 期 間 | 平9頃〜平17・9（8年 以上） | 不 貞 回 数 | ― |
| | 中 断 の 有 無 | 無 | 年　齢　差 | ― |
| 不貞の被 害に関す る事項 | 婚 姻 関 係 | 破綻 | 別 居 の 有 無 | 同居 |
| | 備　　　考 | XはAの母の介護のために離婚こそ成立していないもの の、遠くない時期に離婚することは確定している | | |
| 当 事 者 の 態 様 | 請 求 相 手 | Y（不貞相手） | | |
| | 当事者の認識 | 既婚であることを認識 | | |
| | 不貞行為の主導 | ― | | |
| | 請 求 相 手 の 経 済 力 等 | ― | | |
| | 妊 娠・出 産 の 有 無 | ― | | |

| | 謝 罪 の 有 無 | ― |
|---|---|---|
| その他考慮される事項 | | ― |

### 算定のポイント

#### 増額要素

◆AとYの不貞がXに発覚したことがXとAの婚姻関係破綻の主要な原因であると認められること

◆AとXとの婚姻期間が30年以上に及ぶこと

◆AとYの不貞期間も、Yが自認する期間でも8年以上に及んでいること

※YはAが他の女性とも不貞に及んでいることを主張したが、Xとの関係でYの責任を何ら減少させるものではないと判断された。

第1章　不貞相手のみを被告とする事例　　251

[114]　婚姻関係が破綻したとの言葉を信じていたことが慰謝料の減額事由とされた事例 （東京地判平22・7・28（平21（ワ）10342））

当事者　原告Ｘ：Ａの妻、被告Ｙ：Ａの不貞相手（女性）、Ａ：原告Ｘの夫

事実関係

| 認　容　額 | | 120万円 | | | |
|---|---|---|---|---|---|
| 請　求　額 | | 900万円 | | | |
| 不貞までの家族・婚姻関係 | 婚姻生活の状況 | 破綻しているとまではいえないが、円満ではない | | | |
| | 不貞開始までの婚姻期間 | 13年2か月 | | | |
| | 同居の有無 | 同居 | | | |
| | 子の人数 | 1人 | | | |
| 不貞の態様 | 不貞期間 | 平19・5〜平21・9（2年4か月） | 不貞回数 | ― | |
| | 中断の有無 | 無 | 年齢差 | ― | |
| 不貞の被害に関する事項 | 婚姻関係 | 破綻 | 別居の有無 | 別居 | |
| | 備考 | ただし、ＸとＡはいまだ離婚に至っておらず、Ａから離婚調停の申立てすらなく、復縁の可能性も十分にあると認定された | | | |
| 当事者の態様 | 請求相手 | Ｙ（不貞相手） | | | |
| | 当事者の認識 | 婚姻関係が破綻しているとのＡの言葉を信じていた | | | |
| | 不貞行為の主導 | ― | | | |
| | 請求相手の経済力等 | 無職 | | | |
| | 妊娠・出産の有無 | ― | | | |

| | 謝 罪 の 有 無 | ― |
|---|---|---|
| その他考慮される事項 | | ― |

### 算定のポイント

#### 増額要素

◆Xが平成19年5月1日に精神的ストレスを理由に診療所で受診したこと

◆Xが平成20年1月28日からうつ病及び自律神経失調症の診断を受け、カウンセリング及び薬物療法を受けていたこと

#### 減額要素

◆Yは、XとAの夫婦関係はもはや破綻していて離婚の合意もあるとのAの言葉を信じて、Aと男女関係になったこと

◆Aの言葉には具体性があり、少なくともその一部は真実に基づいており、特に離婚届出の用紙を取ってきてAと長女に示したこと等のXの行動からすれば、全くの事実無根とは言い難いこと

◆XとAはいまだ離婚に至っておらず、Aから離婚調停の申立てすらなく、復縁の可能性も十分にあること

◆YとAの関係が終わっていること

◆Yには定職もないこと

第1章　不貞相手のみを被告とする事例　　253

## [115]　元夫の過去の不貞行為を考慮し慰謝料を減額した事例

（東京地判平22・7・28（平21（ワ）26922））

**当 事 者**　原告Ｘ：Ａの元夫、被告Ｙ：Ａの不貞相手（男性）、Ａ：原告Ｘの元妻

**事 実 関 係**

| | | | | | |
|---|---|---|---|---|---|
| 認 容 額 | | 140万円 | | | |
| 請 求 額 | | 350万円 | | | |
| 不貞までの家族・婚姻関係 | 婚姻生活の状況 | おおむね円満な家庭生活を送っていた | | | |
| | 不貞開始までの婚姻期間 | 10年6か月 | | | |
| | 同居の有無 | 同居 | | | |
| | 子の人数 | 2人 | | | |
| 不貞の態様 | 不貞期間 | 平20・5・19〜平20・6（約1か月） | 不貞回数 | ― | |
| | 中断の有無 | 無 | 年齢差 | ― | |
| 不貞の被害に関する事項 | 婚姻関係 | 破綻（離婚） | 別居の有無 | 別居 | |
| | 備考 | ― | | | |
| 当事者の態様 | 請求相手 | Ｙ（不貞相手） | | | |
| | 当事者の認識 | 既婚であることを認識 | | | |
| | 不貞行為の主導 | ― | | | |
| | 請求相手の経済力等 | ― | | | |
| | 妊娠・出産の有無 | ― | | | |

| | | |
|---|---|---|
| | 謝 罪 の 有 無 | ― |
| その他考慮される事項 | | ― |

## 算定のポイント

### 増額要素

◆YとAとの不貞行為が契機となって、XとAとが離婚に至ったこと

### 減額要素

◆Aが離婚を求めた際、Xがこれに抗しきれなかったのは、X自身がかつて不貞行為をしたことに原因があるものと推認されるから、離婚の原因のすべてを本件の不貞行為に求めることはできないこと

◆AとYとの不貞行為は、Yの転勤に伴って平成20年6月には終了したとみられ、短期間のものであること

第1章　不貞相手のみを被告とする事例　　255

[116]　破綻の主たる原因が原告である妻にあることを考慮して慰謝料額
　　を算定した事例　　　　　　　　　（東京地判平22・11・30（平22（ワ）10296））

当事者　原告X：Aの妻、被告Y：Aの不貞相手（女性）、A：原告Xの夫

事　実　関　係

| 認　容　額 | | 50万円 | | |
|---|---|---|---|---|
| 請　求　額 | | 500万円 | | |
| 不貞までの家族・婚姻関係 | 婚姻生活の状況 | 危機的状況にあった | | |
| | 不貞開始までの婚姻期間 | 約26年 | | |
| | 同居の有無 | 同居 | | |
| | 子の人数 | 2人 | | |
| 不貞の態様 | 不貞期間 | 平16〜（継続）（約6年） | 不貞回数 | ― |
| | 中断の有無 | ― | 年齢差 | ― |
| 不貞の被害に関する事項 | 婚姻関係 | 破綻（離婚調停中） | 別居の有無 | 別居 |
| | 備考 | ― | | |
| 当事者の態様 | 請求相手 | Y（不貞相手） | | |
| | 当事者の認識 | 既婚であることを認識 | | |
| | 不貞行為の主導 | ― | | |
| | 請求相手の経済力等 | ― | | |
| | 妊娠・出産の有無 | ― | | |

| | 謝 罪 の 有 無 | ― |
|---|---|---|
| その他考慮される事項 | | ― |

## 算定のポイント

### 減額要素

◆婚姻関係破綻の主たる原因はXの感情の起伏の激しさにあったこと

◆YはAから婚姻関係が破綻していると聞かされていたこと

◆交際が開始された平成16年頃にはXとAの婚姻関係は危機的状況にあったこと

◆AがYとの同居を開始したのは、Xの代理人弁護士から、婚姻費用月額17万円、退職時の財産分与として半分を、さらに、生命保険金の受取人を娘に変更すること等の提案の通知を受けた後のことであること

第1章　不貞相手のみを被告とする事例　　257

[117]　不貞配偶者である夫が不貞相手に対し、積極的に不貞関係の構築を
　　　迫ったことを考慮して慰謝料額を算定した事例

（東京地判平23・2・21（平21(ワ)25761））

当事者　　原告X：Aの妻、被告Y：Aの不貞相手（女性）、A：原告Xの夫

事実関係

| 認容額 | | 80万円 | | | |
|---|---|---|---|---|---|
| 請求額 | | 500万円 | | | |
| 不貞までの家族・婚姻関係 | 婚姻生活の状況 | 夫婦としての愛情はある程度薄れていたが、両者の婚姻関係が既に破綻していたと認めることはできない | | | |
| | 不貞開始までの婚姻期間 | 20年 | | | |
| | 同居の有無 | 同居 | | | |
| | 子の人数 | 2人 | | | |
| 不貞の態様 | 不貞期間 | 平20・2頃～平21・7頃（約1年半） | 不貞回数 | | — |
| | 中断の有無 | — | 年齢差 | | 25歳 |
| 不貞の被害に関する事項 | 婚姻関係 | 破綻 | 別居の有無 | | 同居 |
| | 備考 | — | | | |
| 当事者の態様 | 請求相手 | Y（不貞相手） | | | |
| | 当事者の認識 | X・A間の婚姻関係の認識有 | | | |
| | 不貞行為の主導 | Aが主体 | | | |
| | 請求相手の経済力等 | — | | | |
| | 妊娠・出産の有無 | 無 | | | |

| | 謝 罪 の 有 無 | ― |
|---|---|---|
| その他考慮される事項 | | ― |

### 算定のポイント

減額要素

◆AとXとの間の夫婦としての愛情は、ある程度薄れていたこと

◆XはAに対し、Yとの交際を理由に離婚を求め、又は別居するなどの対応をとっていないこと

◆AとYとの交際はAが持ち掛けたものであり、Yは受動的であったこと

◆AがYの両親を訪問してYと婚姻したい旨表明するなどしており、YがAと婚姻することができるとの期待を持ちAとの交際を継続したことは強い非難に値するものとは必ずしも言い難いこと

第1章　不貞相手のみを被告とする事例　　259

[118]　不貞行為を契機として、婚姻関係が破綻の危機に瀕したとして慰謝
料額を算定した事例　　　　　（東京地判平23・3・23（平22(ワ)13926)）

| 当 事 者 | 原告X：Aの妻、被告Y：Aの不貞相手（女性）、A：原告Xの夫 |

## 事 実 関 係

| 認 容 額 | | 100万円 | | |
|---|---|---|---|---|
| 請 求 額 | | 300万円 | | |
| 不貞までの家族・婚姻関係 | 婚姻生活の状況 | ― | | |
| | 不貞開始までの婚姻期間 | 18年 | | |
| | 同 居 の 有 無 | 別居（単身赴任） | | |
| | 子 の 人 数 | 2人 | | |
| 不 貞 の 態 様 | 不 貞 期 間 | 平15春～平17・2頃(2年) | 不 貞 回 数 | 継続的 |
| | 中 断 の 有 無 | 無 | 年 齢 差 | ― |
| 不貞の被害に関する事項 | 婚 姻 関 係 | 破綻の危機に瀕していると認定 | 別 居 の 有 無 | 同居 |
| | 備 考 | ― | | |
| 当 事 者の 態 様 | 請 求 相 手 | Y（不貞相手） | | |
| | 当事者の認識 | 既婚者及び子がいることの認識有 | | |
| | 不貞行為の主導 | 相互 | | |
| | 請 求 相 手 の経 済 力 等 | ― | | |
| | 妊 娠・出 産の 有 無 | 無 | | |

| 謝罪の有無 | 無 |
|---|---|
| その他考慮される事項 | ― |

### 算定のポイント

#### 減額要素

◆YとAの関係に照らし、YがAの自由な意思決定を拘束するような状態にあったとは認められず、AもYに好意を抱き自ら望んで不貞関係に及んだこと

◆Yとの不貞関係が継続していた間も、AのXに対する態度は少なくとも表面上は特段の変化がなく、AもYとの関係によって家庭を壊すことなどは考えておらず、XはAの単身赴任中には不貞の事実について何ら気付いていなかったものであって、Xの被った精神的打撃は、長年信頼してきたAの裏切りによるものが大きいと考えられること

◆YとAとの不貞関係は、Xにその関係が発覚するより前の平成17年夏頃には完全に解消されていること

◆Aは自らの責任を痛感し、今後一生かけてXと子供たちのために償いをしていく覚悟を決めており、Xはいまだ宥恕の気持ちには至っていないものの、一方でAに対して離婚を正式に申し入れることも慰謝料を請求することもしていないこと

◆Yにおいても本件に関連して諸々の負担を受けていると思われること

第1章　不貞相手のみを被告とする事例　　261

## [119]　不貞行為によって家庭生活が極めて大きな痛手を受けたとして慰謝料額を算定した事例

（東京地判平23・3・25（平21(ワ)34864））

**当事者**　原告Ｘ：Ａの妻、被告Ｙ：Ａの不貞相手（女性）、補助参加人Ａ：原告Ｘの夫

### 事 実 関 係

| 認　容　額 | | 300万円 | | |
|---|---|---|---|---|
| 請　求　額 | | 500万円 | | |
| 不貞までの家族・婚姻関係 | 婚姻生活の状況 | 婚姻関係が破綻していたとか、離婚の合意があった等というＹ・Ａの主張は認められない | | |
| | 不貞開始までの婚姻期間 | 15年 | | |
| | 同 居 の 有 無 | 別居（単身赴任） | | |
| | 子 の 人 数 | 2人 | | |
| 不 貞 の 態　様 | 不 貞 期 間 | 平20・6頃〜（継続）（3年） | 不 貞 回 数 | 継続的 |
| | 中 断 の 有 無 | 無 | 年 　齢　 差 | ― |
| 不貞の被害に関する事項 | 婚 姻 関 係 | 破綻 | 別 居 の 有 無 | ― |
| | 備　　　　考 | ― | | |
| 当 事 者の 態 様 | 請 求 相 手 | Ｙ（不貞相手） | | |
| | 当事者の認識 | 既婚の認識有 | | |
| | 不貞行為の主導 | ― | | |
| | 請 求 相 手 の経 済 力 等 | ― | | |

| | 妊娠・出産<br>の　有　無 | 無 |
|---|---|---|
| | 謝 罪 の 有 無 | ― |
| その他考慮される事項 | | ― |

### 算定のポイント

増額要素

◆YとAの不貞行為によって、XとAの婚姻関係が継続困難となったこと

◆Xが、本件不貞行為によって情緒不安定になり社会生活を送ることが困難になる程のうつ状態になり、その後も精神科に通院したこと

◆Aは、不貞発覚後、Xが婚姻費用分担の申立てをしたことをきっかけに、長男の教育について長男を高校に進学させず、中学卒業後に働かせる旨の発言をしたが、Xが、Aが不貞行為をきっかけに長男に高校進学を断念させることまで言及したことに強い衝撃を受けたこと

◆本件不貞行為によって、長女が強いストレスを受けてパニック症になり精神科に通院し、Xが、長女が体調を崩したことにより強い衝撃を受けたこと

第1章　不貞相手のみを被告とする事例　　263

[120]　不貞行為直前に、不貞配偶者である夫が不貞相手に別居や離婚調停
　　　申立ての事実などを聞かせていた事例

（東京地判平24・7・24（平22（ワ）21529））

当 事 者　原告Ｘ：Ａの妻、被告Ｙ：不貞相手（女性）、補助参加人Ａ：原告
　　　　　Ｘの夫

事 実 関 係

| 認 容 額 | | 150万円 | | |
|---|---|---|---|---|
| 請 求 額 | | 500万円 | | |
| 不貞まで<br>の家族・<br>婚姻関係 | 婚姻生活の状況 | 不貞行為の時点で、破綻していたとは認められない | | |
| | 不貞開始まで<br>の 婚 姻 期 間 | 約12年半 | | |
| | 同 居 の 有 無 | 別居 | | |
| | 子 の 人 数 | 1人 | | |
| 不 貞 の<br>態　　様 | 不 貞 期 間 | 平22・2・19～平22・<br>4・2（2か月足らず） | 不 貞 回 数 | 複数回 |
| | 中 断 の 有 無 | 無 | 年 齢 差 | 10歳 |
| 不貞の被<br>害に関す<br>る 事 項 | 婚 姻 関 係 | 破綻 | 別 居 の 有 無 | 別居（不貞発覚後、<br>別居と同居を繰り<br>返し、結果として<br>別 居 に 至 ってい<br>る） |
| | 備　　　　考 | 夫が夫婦関係調整調停を2度申し立てており、1度目は円<br>満成立、2度目は不成立 | | |
| 当 事 者<br>の 態 様 | 請 求 相 手 | Ｙ（不貞相手） | | |
| | 当事者の認識 | 既婚者であることの認識があった | | |

| | 不貞行為の主導 | ― |
|---|---|---|
| | 請求相手の経済力等 | 司法書士事務所に勤務 |
| | 妊娠・出産の有無 | ― |
| | 謝罪の有無 | ― |
| その他考慮される事項 | | ― |

### 算定のポイント

#### 増額要素

◆不貞関係が婚姻関係の破綻に影響したこと
◆夫婦間に未成熟子がいること

#### 減額要素

◆Aは短期間の家出を繰り返し、不貞行為の直前にはXと別居し離婚調停を申し立てていたなど、婚姻関係はかねてから円満さを欠いており、Yはこれを聞かされて不貞関係に入ったこと
◆不貞行為の期間がわずか2か月足らずと短期間であること

第1章　不貞相手のみを被告とする事例　　265

[121]　過去に原告である元夫の不貞があったことが元妻の本件不貞行為につながっていることを慰謝料算定の際の考慮要素（減額要素）とした事例　　（東京地判平24・7・31（平23(ワ)27038・平24(ワ)3466)）

当事者　原告X：Aの元夫、被告Y：Aの不貞相手（男性）、A：原告Xの元妻

事実関係

| 認　容　額 | 100万円 | | |
|---|---|---|---|
| 請　求　額 | 300万円 | | |
| 不貞までの家族・婚姻関係 | 婚姻生活の状況 | 破綻していたとは認められない | |
| | 不貞開始までの婚姻期間 | 約17年 | |
| | 同居の有無 | 同居 | |
| | 子の人数 | 2人 | |
| 不貞の態様 | 不貞期間 | 平23・4〜平23・6（2か月） | 不貞回数 | ― |
| | 中断の有無 | ― | 年齢差 | ― |
| 不貞の被害に関する事項 | 婚姻関係 | 破綻（離婚） | 別居の有無 | 別居 |
| | 備考 | ― | | |
| 当事者の態様 | 請求相手 | Y（不貞相手） | |
| | 当事者の認識 | 既婚者の認識有 | |
| | 不貞行為の主導 | ― | |
| | 請求相手の経済力等 | 現場作業担当者 | |
| | 妊娠・出産の有無 | ― | |

| | 謝 罪 の 有 無 | — |
|---|---|---|
| その他考慮される事項 | | — |

算定のポイント

増額要素

◆不貞行為を契機に離婚に至り、Ｘが離婚により配偶者及び子らとの生活を失ったこと

◆Ｙが不貞行為を否認するだけでなく、Ｘの本訴提起自体が不法行為であるとして、反訴を提起して争ったこと

減額要素

◆Ｘ自身、過去にＡに対する不貞行為を行っており、Ａがこれを許したといっても、Ｘの同行為によるＡの心痛もまた大きかったと推認され、これによるＡのＸに対する不満や不信がＡとＹとの不貞行為につながったことが容易に推認されること

◆ＹとＡの不貞発覚後、Ｘが不貞を理由にＡを殴打するなどの暴力を振るったり、Ｘのもとに戻るとのＡの言葉を信じず、何日もＡを非難したり、Ｙに対し危害を加える旨を伝えて自宅を出るなど、Ａを精神的に苦しめる行動をとったこと

◆不貞行為が短期間にとどまったこと

第1章　不貞相手のみを被告とする事例　267

[122]　不貞行為のみならず、不貞相手が不貞配偶者である夫から精子提供を受けて人工授精を受けたことが、妻の婚姻共同生活の平和を侵害する不法行為であるとされた事例　（東京地判平24・11・12（平23（ワ）31422））

当事者　原告Ｘ：Ａの妻、被告Ｙ：Ａの不貞相手（女性）、Ａ：原告Ｘの夫

事　実　関　係

| 認 容 額 | | 200万円 | | |
|---|---|---|---|---|
| 請 求 額 | | 8,000万円 | | |
| 不貞までの家族・婚姻関係 | 婚姻生活の状況 | 婚姻後30年を経過するまで具体的に離婚について協議したことはなかった | | |
| | 不貞開始までの婚姻期間 | 約30年 | | |
| | 同居の有無 | 同居 | | |
| | 子の人数 | 1人 | | |
| 不貞の態様 | 不貞期間 | 平19・10〜（少なくとも平23・3・3までは継続）（約3年5か月） | 不貞回数 | 複数回 |
| | 中断の有無 | 無 | 年齢差 | 24歳 |
| 不貞の被害に関する事項 | 婚姻関係 | 破綻（認定無） | 別居の有無 | 別居 |
| | 備考 | — | | |
| 当事者の態様 | 請求相手 | Ｙ（不貞相手） | | |
| | 当事者の認識 | — | | |
| | 不貞行為の主導 | — | | |
| | 請求相手の経済力等 | — | | |

| 妊娠・出産の有無 | 1人（平成23年に人工授精により出生） |
| --- | --- |
| 謝罪の有無 | ― |
| その他考慮される事項 | ― |

## 算定のポイント

### 増額要素

◆平成19年10月以降に不貞行為をし、少なくとも数回にわたって不貞行為に及んだこと

◆Aからの精子の提供によるYの人工授精は、不貞行為とは外形的にも質的にも異なる要素があるとしても、AがYとの間で子をもうけるだけの関係を築き、実際にも子が生まれる可能性のある行為に及ぶことは、いわば夫婦同様の関係があるといえるのであって、婚姻共同生活の維持を求める権利を有するXにとって、不貞行為に等しいか、これを超える大きな苦痛が生じたというべきこと

### 減額要素

◆Aが平成19年10月以降、別居を始め、その頃からAとXとの婚姻関係が必ずしも良好でなかったこと

第1章　不貞相手のみを被告とする事例　　269

## [123]　別居後の不貞行為についても不法行為が成立するとした事例

（東京地判平25・5・30（平24(ワ)3273））

| 当 事 者 | 原告X：Aの夫、被告Y：Aの不貞相手（男性）、A：原告Xの妻 |

### 事 実 関 係

| 認 容 額 | | 200万円 | | |
|---|---|---|---|---|
| 請 求 額 | | 600万円 | | |
| 不貞までの家族・婚姻関係 | 婚姻生活の状況 | 不貞開始時、必ずしも円満ではなかったものの、既に破綻していたとは認められない | | |
| | 不貞開始までの婚姻期間 | 約13年 | | |
| | 同居の有無 | 同居（別居時期と不貞開始時期が同時期と認定されている） | | |
| | 子の人数 | 2人 | | |
| 不貞の態様 | 不貞期間 | 平21・8・14〜（継続）（3年） | 不貞回数 | ― |
| | 中断の有無 | ― | 年齢差 | 18歳 |
| 不貞の被害に関する事項 | 婚姻関係 | 破綻 | 別居の有無 | 別居 |
| | 備考 | ― | | |
| 当事者の態様 | 請求相手 | Y（不貞相手） | | |
| | 当事者の認識 | ― | | |
| | 不貞行為の主導 | ― | | |
| | 請求相手の経済力等 | ― | | |
| | 妊娠・出産の有無 | ― | | |

| 謝 罪 の 有 無 | — |
| その他考慮される事項 | — |

### 算定のポイント

**増額要素**

◆XとAとの婚姻関係が破綻していたとは認められず、YとAが同棲していることがXに発覚したことにより、XとAの婚姻関係が危機に瀕していること
◆不貞行為の態様が同棲という態様であること

**減額要素**

◆XとAの婚姻関係が必ずしも円満ではなかったことにXの帰責性がないということができないこと

第1章　不貞相手のみを被告とする事例　　271

## [124]　不貞による離婚の財産分与が慰謝料算定において考慮された事例

（東京地判平25・12・17（平24(ワ)34933））

当事者｜原告Ｘ：Ａの元妻、被告Ｙ：Ａの不貞相手（女性）、Ａ：原告Ｘの元夫

## 事 実 関 係

| 認　容　額 | | 160万円 | | |
|---|---|---|---|---|
| 請　求　額 | | 300万円 | | |
| 不貞までの家族・婚姻関係 | 婚姻生活の状況 | ・通常の夫婦と異ならない関係にあった<br>・認定された不貞行為始期前に、Ａが長男に対して離婚を考えている旨告げたことはあったが、その後、Ｘとの間で離婚に向けて具体的な協議を行ったことをうかがわせる事実はなく、婚姻関係が破綻していたということはできない | | |
| | 不貞開始までの婚姻期間 | ・当初の婚姻からは約47年<br>・再婚時からは約35年 | | |
| | 同居の有無 | 同居 | | |
| | 子の人数 | 1人 | | |
| 不貞の態様 | 不貞期間 | 平24・5〜平24・8（約3〜4か月） | 不貞回数 | — |
| | 中断の有無 | 無 | 年齢差 | 7歳 |
| 不貞の被害に関する事項 | 婚姻関係 | 破綻（離婚） | 別居の有無 | 別居 |
| | 備　　考 | — | | |
| 当事者の態様 | 請求相手 | Ｙ（不貞相手） | | |
| | 当事者の認識 | 既婚者の認識有 | | |
| | 不貞行為の主導 | | | |

| | 請求相手の経済力等 | カラオケ店での接客業 |
|---|---|---|
| | 妊娠・出産の有無 | — |
| | 謝罪の有無 | — |
| その他考慮される事項 | | — |

## 算定のポイント

### 増額要素

◆不貞行為に起因して婚姻関係が破綻していること

◆XとAとの婚姻期間（再婚した昭和52年9月から約35年間）が長いこと

◆AとYが不貞関係に至った経緯（Yが勤務するカラオケ店で客と店員という関係で懇意になり、AがYと同居するようになった）

### 減額要素

◆Aが離婚に当たってXに対し財産分与したこと

※不貞期間も考慮要素となっているが、増額事由なのか減額事由なのかはわからない。なお、XとAの離婚により、不貞期間自体は約3〜4か月と短期間となっている。

第1章　不貞相手のみを被告とする事例　　273

[125]　婚姻破綻の原因は不貞行為よりも不貞配偶者の行動そのものによるところが大きいとして、同配偶者の行動も踏まえて慰謝料額を算定した事例　　　　　　　　　　　　　（東京地判平26・5・16（平24(ワ)30850））

当 事 者　原告X：Aの夫、被告Y：Aの不貞相手（男性）、A：原告Xの妻

事 実 関 係

| 認　容　額 | | 200万円 | | |
|---|---|---|---|---|
| 請　求　額 | | 1,000万円 | | |
| 不貞まで の家族・ 婚姻関係 | 婚姻生活の状況 | Aの内心は別として、外形的には円満な婚姻関係を営んでいたことは、A自身の認めるところであり、婚姻関係は破綻していない | | |
| | 不貞開始まで の 婚 姻 期 間 | 約11年 | | |
| | 同 居 の 有 無 | 同居 | | |
| | 子 の 人 数 | ― | | |
| 不 貞 の 態　様 | 不 貞 期 間 | 平24・7・8〜平24・ 12・13（約5か月） | 不 貞 回 数 | ― |
| | 中 断 の 有 無 | 無 | 年　齢　差 | ― |
| 不貞の被 害に関す る 事 項 | 婚 姻 関 係 | 破綻（離婚調停中） | 別 居 の 有 無 | 別居 |
| | 備　　　考 | ― | | |
| 当 事 者 の 態 様 | 請 求 相 手 | Y（不貞相手） | | |
| | 当事者の認識 | 既婚者の認識有 | | |
| | 不貞行為の主導 | ― | | |
| | 請 求 相 手 の 経 済 力 等 | ― | | |

| | 妊 娠 ・ 出 産 の 有 無 | ― |
| --- | --- | --- |
| | 謝 罪 の 有 無 | ― |
| その他考慮される事項 | | ― |

### 算定のポイント

**増額要素**

◆不貞行為後に婚姻関係が破綻したこと（離婚を前提として調停で協議中）

◆XとAとの婚姻関係が別居までに11年余り継続していること

◆YとAの同居期間が約5か月であり、Yが本件訴訟係属後も平成24年12月3日に救急搬送されるまでは同居を続けていたこと

**減額要素**

◆AからYに同居を働きかけたこと

◆Aは、別居する当日まで、Xとの間では円満な婚姻関係にあるように装い、別居すると同時に離婚を求めたのであるから、XとAとの婚姻関係が破綻した原因はYとの不貞行為よりはAの行動そのものによるところが大きいこと

第1章　不貞相手のみを被告とする事例　　275

[126]　同居を命じる審判が不貞配偶者に出ているにもかかわらず、不貞配偶者と不貞相手とが同居を継続していることを慰謝料額の算定において考慮した事例　　（東京地判平26・5・19（平25（ワ）24067））

当　事　者　原告X：Aの妻、被告Y：Aの不貞相手（女性）、A：原告Xの夫

### 事　実　関　係

| 認　容　額 | | 300万円 | | |
|---|---|---|---|---|
| 請　求　額 | | 1,000万円 | | |
| 不貞までの家族・婚姻関係 | 婚姻生活の状況 | ― | | |
| | 不貞開始までの婚姻期間 | 約15年 | | |
| | 同居の有無 | 別居（平成24年2月～Aが大阪で単身赴任） | | |
| | 子の人数 | 2人 | | |
| 不貞の態様 | 不貞期間 | 平24・4～（継続）（約2年） | 不貞回数 | 継続的 |
| | 中断の有無 | 無 | 年齢差 | 5歳 |
| 不貞の被害に関する事項 | 婚姻関係 | 破綻（Aは、家庭裁判所のXとの同居を命じる審判を無視してYとの同居を継続） | 別居の有無 | 別居 |
| | 備考 | Xの心情としては完全には破綻したとは認識していないとあるが、AにXとの同居を命じる審判が出てもAは同居していない等の事情があり、実質的には破綻と捉えられる | | |
| 当事者の態様 | 請求相手 | Y（不貞相手） | | |
| | 当事者の認識 | 既婚者の認識有 | | |

| | 不貞行為の主導 | — |
|---|---|---|
| | 請 求 相 手 の 経 済 力 等 | 派遣社員 |
| | 妊 娠 ・ 出 産 の 有 無 | — |
| | 謝 罪 の 有 無 | — |
| その他考慮される事項 | | — |

### 算定のポイント

#### 増額要素

◆Yにおいて、Aに妻子がいることを知りながらAと同居を継続し、現時点においてもその状況が改まらないこと（東京家裁において、平成26年1月24日付でAにX住所地においてXとの同居を命じる審判がなされ、同審判に対して、Aが東京高裁に抗告したものの、平成26年2月28日に抗告が棄却されている）

#### 減額要素

◆Xの心情としてはなお、Aとの婚姻関係が完全に破綻したとは認識しておらず、離婚を求めるものではないこと

第1章　不貞相手のみを被告とする事例　　277

[127]　認定された不貞行為自体は1回であるが、不貞行為の婚姻関係への影響等を踏まえ180万円の慰謝料が認定された事例

（東京地判平26・12・4（平25（ワ）31255））

当事者　原告Ｘ：Ａの妻、被告Ｙ：Ａの不貞相手（女性）、Ａ：原告Ｘの夫

### 事実関係

| 認　容　額 | | 180万円 | | |
|---|---|---|---|---|
| 請　求　額 | | 600万円 | | |
| 不貞までの家族・婚姻関係 | 婚姻生活の状況 | 破綻していたとは認められない | | |
| | 不貞開始までの婚姻期間 | 約19年 | | |
| | 同居の有無 | 当初同居、平成25年6月22日からは別居 | | |
| | 子の人数 | 2人 | | |
| 不貞の態様 | 不貞期間 | 平25・6・26 ※平25・8・28までは会っていたと認定されているが、明確に不貞行為があったと認定されているのは平25・6・26の1回のみ | 不貞回数 | 1回 |
| | 中断の有無 | 無 | 年齢差 | 1歳 |
| 不貞の被害に関する事項 | 婚姻関係 | 破綻(離婚訴訟中（Aによる提起)) | 別居の有無 | 別居 |
| | 備考 | － | | |
| 当事者の態様 | 請求相手 | Ｙ（不貞相手) | | |
| | 当事者の認識 | 既婚者との認識有 | | |
| | 不貞行為の主導 | － | | |

| | 請求相手の経済力等 | ― |
|---|---|---|
| | 妊娠・出産の有無 | ― |
| | 謝罪の有無 | ― |
| その他考慮される事項 | | ― |

### 算定のポイント

#### 増額要素

◆Yは、Aと不貞行為に及んだことにより、Xの婚姻関係上の利益を侵害し、XとAとの婚姻関係を破綻に至らせる状態を招いたというべきこと

◆YがAと不貞行為に及んだ時点でXとAとの婚姻関係は約19年以上継続していたこと

◆Xと同居している子らの精神的苦痛や心理的動揺等も看過できないこと

#### 減額要素

◆YがAと不貞行為に及んだ時点で、XとAとの婚姻関係は、婚姻期間中のXの言動等を原因として、必ずしも円満とはいえない状態であった

◆YはAと親しく付き合う中で平成25年6月26日に不貞行為に及んでいるが、それ以上にYが長期かつ複数回にわたりAと不貞行為を行っていたとまで認めるに足りる証拠はない

第1章　不貞相手のみを被告とする事例　279

[128]　不貞配偶者の主導により不貞が開始され、不貞相手が妊娠・出産したことを考慮して慰謝料額を算定した事例

（東京地判平27・2・27（平26（ワ）15264））

| 当 事 者 | 原告Ｘ：Ａの妻、被告Ｙ：Ａの不貞相手、Ａ：原告Ｘの夫 |

事 実 関 係

| 認　容　額 | | 270万円 | | |
|---|---|---|---|---|
| 請　求　額 | | 1,000万円 | | |
| 不貞までの家族・婚姻関係 | 婚姻生活の状況 | ・Ａには、Ｘと離婚する意思はなく、Ｘに離婚や別居の話をするなどの離婚に向けた具体的な行動に出ず、Ｘとの同居を続けていた<br>・Ｘは、Ａが外泊や夜出かけることが多く、一緒に過ごせる時間が少ないことに寂しさを感じていたものの、Ａが趣味の夜釣りや歯科医仲間の付き合いで出かけていると信じ、子らのためにも寂しさを我慢して、Ａとの婚姻関係を続けようと考え、Ａに対して外泊等をとがめることもなく、Ａとの同居を続けていた | | |
| | 不貞開始までの 婚 姻 期 間 | 11年 | | |
| | 同 居 の 有 無 | 同居 | | |
| | 子 の 人 数 | 2人 | | |
| 不 貞 の 態　　様 | 不 貞 期 間 | 平16頃～平26・4頃（約10年） | 不 貞 回 数 | 複数回 |
| | 中 断 の 有 無 | 無 | 年 　齢 　差 | － |
| 不貞の被害に関する事項 | 婚 姻 関 係 | 破綻（離婚調停中） | 別居の有無 | 同居 |
| | 備　　　考 | 子らのため同居しているが離婚調停中 | | |

| 当事者の態様 | 請求相手 | Y（不貞相手） |
|---|---|---|
| | 当事者の認識 | 有 |
| | 不貞行為の主導 | Aの主導により開始、継続 |
| | 請求相手の経済力等 | － |
| | 妊娠・出産の有無 | 妊娠・出産あり。認知 |
| | 謝罪の有無 | 有 |
| その他考慮される事項 | | YはAの「婚姻関係は破綻している」との言葉を信じていた（裁判所は過失有と認定） |

算定のポイント

増額要素

◆不貞期間が10年間と長期に及ぶこと
◆週に2回という頻度で関係を続けてきたこと
◆YがAとの間に子をもうけていたこと
◆YがXらの自宅と同じ建物内でAが営む歯科医院で5年間稼働していたこと
◆YがAから給料、養育費、生活費の援助として月20万円〜35万円程度を受け取っていたこと
◆Xらの婚姻期間は20年に及ぶこと
◆XとAとの間には、未成年の子が2人いること
◆Xは、YとAとの長期間の不貞関係、子の出生及び認知、Yらへの生活援助等の事実を知り、強いショックを受けて、離婚調停を申し立てるに至ったこと

減額要素

◆Y及びAが、不貞行為発覚後、不貞関係を解消し、訴訟においてXや子らに対しても申し訳なく思っている旨述べたこと
◆AとXは、現在、離婚調停中ではあるものの、不貞行為発覚から約4か月が経過した平成26年10月7日の時点において、夫婦生活は現在に至るまで継続している旨述べていること

第1章　不貞相手のみを被告とする事例　　281

◆Ｘ及びＡは現在まで同居を続け、子らの前では普通の夫婦として振る舞っていること

◆上記事実に照らせば、婚姻関係が修復不可能な程度に破綻に至ったとは認められないこと

◆ＡとＹとの不貞行為は、Ｘの配偶者であるＡの主導により開始され継続していたと認められること

[129] 性的関係の有無は明らかでないが、他者と婚姻関係にある者と同居生活を続けることは不法行為であると認めた事例

(東京地判平27・5・27（平26(ワ)8743））

当 事 者　原告X：Aの妻、被告Y：Aの不貞相手（女性）、A：原告Xの夫

事 実 関 係

| 認 容 額 | 300万円 | | |
|---|---|---|---|
| 請 求 額 | 500万円 | | |
| 不貞までの家族・婚姻関係 | 婚姻生活の状況 | AがXと性的関係を持つことは、まれであったが、XとAとは、けんかもしながら、毎年のように共に旅行するなどして、生活してきた。スキーをするために平成19年・平成21年に旅行をした | |
| | 不貞開始までの婚姻期間 | 15年 | |
| | 同 居 の 有 無 | 同居 | |
| | 子 の 人 数 | 4人（Xの前夫との子3人、Aの前妻との子1人とそれぞれ養子縁組） | |
| 不 貞 の 態 様 | 不 貞 期 間 | 平22・4頃〜（継続）（同居期間5年） | 不 貞 回 数 | ― |
| | 中 断 の 有 無 | 無 | 年 齢 差 | ― |
| 不貞の被害に関する事項 | 婚 姻 関 係 | 破綻 | 別 居 の 有 無 | 別居 |
| | 備 考 | YとAはY宅において同居 | | |
| 当 事 者の 態 様 | 請 求 相 手 | Y（不貞相手） | | |
| | 当事者の認識 | 有 | | |
| | 不貞行為の主導 | ― | | |
| | 請求相手の経 済 力 等 | 年収280万円前後 | | |

第1章　不貞相手のみを被告とする事例　　283

| | 妊娠・出産の有無 | ― |
|---|---|---|
| | 謝罪の有無 | ― |
| その他考慮される事項 | | 不貞の有無は明らかでないが、Yが、Xと婚姻関係にあるAと同居生活を継続していたことが不法行為 |

### 算定のポイント

増額要素

◆XとAとの婚姻期間

◆X及びAが、それぞれ相手の連れ子と養子縁組をしていること

◆XとAが居住していた土地建物はXとAの共有になっており、土地建物の取得・新築のためにX所有マンションに抵当権が設定されるなど、財産関係でも密接な関係にあること

◆Aが設立した株式会社の経営にもXは深く関与していること

◆Yが、Aと別れることに対して否定的であること

減額要素

◆YとAとの関係において、Yが主導的立場にあるとはみられないこと

第1章　不貞相手のみを被告とする事例

[130]　不貞相手の主張する婚姻関係破綻等の慰謝料減額事由が認められなかった事例

（東京地判平27・9・8（平26（ワ）24560））

| 当事者 | 原告Ｘ：Ａの妻、被告Ｙ：Ａの不貞相手（女性）、Ａ：原告Ｘの夫 |

## 事実関係

| | | | | | |
|---|---|---|---|---|---|
| 認　容　額 | | 90万円 | | | |
| 請　求　額 | | 250万円 | | | |
| 不貞までの家族・婚姻関係 | 婚姻生活の状況 | Ｘは平成23年9月にＡと共にハワイに海外旅行し、同年末にはＡと共に韓国の実家に帰省しているから、これらは当時ＸとＡとの関係が良好であったことを裏付けるものというべきである | | | |
| | 不貞開始までの婚姻期間 | 10年 | | | |
| | 同居の有無 | 同居 | | | |
| | 子の人数 | 1人 | | | |
| 不貞の態様 | 不貞期間 | 平23・8中旬～平26・3下旬（約2年半） | 不貞回数 | | ― |
| | 中断の有無 | 無 | 年齢差 | | ― |
| 不貞の被害に関する事項 | 婚姻関係 | 破綻 | 別居の有無 | | 別居 |
| | 備考 | ― | | | |
| 当事者の態様 | 請求相手 | Ｙ（不貞相手） | | | |
| | 当事者の認識 | 有（平23・9～） | | | |
| | 不貞行為の主導 | Ｙは受動的であったとはいえない | | | |
| | 請求相手の経済力等 | ― | | | |
| | 妊娠・出産の有無 | 無 | | | |

| | 謝 罪 の 有 無 | — |
|---|---|---|
| その他考慮される事項 | | — |

## 算定のポイント

増額要素

◆婚姻関係が実質的に破綻に至ったのは、不貞行為によること

◆XとAは平成13年5月に婚姻して以降、本件口頭弁論終結時（平成27年7月30日）までの婚姻期間は約14年に及ぶこと

◆XとAとの間にはまだ幼い長女がいること

◆XとAとの不貞行為は、平成23年9月初旬から起算してもYがAとの関係を解消したと主張する平成26年3月まで約2年半継続していること

※Xが本件訴えを提起した平成26年9月頃は、XとAの間の夫婦関係は相当冷え込んでいたものの同居を継続しており、その後の平成27年頃になって両者は別居するに至ったものであるが、いまだ離婚するに至っていないこと（減額要素かどうか不明確）

※Aが独身であると偽ったことや、婚姻関係が破綻していると説明したことは減額事由には当たらない、とされた。

[131] 不貞行為について証拠上明らかな2回のみを認定して慰謝料額を算定した事例 （東京地判平27・9・11（平25（ワ）25448））

| 当事者 | 原告Ｘ：Ａの妻、被告Ｙ：Ａの不貞相手（女性）、Ａ：原告Ｘの夫 |
| --- | --- |

## 事実関係

| | | | | |
| --- | --- | --- | --- | --- |
| 認 容 額 | | 130万円 | | |
| 請 求 額 | | 500万円 | | |
| 不貞までの家族・婚姻関係 | 婚姻生活の状況 | Ａは、Ｘ以外の女性と関係を持ちトラブルを起こすことがあったところ、そのようなトラブルによって夫婦仲が危機に陥る時期があっても夫婦の共同生活は存続してきた | | |
| | 不貞開始までの婚姻期間 | 25年 | | |
| | 同居の有無 | 同居 | | |
| | 子の人数 | 1人 | | |
| 不貞の態様 | 不貞期間 | 平22・12・18、平23・9・18 | 不貞回数 | 2回（証拠上明らかな回数） |
| | 中断の有無 | － | 年齢差 | 1歳 |
| 不貞の被害に関する事項 | 婚姻関係 | 破綻（離婚訴訟中） | 別居の有無 | 別居 |
| | 備考 | － | | |
| 当事者の態様 | 請求相手 | Ｙ（不貞相手） | | |
| | 当事者の認識 | 有 | | |
| | 不貞行為の主導 | － | | |
| | 請求相手の経済力等 | － | | |
| | 妊娠・出産の有無 | 無 | | |

第1章　不貞相手のみを被告とする事例　　287

| 謝 罪 の 有 無 | ― |
|---|---|
| その他考慮される事項 | ― |

### 算定のポイント

増額要素

◆不法行為時点において、婚姻期間が20年以上継続していること

◆子供がいること

減額要素

◆AとYとの不貞行為は証拠上明らかな回数としては、2回しかないこと

◆不貞行為後Aが家を出て別居したが、Yとの不貞関係が直接的原因であるとまで認めるに足りる証拠はないこと

※現在は、XとAとの間で離婚訴訟が係属中であること（増額要素かどうか不明確）

第1章　不貞相手のみを被告とする事例

[132]　不貞相手が、元妻の来場が予期された不貞配偶者のライブに出席し
　　　たことも、不貞行為と併せ考慮すれば、不法行為の一部を構成すると
　　　認定し慰謝料を算定した事例　　　（東京地判平27・9・11（平26(ワ)9971））

当事者　原告X：Aの元妻、被告Y：Aの不貞相手（女性）、A：原告Xの
　　　　元夫

事　実　関　係

| 認　容　額 | | 120万円 | | |
|---|---|---|---|---|
| 請　求　額 | | 300万円 | | |
| 不貞までの家族・婚姻関係 | 婚姻生活の状況 | ・Aがミュージシャンとして全国を巡っていたことや、Xがアマゾンの森林保護活動を行っていたことから、XとAとの同居期間は婚姻期間と比べれば長くはないかもしれないが、両人は同じ家に住みつつそこから離れて生活している期間が長いという側面がある<br>・平成26年4月までは婚姻関係を終了させる意思はなく、それまで夫婦として生活していたことが認められる | | |
| | 不貞開始までの婚姻期間 | 27年 | | |
| | 同居の有無 | 同居 | | |
| | 子の人数 | 1人 | | |
| 不貞の態様 | 不貞期間 | 平10頃〜平23・2（13年間） | 不貞回数 | 年に1〜3回程度 |
| | 中断の有無 | 無 | 年齢差 | ― |
| 不貞の被害に関する事項 | 婚姻関係 | 破綻（離婚） | 別居の有無 | 別居 |
| | 備　考 | ― | | |
| 当事者の態様 | 請求相手 | Y（不貞相手） | | |
| | 当事者の認識 | 有 | | |

第1章　不貞相手のみを被告とする事例　　　289

| | 不貞行為の主導 | — |
|---|---|---|
| | 請 求 相 手 の 経 済 力 等 | — |
| | 妊 娠 ・ 出 産 の 有 無 | 無 |
| | 謝 罪 の 有 無 | — |
| その他考慮される事項 | | — |

### 算定のポイント

#### 増額要素

◆XとAが協議離婚に至った主たる要因は、YとAとの不貞関係にあること

◆AとYとの不貞関係が長期にわたっていたこと

◆Xが、Yに対して、Aとの不貞関係に関してYを非難する内容を記載した手紙を出して以降も、YはXが来場することが予期されたライブに顔を出すなどXに精神的苦痛を与える行為をしていたこと（不貞行為と併せ考慮すれば、この行為も不法行為の一部を構成すると認定）

#### 減額要素

◆AとYが最後に肉体関係を持ったと認められる時期から提訴までかなりの期間が経過していること

**第1章　不貞相手のみを被告とする事例**

## ［133］　不貞行為の頻度等が認定できないことを考慮して慰謝料額を決定した事例

（東京地判平27・9・17（平26(ワ)6665））

| 当事者 | 原告X：Aの妻、被告Y：Aの不貞相手（女性）、A：原告Xの夫 |

### 事実関係

<table>
<tr><td colspan="2">認　容　額</td><td colspan="3">150万円</td></tr>
<tr><td colspan="2">請　求　額</td><td colspan="3">300万円</td></tr>
<tr><td rowspan="4">不貞までの家族・婚姻関係</td><td>婚姻生活の状況</td><td colspan="3">XとAは、性交渉は10年以上前からなかったが、平成18年までは二人で海外旅行へ出かけ、平成20年にXが2か月間入院した際にはAは連日見舞いに訪れ、その後も平成24年頃までは、子らや孫らと共に自宅や別荘で折々の行事を行うなど、特段目立った問題なく婚姻生活を営んでいた</td></tr>
<tr><td>不貞開始までの婚姻期間</td><td colspan="3">41年</td></tr>
<tr><td>同居の有無</td><td colspan="3">同居</td></tr>
<tr><td>子の人数</td><td colspan="3">2人</td></tr>
<tr><td rowspan="2">不貞の態様</td><td>不貞期間</td><td>平25・7・13〜（継続）<br>（2年）</td><td>不貞回数</td><td>―</td></tr>
<tr><td>中断の有無</td><td>無</td><td>年齢差</td><td>17歳</td></tr>
<tr><td rowspan="2">不貞の被害に関する事項</td><td>婚姻関係</td><td>破綻</td><td>別居の有無</td><td>別居</td></tr>
<tr><td>備考</td><td colspan="3">―</td></tr>
<tr><td rowspan="4">当事者の態様</td><td>請求相手</td><td colspan="3">Y（不貞相手）</td></tr>
<tr><td>当事者の認識</td><td colspan="3">有</td></tr>
<tr><td>不貞行為の主導</td><td colspan="3">―</td></tr>
<tr><td>請求相手の経済力等</td><td colspan="3">―</td></tr>
</table>

| | 妊娠・出産の有無 | 無 |
|---|---|---|
| | 謝罪の有無 | ― |
| その他考慮される事項 | | ― |

算定のポイント

増額要素

◆Aが自宅を出て別居するに至ってから約2年が経過し、さらに、本件の審理において、AがY側証人として出廷し供述するに至った現時点においては、XとAとの婚姻関係はほぼ破綻していると認められること

減額要素

◆不貞関係の認定は、平成25年7月13日以降に限られ、その頻度等も明らかでないこと
◆平成25年7月13日の不貞行為当時はもとより、YがAと交際を開始した平成24年春頃においてもXとAとの夫婦関係はXが認識していたほどに円満ではなかったこと
◆子らがいずれも成人していること

# 第1章 不貞相手のみを被告とする事例

[134] 夫婦の子3人のうち未成熟子が1人であることが考慮されて慰謝料額が認定された事例

（東京地判平27・12・15（平26(ワ)23268・平27(ワ)7845））

当 事 者 原告Ｘ：Ａの妻、被告Ｙ：Ａの不貞相手（女性）、Ａ：原告Ｘの夫

## 事 実 関 係

| | | | | |
|---|---|---|---|---|
| 認 容 額 | | 90万円 | | |
| 請 求 額 | | 500万円 | | |
| 不貞までの家族・婚姻関係 | 婚姻生活の状況 | 平成25年7月以前においては、Ａは出張や旅行以外は自宅に毎晩帰宅しており、外泊することはなかった | | |
| | 不貞開始までの婚姻期間 | 25年 | | |
| | 同 居 の 有 無 | 同居 | | |
| | 子 の 人 数 | 3人（うち未成熟子1人） | | |
| 不貞の態様 | 不 貞 期 間 | 平25・7頃～平26・8頃（約1年余・ただし平成26年2月以前の行為については、Ｙに故意・過失はないと認定されている） | 不 貞 回 数 | ― |
| | 中 断 の 有 無 | 無 | 年 齢 差 | 16歳 |
| 不貞の被害に関する事項 | 婚 姻 関 係 | 破綻 | 別 居 の 有 無 | 別居 |
| | 備 考 | ― | | |
| 当事者の態様 | 請 求 相 手 | Ｙ（不貞相手） | | |
| | 当事者の認識 | 有（平26・2～） | | |
| | 不貞行為の主導 | ― | | |

第1章　不貞相手のみを被告とする事例　293

| | 請求相手の経済力等 | ホステス |
|---|---|---|
| | 妊娠・出産の有無 | 無 |
| | 謝罪の有無 | 無 |
| その他考慮される事項 | | ― |

### 算定のポイント

**増額要素**

◆不貞行為によりXとAが別居するに至り、婚姻関係が実質的に破綻したのは明らかであること

◆XとAの婚姻期間は平成26年8月の時点において25年半に及ぶこと

◆YがXを直接侮辱し、また侮辱する内容のメールを送ったこと

**減額要素**

◆XとAは口頭弁論終結時においてもいまだ離婚に至らず、離婚調停すら申し立てていないこと

◆平成26年2月当時では、3人の子のうち未成熟子は1人であること

◆不法行為が継続した期間は6か月程度にすぎないこと

[135]　不貞相手の女性が、夫からパワハラを受けていただけであるとして不法行為性を争ったが、パワハラの事実は認められないとして慰謝料請求が認められた事例　　　　　　（東京地判平28・2・1（平26（ワ）31004））

当事者　原告Ｘ：Ａの妻、被告Ｙ：Ａの不貞相手（女性）、Ａ：原告Ｘの夫

## 事 実 関 係

| 認 容 額 | | 250万円 | | |
|---|---|---|---|---|
| 請 求 額 | | 500万円 | | |
| 不貞までの家族・婚姻関係 | 婚姻生活の状況 | Ｘは不妊治療をするなど円満 | | |
| | 不貞開始までの婚姻期間 | 13年 | | |
| | 同 居 の 有 無 | 同居 | | |
| | 子 の 人 数 | 無 | | |
| 不 貞 の 態 様 | 不 貞 期 間 | 平22・7・23〜平25・11（3年4か月） | 不 貞 回 数 | 月に1、2回 |
| | 中 断 の 有 無 | 有（約1年間） | 年 齢 差 | ― |
| 不貞の被害に関する事項 | 婚 姻 関 係 | 破綻 | 別 居 の 有 無 | 家庭内別居 |
| | 備 考 | Ｘは、本件不貞を知ったことで多大な精神的苦痛を受け情緒不安定となり、嘔吐や不眠により心療内科への通院を余儀なくされた | | |
| 当 事 者 の 態 様 | 請 求 相 手 | Ｙ（不貞相手） | | |
| | 当事者の認識 | ― | | |
| | 不貞行為の主導 | ― | | |
| | 請 求 相 手 の 経 済 力 等 | ― | | |
| | 妊 娠 ・ 出 産 の 有 無 | 無 | | |

| | 謝 罪 の 有 無 | — |
|---|---|---|
| その他考慮される事項 | | — |

### 算定のポイント

**増額要素**

◆破綻まで約17年間というXとAとの婚姻期間の長さ、1年弱の中断を挟むも約3年4か月という不貞期間の長さ及び月に1、2回という頻度の高さであること

◆婚姻関係破綻の原因は本件不貞のみであること

◆Xが心療内科への通院を強いられていること

**減額要素**

◆本件不貞におけるAとYの責任に大きな差があるとは認められないこと

※AがYの夫に対し本件不貞の慰謝料として250万円を支払ったこと（ただし、減額要素かどうかは不明。両案件のバランスを考慮する意味合いで判示している可能性有り）

296　　第1章　不貞相手のみを被告とする事例

[136]　不貞配偶者の攻撃的な行為が婚姻関係に影響を与えたことを考慮
して慰謝料額を算定した事例　　（東京地判平28・2・24（平26（ワ）18234））

| 当事者 | 原告X：Aの夫、被告Y：Aの不貞相手（男性）、A：原告Xの妻 |

### 事　実　関　係

| | 認　容　額 | 150万円 | | |
|---|---|---|---|---|
| | 請　求　額 | 300万円 | | |
| 不貞まで<br>の家族・<br>婚姻関係 | 婚姻生活の状況 | 普通（XとAは、以前から定期的に旅行に出かけていた<br>ところ、平成26年2月24日にも温泉へ旅行に出かけてお<br>り、少なくとも同日頃まではXとAとの間に性交渉があ<br>った） | | |
| | 不貞開始まで<br>の 婚 姻 期 間 | 16年 | | |
| | 同 居 の 有 無 | 同居 | | |
| | 子 の 人 数 | 4人（うち2人はAの連れ子と養子縁組） | | |
| 不 貞 の<br>態　　様 | 不 貞 期 間 | 平26・5・26（認定さ<br>れているのは1回の<br>不貞行為のみ） | 不 貞 回 数 | ― |
| | 中 断 の 有 無 | ― | 年　齢　差 | 1歳 |
| 不貞の被<br>害に関す<br>る 事 項 | 婚 姻 関 係 | 破綻（離婚調停中） | 別居の有無 | 別居 |
| | 備　　　考 | ― | | |
| 当 事 者<br>の 態 様 | 請 求 相 手 | Y（不貞相手） | | |
| | 当事者の認識 | 有 | | |
| | 不貞行為の主導 | ― | | |
| | 請 求 相 手 の<br>経 済 力 等 | ― | | |

| | 妊 娠 ・ 出 産 の 有 無 | ― |
|---|---|---|
| | 謝 罪 の 有 無 | ― |
| その他考慮される事項 | | ― |

## 算定のポイント

### 増額要素

◆XとAとの婚姻関係が、YとAとの不貞関係を契機として変容し、現時点においては修復が容易ではない状態にあるところ、Y及びAの不貞行為は、XとAとの婚姻関係に重大な影響を及ぼすものであったといえること

### 減額要素

◆Aは警察官であるXについて、DVを理由に被害届を提出し、警察官によるDV事案として雑誌記事にし、保護命令申立てをし、実名で記者会見を開くなどしていること

◆AはもともとXとの婚姻生活に何らかの不満を抱いていたところ、Xによる素行調査を察知して離婚手続を有利に進めることなどを意図して上記の行動に及んだのではないかと考えられるが、これらのAの行動は通常考え難いほどXに対し攻撃的なものであって、XとAとの婚姻関係に与える影響を軽視することができないこと

◆Aの行動が婚姻関係に影響を与えているが、Yはこれに積極的に関与していないこと

298　　第1章　不貞相手のみを被告とする事例

[137]　不貞相手に離婚届（後に訴訟で離婚無効）の提出の認識があったことを認めた上で、不貞相手の過失を認定した事例

（東京地判平28・2・25（平27（ワ）8095））

当事者　原告X：Aの妻、被告Y：Aの不貞相手（女性）、A：原告Xの夫

事実関係

| 認容額 | | 90万円 | | |
|---|---|---|---|---|
| 請求額 | | 1,000万円 | | |
| 不貞までの家族・婚姻関係 | 婚姻生活の状況 | ・相当程度悪化していたが、既に決定的な破綻状態に至っていたとみるのは困難<br>・不貞行為の直後（1か月以内）に、XとAは離婚届を作成した。Xは押印まではしなかったものの署名には応じた<br>・離婚届作成後も、XとAはメッセージのやり取りを継続し、2人で食事に出かけたり、性交渉にまで及んでいた | | |
| | 不貞開始までの婚姻期間 | 14年 | | |
| | 同居の有無 | 同居 | | |
| | 子の人数 | 3人 | | |
| 不貞の態様 | 不貞期間 | 平26・6・14〜（継続）（2年） | 不貞回数 | － |
| | 中断の有無 | 無 | 年齢差 | － |
| 不貞の被害に関する事項 | 婚姻関係 | 破綻 | 別居の有無 | 別居 |
| | 備考 | X提起の協議離婚無効確認訴訟の認容判決後、A申立てによる離婚調停中 | | |

第1章　不貞相手のみを被告とする事例　　299

| 当事者の態様 | 請 求 相 手 | Y（不貞相手） |
| --- | --- | --- |
| | 当事者の認識 | 有 |
| | 不 貞 行 為 の 主 導 | － |
| | 請 求 相 手 の 経 済 力 等 | 医師 |
| | 妊 娠 ・ 出 産 の 有 無 | 有 |
| | 謝 罪 の 有 無 | － |
| その他考慮される事項 | | － |

### 算定のポイント

**増額要素**

◆XとAとの婚姻関係が決定的な破綻状態になった最大の要因はYとの不貞関係であること

**減額要素**

◆届出意思の不存在から離婚自体は無効とされたものの、本件離婚届の作成に及んでいるという点では、その時点のXとAとの婚姻関係は、完全な破綻とはいわないとしても、既に良好とはいえない状況にあったこと

◆Xにも離婚という選択肢が存在していた程度には破綻状態が進んでいたこと

300 第1章 不貞相手のみを被告とする事例

[138] 元夫から不貞相手に対する請求のうち、慰謝料100万円と弁護士費用相当損害金10万円の支払が認められた事例

(東京地判平28・6・24（平27(ワ)23601))

当事者 原告X：Aの元夫、被告Y：Aの不貞相手（男性）、A：原告Xの元妻

## 事 実 関 係

| 認 容 額 | | 100万円 | | |
|---|---|---|---|---|
| 請 求 額 | | 300万円 | | |
| 不貞までの家族・婚姻関係 | 婚姻生活の状況 | 相当程度悪化していたとはいえても、破綻すなわち完全に復元の見込みのない状態に立ち至っているとまでは認められない | | |
| | 不貞開始までの婚姻期間 | 12年 | | |
| | 同 居 の 有 無 | 同居 | | |
| | 子 の 人 数 | 3人 | | |
| 不 貞 の 態 様 | 不 貞 期 間 | 平26・12・12～平26・12・13（この前後の相当期間） | 不 貞 回 数 | 複数回 |
| | 中 断 の 有 無 | 無 | 年 齢 差 | － |
| 不貞の被害に関する事項 | 婚 姻 関 係 | 破綻（離婚） | 別 居 の 有 無 | 別居 |
| | 備 考 | － | | |
| 当 事 者 の 態 様 | 請 求 相 手 | Y（不貞相手） | | |
| | 当事者の認識 | － | | |
| | 不貞行為の主導 | － | | |
| | 請求相手の経 済 力 等 | － | | |

| | 妊娠・出産の有無 | 無 |
|---|---|---|
| | 謝罪の有無 | — |
| その他考慮される事項 | | — |

## 算定のポイント

### 増額要素

◆不貞行為が離婚の契機となったことは確かであり、Xにこれについての精神的損害が生じたこと

### 減額要素

◆Xは調査会社による調査の結果を知った直後にA及び子らと別居し、翌月の平成27年1月24日には離婚調停の申立てを行っている等、かなり早くに事を進めているとみられるところ、Aとの間においてこの件について話合いを行った形跡も、話し合おうとした形跡も認められないこと

◆離婚調停の申立書には「申立ての動機」欄には「異性関係」の欄のみならず、「性格があわない」、「性的不調和」、「生活費を渡さない」等にも丸印が付けられていること等からすれば、AのYとの不貞行為が唯一あるいは主たる原因ではなく、複数ある理由の一つにとどまるものと認められる。そうすると、AとYとの間の不貞行為により、Xが受けた精神的損害を過大に評価することはできないこと

302　　第1章　不貞相手のみを被告とする事例

## [139]　不貞行為時に婚姻関係が相当程度悪化していたことを考慮して慰謝料額を算定した事例　　　　（東京地判平28・6・30（平27(ワ)13078)）

**当事者**　原告X：Aの元夫、被告Y：Aの不貞相手（男性）、A：原告Xの元妻

### 事実関係

| 認　容　額 | | 100万円 | | |
|---|---|---|---|---|
| 請　求　額 | | 500万円 | | |
| 不貞までの家族・婚姻関係 | 婚姻生活の状況 | 破綻していたとはいえないにしても、相当程度悪化していた | | |
| | 不貞開始までの婚姻期間 | 18年 | | |
| | 同居の有無 | 同居 | | |
| | 子の人数 | 2人 | | |
| 不貞の態様 | 不貞期間 | 平24・6頃〜平27・2（2年9か月） | 不貞回数 | － |
| | 中断の有無 | 無 | 年齢差 | － |
| 不貞の被害に関する事項 | 婚姻関係 | 破綻（離婚） | 別居の有無 | 別居 |
| | 備考 | － | | |
| 当事者の態様 | 請求相手 | Y（不貞相手） | | |
| | 当事者の認識 | 既婚の認識有 | | |
| | 不貞行為の主導 | － | | |
| | 請求相手の経済力等 | － | | |
| | 妊娠・出産の有無 | 無 | | |

第1章　不貞相手のみを被告とする事例　　303

| | 謝 罪 の 有 無 | 無 |
|---|---|---|
| その他考慮される事項 | | ― |

### 算定のポイント

増額要素

◆不貞行為が発覚した後、XとAは離婚するに至ったこと

◆本件不貞行為は少なくとも約2年9か月もの期間にわたり継続されたものであること

減額要素

◆婚姻関係が相当程度悪化していたこと

◆子らが相応の年齢であること

# 第2章　配偶者のみを被告とする事例
### 離婚に至った事例及び実質的に婚姻関係が破綻した事例

## 【婚姻期間　1年未満】

### [140]　不貞行為より元夫の暴力を重視して慰謝料額を算定した事例
（岡山地倉敷支判平15・2・18（平13(タ)26））

**当事者**　原告Ｘ：元妻、被告Ｙ：元夫

**事実関係**

| 認　容　額 | | 1,000万円 | | |
|---|---|---|---|---|
| 請　求　額 | | 3,000万円 | | |
| 不貞までの家族・婚姻関係 | 婚姻生活の状況 | Ｙの不貞、暴力が絶えなかった。平成8年に離婚調停の申立てをしたが、取り下げた。再度不貞又は暴力があった場合は慰謝料3,000万円を支払う旨の合意をした | | |
| | 不貞開始までの婚姻期間 | 1年未満 | | |
| | 同居の有無 | 同居 | | |
| | 子の人数 | 4人（うち2人は幼児の時に死亡） | | |
| 不貞の態様 | 不貞期間 | 昭27頃～平15頃（約50年） | 不貞回数 | ― |
| | 中断の有無 | 有 | 年齢差 | ― |
| 不貞の被害に関する事項 | 婚姻関係 | 破綻（離婚） | 別居の有無 | 別居 |
| | 備考 | ― | | |

| 当事者の態様 | 請 求 相 手 | Y（元配偶者） |
|---|---|---|
| | 当事者の認識 | ― |
| | 不貞行為の主導 | ― |
| | 請 求 相 手 の経 済 力 等 | ― |
| | 妊 娠 ・ 出 産の 有 無 | ― |
| | 謝 罪 の 有 無 | ― |
| その他考慮される事項 | | 本件は、不貞行為そのものよりも、暴力が直接の契機となって、過去の不貞行為により負った精神的苦痛が慰謝料の考慮要素となった |

算定のポイント

増額要素

◆本件離婚により、約50年間にわたる婚姻関係を解消し、今後の生活を送らなければならないXの精神的苦痛は相当なものがあること

◆Yは、Xから、度々、不貞行為及び暴力をやめるよう申し入れられるとともに、2度にわたって家庭裁判所に離婚調停を申し立てられたことがあったのに、これらを受け入れなかったばかりか、直近の離婚等調停事件においても、Xに対し、今後暴力を振るったり不貞行為をしたりしないことを確約したにもかかわらず、これを無視し、電気ストーブで体をめった打ちにし、そのコードで首を絞めるなどの暴行を加えた挙げ句、Xに傷害を負わせたもので、その行為の態様は極めて卑劣かつ悪質であること

◆Yは、暴行の事実について身に覚えがないとして否認するなど、反省の態度が全くみられないこと

◆XとY間の婚姻関係が破綻するに至ったことについては、Xにおいて、落ち度といえるようなものは見当たらず、かえってXは、長年にわたり、Yの度重なる不貞行為や暴力に耐えながら、身を粉にして懸命に働き、2人の娘を養育監護してきたものであり、その苦労は察するに余りがあること

## 第2章　配偶者のみを被告とする事例

### 減額要素

◆以前の合意のうち、3,000万円の慰謝料の支払を求める部分は権利濫用であること
（その他の合意が多額の財産分与を内容とするものであり、また、その財産分与によってYが相当高額の譲渡所得税を課せられることになるから、それに加えて慰謝料の請求をするのは権利濫用である。）

第2章　配偶者のみを被告とする事例　　307

## 【婚姻期間　1〜10年未満】

[141]　夫の不貞行為及び悪意の遺棄を理由として、妻からの慰謝料請求を
　　　　認めた事例　　　　（名古屋高判平21・5・28（平19(ネ)892・平20(ネ)154））

当事者　控訴人（第一審被告・当審反訴原告）X：妻、被控訴人（第一審原
　　　　告・当審反訴被告）Y：夫

### 事　実　関　係

| | | | | |
|---|---|---|---|---|
| 認　容　額 | | 400万円 | | |
| 請　求　額 | | 600万円 | | |
| 不貞までの家族・婚姻関係 | 婚姻生活の状況 | 本件婚姻関係が従前から深刻な状況だったことを裏付けるに足りる客観的証拠は存在しない | | |
| | 不貞開始までの婚姻期間 | 約9年 | | |
| | 同居の有無 | 同居 | | |
| | 子の人数 | 1人 | | |
| 不貞の態様 | 不貞期間 | 平15・6〜平16・3別居（1年未満） | 不貞回数 | 複数回 |
| | 中断の有無 | 無 | 年齢差 | — |
| 不貞の被害に関する事項 | 婚姻関係 | 破綻（本判決にて離婚も認容） | 別居の有無 | 別居 |
| | 備　考 | — | | |
| 当事者の態様 | 請求相手 | Y（配偶者） | | |
| | 当事者の認識 | — | | |
| | 不貞行為の主導 | — | | |
| | 請求相手の経済力等 | 会社員（年収919万6,779円） | | |

| | 妊娠・出産の有無 | — |
|---|---|---|
| | 謝罪の有無 | — |
| その他考慮される事項 | | Yが正当な理由なく本件別居を行ったのは、Xに対する悪意の遺棄に当たる |

算定のポイント

増額要素

◆Yの不貞行為及び悪意の遺棄によってXが離婚を余儀なくされたこと
◆婚姻関係の継続期間
◆妻の年齢

第2章　配偶者のみを被告とする事例　309

## [142]　夫の不貞相手が妻に不貞行為の和解金を支払ったことから夫に対する慰謝料が減額された事例

（東京地判平23・12・26（平23(ワ)24871・平23(ワ)34269））

**当事者**　原告Ｘ：被告Ｙの妻、被告Ｙ：原告Ｘの夫、Ａ：被告Ｙの不貞相手（女性）

### 事実関係

| 認　容　額 | | 50万円 | | |
| --- | --- | --- | --- | --- |
| 請　求　額 | | 300万円 | | |
| 不貞までの家族・婚姻関係 | 婚姻生活の状況 | ― | | |
| | 不貞開始までの婚姻期間 | 2年10か月 | | |
| | 同居の有無 | 同居 | | |
| | 子の人数 | 無 | | |
| 不貞の態様 | 不貞期間 | 平19・9頃～平19・12・26（約3か月） | 不貞回数 | 相応の頻度 |
| | 中断の有無 | 無 | 年齢差 | ― |
| 不貞の被害に関する事項 | 婚姻関係 | 破綻 | 別居の有無 | 別居 |
| | 備考 | Ｙによる離婚訴訟が提起されたが、棄却 | | |
| 当事者の態様 | 請求相手 | Ｙ（配偶者） | | |
| | 当事者の認識 | ― | | |
| | 不貞行為の主導 | ― | | |
| | 請求相手の経済力等 | ― | | |
| | 妊娠・出産の有無 | 無 | | |

| 謝罪の有無 | 無 |
|---|---|
| その他考慮される事項 | — |

### 算定のポイント

#### 増額要素

◆不貞行為により婚姻関係が破綻したこと

◆YとAが相応の頻度、回数で不貞関係を持ったとうかがわれること

◆XがYによる離婚請求訴訟に応訴を強いられたこと

#### 減額要素

◆AがXに対し、不貞行為の和解金として150万円支払ったこと

第2章　配偶者のみを被告とする事例　　311

[143]　元妻が元夫との婚姻中に無店舗型風俗店に勤務して元夫以外の男性と性的関係を持ったことが不貞行為に当たるとした事例

（東京地判平28・3・28（平26(ワ)11367・平26(ワ)29469））

当 事 者　原告X：元夫、被告Y：元妻

## 事 実 関 係

| 認　容　額 | | 30万円 | | |
|---|---|---|---|---|
| 請　求　額 | | 300万円 | | |
| 不貞までの家族・婚姻関係 | 婚姻生活の状況 | けんかはするが破綻していたというほどではない | | |
| | 不貞開始までの婚姻期間 | 7年 | | |
| | 同居の有無 | 同居 | | |
| | 子の人数 | 2人 | | |
| 不貞の態様 | 不貞期間 | 平25・1～平25・10(10か月) | 不貞回数 | 複数回 |
| | 中断の有無 | ― | 年齢差 | ― |
| 不貞の被害に関する事項 | 婚姻関係 | 破綻（離婚） | 別居の有無 | 別居 |
| | 備　考 | ― | | |
| 当事者の態様 | 請求相手 | Y（元配偶者） | | |
| | 当事者の認識 | ― | | |
| | 不貞行為の主導 | ― | | |
| | 請求相手の経済力等 | ― | | |
| | 妊娠・出産の有無 | 無 | | |

| 謝罪の有無 | — |
|---|---|
| その他考慮される事項 | 夫婦間の婚姻共同生活の平和の維持という利益は、私法上の権利又は法的保護に値する利益であるから、これを正当な理由なく侵害する行為は不法行為を構成するのであり、このことは夫婦の一方が第三者と肉体関係を持った場合（いわゆる不貞行為）に限られるものではない。YはXに秘して、不特定多数の男性に性的サービスを提供する風俗店に勤務しており、かかる行為が婚姻共同生活の平和を害するものであることは明らかであるから、その時点でXとYの婚姻関係が破綻していたという事情のない限り、不法行為を構成すると解するのが相当 |

算定のポイント

増額要素

◆Yの不法行為は、通常はそれのみで夫婦間の信頼関係を破壊するに足りるものであり、Xが受けた衝撃も想像するに難くないこと

減額要素

◆Xは平成25年12月8日の話合いの際、慰謝料条項の趣旨が「調査費用として」であることを明言しており、Yやその母がその支払に難色を示すと、自ら慰謝料条項を削除したことが認められ、こうした経緯に照らせば、XはYの不法行為に係る損害賠償請求のうち調査費用相当額を放棄又は免除したものと解するのが相当であること
◆Yの目的は主として離婚資金を作ることにあり、Yがそのように考えるに至った背景には、Xの暴力や威圧的な言動が大きく寄与していること
◆Yは平成25年10月31日に離婚調停を申し立て、同年11月8日には子供らを連れて実家に転居するなど、風俗店での勤務開始後速やかに離婚に向けた行動をとっていることからすると、かかる不法行為開始時において、XとYの婚姻関係は破綻の危機に瀕していたといえること
◆行為後の事情ではあるが、示談書においてYが財産分与を放棄していること

第2章 配偶者のみを被告とする事例 313

[144] 妻が男性との不貞行為によって懐胎して妊娠中絶し、夫との婚姻関
係が破綻した一方で、夫と不貞相手との間では既に和解が成立してい
る事例 （東京地判平28・7・8（平27（ワ）24802））

当事者 原告Ｘ：被告Ｙの夫、被告Ｙ：原告Ｘの妻、Ａ：被告Ｙの不貞相手
（男性）

## 事 実 関 係

| 認　容　額 | 30万円 | | |
|---|---|---|---|
| 請　求　額 | 500万円 | | |
| 不貞までの家族・婚姻関係 | 婚姻生活の状況 | — | | |
| | 不貞開始までの婚姻期間 | 4年5か月 | | |
| | 同居の有無 | 同居 | | |
| | 子の人数 | 1人 | | |
| 不貞の態様 | 不貞期間 | 平26・3～遅くとも平26・5（2か月以上） | 不貞回数 | — |
| | 中断の有無 | 無 | 年齢差 | — |
| 不貞の被害に関する事項 | 婚姻関係 | 破綻 | 別居の有無 | 別居 |
| | 備考 | Ｘが離婚調停を申し立て調停中 | | |
| 当事者の態様 | 請求相手 | Ｙ（配偶者） | | |
| | 当事者の認識 | — | | |
| | 不貞行為の主導 | — | | |
| | 請求相手の経済力等 | — | | |
| | 妊娠・出産の有無 | ＹがＡの子を妊娠し中絶した | | |

| | 謝 罪 の 有 無 | ― |
|---|---|---|
| その他考慮される事項 | | ・ＹはＡの子の中絶手術を受けるに当たって、配偶者の同意欄にＸの氏名を記入した<br>・Ｙは不貞の事実をＸから問われながらもこれを否定し、Ｘが調査会社に依頼して調査するに至った<br>・Ｘは、Ａを相被告として提訴したが、Ａとの間では既に和解が成立している（和解金額不明） |

### 算定のポイント

**増額要素**

◆ＸとＹの婚姻期間の長さ

◆ＹとＡとが不貞していた期間の長さ

◆ＹがＡとの性交渉をしてＡの子を妊娠したところ、その人工妊娠中絶手術を受けるに当たって、あろうことか夫であるＸの名前を冒用したこと

◆少なくとも平成27年3月22日の別居に至るまでの間、Ｘから問われながらもＹが不貞の事実を否定しており、Ｘが調査会社に依頼するなどしてＹの不貞を調査するに至ったこと

◆ＸとＹは同日に別居し、離婚調停申立てを経て、やがて離婚することがほぼ確実であること

**減額要素**

◆ＸとＡとの間で和解が成立していること

第2章　配偶者のみを被告とする事例　315

## 【婚姻期間　10年以上】

[145]　元夫は、婚姻を破綻させた有責配偶者として、元妻に対し不法行為に基づく損害賠償義務を負うとして、慰謝料300万円を認定した事例

（東京地判平19・6・28（平18(ワ)26556)）

当　事　者　原告Ｘ：被告Ｙの元妻、被告Ｙ：原告Ｘの元夫、Ａ：被告Ｙの不貞相手（女性）

### 事　実　関　係

| 認　容　額 | | 300万円 | | |
|---|---|---|---|---|
| 請　求　額 | | 500万円 | | |
| 不貞までの家族・婚姻関係 | 婚姻生活の状況 | Ｙの思い込みが激しく、また産廃不法投棄で逮捕された。酒の量も多い | | |
| | 不貞開始までの婚姻期間 | 30年 | | |
| | 同居の有無 | 別居と思われる | | |
| | 子の人数 | 3人 | | |
| 不貞の態様 | 不貞期間 | 平15〜平17・3・9（離婚日）（2年間） | 不貞回数 | 複数回 |
| | 中断の有無 | 無 | 年齢差 | － |
| 不貞の被害に関する事項 | 婚姻関係 | 破綻（離婚） | 別居の有無 | 別居 |
| | 備考 | － | | |
| 当事者の態様 | 請求相手 | Ｙ（元配偶者） | | |
| | 当事者の認識 | 既婚であることの認識有 | | |
| | 不貞行為の主導 | － | | |
| | 請求相手の経済力等 | － | | |

| | 妊娠・出産の有無 | 無 |
|---|---|---|
| | 謝罪の有無 | ― |
| その他考慮される事項 | | ― |

算定のポイント

増額要素

◆XとYの婚姻関係が破綻したのは、Yの不貞行為と、Yが平成17年1月からXに対して離婚を求め、同年3月3日にはXの自宅や長男宅のドアを壊す暴行を加えたことが原因であることは明らかなこと

◆YがAとの再婚予定を告げずにXと離婚したこと

減額要素

◆XとY間には未成熟の子がいないこと

◆Xは直接身体に対する暴行を受けたわけではないこと

◆生活費の支給状況として、Xは離婚するまで、建物のローンは別として、Yから生活費として月額30万円を受領していたこと

第2章　配偶者のみを被告とする事例　　317

[146]　不貞相手は不明なものの不貞行為があったことを認めた上で、もは
　　　や不貞配偶者である元妻から元夫に対する財産分与請求ができない
　　　こと等を考慮して、元妻に対する慰謝料額を算定した事例

（東京地判平22・1・7（平21（ワ）8879））

当 事 者　原告X：元夫、被告Y：元妻

事 実 関 係

| 認 容 額 | | 120万円 | | |
|---|---|---|---|---|
| 請 求 額 | | 500万円 | | |
| 不貞までの家族・婚姻関係 | 婚姻生活の状況 | Yは、かねてからXの生活態度に様々に不満を抱えてXと共にいるのが苦痛であると感じるまでに至っていた | | |
| | 不貞開始までの婚姻期間 | 約10年 | | |
| | 同 居 の 有 無 | 同居 | | |
| | 子 の 人 数 | 無 | | |
| 不貞の態様 | 不 貞 期 間 | 1年以上（時期については厳密な認定無） | 不 貞 回 数 | － |
| | 中 断 の 有 無 | 無 | 年 齢 差 | － |
| 不貞の被害に関する事項 | 婚 姻 関 係 | 破綻（離婚） | 別居の有無 | 別居 |
| | 備 考 | － | | |
| 当事者の態様 | 請 求 相 手 | Y（元配偶者） | | |
| | 当事者の認識 | － | | |
| | 不貞行為の主導 | － | | |
| | 請求相手の経済力等 | － | | |

| | 妊娠・出産 の 有 無 | — |
|---|---|---|
| | 謝 罪 の 有 無 | — |
| その他考慮される事項 | | — |

## 算定のポイント

### 増額要素

◆Yの不貞行為の存在が、当事者間の婚姻関係を破綻させた最大の要因であったこと
は明らかというべきであること

◆Xは、以前から不眠による体調不良を来してはいたものの、Yから不貞を知らされ
たこと、別居生活が始まったことがきっかけとなって、一層体調を悪化させ、精神・
神経科に通院するまでになり、やがては職場での勤務評定にも悪影響を与えるまで
に至ったこと

◆XとYとの婚姻期間がおおむね10年半に及ぶこと

### 減額要素

◆Yは、かねてからXの生活態度に様々な不満を抱えてXと共にいるのが苦痛である
と感じるまでに至っていたところ、Yにかかる不満を抱かせるに至った背景には、
X自身の言動も大きく影響した点があるといわざるを得ないこと

◆Yは、Xとの協議離婚を決めた後、特段の財産分与請求をすることもなく2年以上を
過ごしてきていて、もはやYからXに対する離婚給付を認める余地はないと解され
ること

◆Yが離婚原因となる不貞行為を行ったにせよ、かかる行為やその結果となった離婚
の時からは相当程度時間も経過していること

◆XとYとの間に子はいないこと

第3章　不貞相手と配偶者を被告とする事例　319

# 第3章　不貞相手と配偶者を被告とする事例

## 第1　婚姻関係を継続した事例

### 【婚姻期間　1～10年未満】

[147]　22年間もの長期にわたり不貞関係を継続したことを考慮して慰謝料額を算定した事例　　　　　　　　　　　（東京地判平27・7・8（平25(ワ)29690））

| 当事者 | 原告X₁：被告Y₁の妻、原告X₂：原告X₁と被告Y₁の子、被告Y₁：原告X₁の夫、被告Y₂：被告Y₁の不貞相手（女性） |
|---|---|

**事実関係**

| 認　容　額 | | 400万円（X₁からY₁・Y₂連帯）<br>0円（X₂からY₁・Y₂連帯） | | |
|---|---|---|---|---|
| 請　求　額 | | 1,000万円（X₁からY₁・Y₂連帯）<br>1,000万円（X₂からY₁・Y₂連帯） | | |
| 不貞までの家族・婚姻関係 | 婚姻生活の状況 | おそらく平穏 | | |
| | 不貞開始までの婚姻期間 | 2年 | | |
| | 同居の有無 | おそらく同居 | | |
| | 子の人数 | 1人 | | |
| 不貞の態様 | 不貞期間 | 平3・7～平24（22年） | 不貞回数 | － |
| | 中断の有無 | － | 年齢差 | － |
| 不貞の被害に関する事項 | 婚姻関係 | 継続 | 別居の有無 | － |
| | 備考 | － | | |
| 当事者の態様 | 請求相手 | Y₁（配偶者）、Y₂（不貞相手） | | |
| | 当事者の認識 | 有（平成3年9月には有） | | |

| | 不貞行為の主導 | ― |
|---|---|---|
| | 請求相手の経済力等 | ― |
| | 妊娠・出産の有無 | ― |
| | 謝罪の有無 | ― |
| その他考慮される事項 | | ― |

算定のポイント

増額要素

◆Yらの不貞関係は、少なくとも約22年間という、X₁とY₁との四半世紀に及ぶ婚姻関係そのものに比擬し得る非常な長期間にわたること

◆Yらは、平成5年にその不貞関係がX₁に露見したにもかかわらず、その後もX₁を欺く態様で不貞関係を継続したことが認められること

◆上記事実に照らせば、Yらの共同不法行為は、その態様において相当に悪質なものであること

◆これによりX₁が受けた精神的苦痛も、相応の深刻なものであると認めるべきものであること

減額要素

◆X₁とY₁の婚姻関係はなおも継続しており、婚姻関係の法的な破綻にかかる精神的苦痛が生じているとはいえないこと

第3章　不貞相手と配偶者を被告とする事例　　321

## 第2　離婚に至った事例及び実質的に婚姻関係が破綻した事例

### 【婚姻期間　1〜10年未満】

[148]　内縁関係にある夫が妻以外の女性と性交渉を持ったことが妻に対する不貞行為に当たり不法行為を構成するとして、妻からの夫に対する損害賠償請求は認容され、妻から不貞相手に対する損害賠償請求は棄却された事例　　（東京地判平15・8・27（平14(ワ)10559・平14(ワ)18197））

| 当事者 | 原告X：被告Y₁の内縁の妻、被告Y₁：原告Xの内縁の夫、被告Y₂：被告Y₁の不貞相手（女性） |
| --- | --- |

### 事実関係

| 認　容　額 | | 150万円（Y₁に対してのみ） | | |
| --- | --- | --- | --- | --- |
| 請　求　額 | | 300万円（Y₁・Y₂連帯） | | |
| 不貞までの家族・婚姻関係 | 婚姻生活の状況 | 結婚を前提とした同棲生活。何度かの短い別居期間はあったが、継続して同居し、平成10年夏頃までは性交渉があった | | |
| | 不貞開始までの婚姻期間 | 約8年（同棲） | | |
| | 同居の有無 | 同居と別居を繰り返す | | |
| | 子の人数 | 無 | | |
| 不貞の態様 | 不貞期間 | 平11・1・22〜平15（約4年） | 不貞回数 | 複数回 |
| | 中断の有無 | 無 | 年齢差 | ― |
| 不貞の被害に関する事項 | 婚姻関係 | 破綻 | 別居の有無 | 別居 |
| | 備考 | Y₁とY₂は事実婚に至る | | |

| 当事者の態様 | 請 求 相 手 | Y₂（不貞相手）、Y₁（内縁の夫） |
| --- | --- | --- |
| | 当事者の認識 | Y₂はY₁に内縁の妻がいることを知らなかった |
| | 不貞行為の主導 | ― |
| | 請 求 相 手 の 経 済 力 等 | ― |
| | 妊 娠 ・ 出 産 の 有 無 | 無 |
| | 謝 罪 の 有 無 | ― |
| その他考慮される事項 | | Y₂は、平成11年1月22日にY₁と性交渉を持っているが、それ以前に両名が性交渉を持ったと認めるに足りる証拠はない。そして、Y₂は、平成11年1月22日の時点において、Y₁がXと同居していること、ましてや内縁関係にあることは知らず、ただ単に交際している女性がいるという認識しかなかったこと、しかも、Y₁から、交際している女性とは別れたと告げられたことから、Y₁と性交渉を持ったものと認められるとし、Y₂の不法行為の成立は否定した |

## 算定のポイント

### 増額要素

◆内縁関係は成立していること

### 減額要素

◆不貞の相手方は、内縁関係の存在を知らなかったこと

第3章　不貞相手と配偶者を被告とする事例　　323

[149]　元夫と職場の同僚女性の不貞関係も婚姻破綻の主要な原因となっているが、元妻が不貞相手と極めて親密な関係となっていたことが元夫との婚姻が破綻するに至った決定的な原因となったものと認めざるを得ないとした事例　　　　　　　（東京地判平19・4・16（平18(ワ)16587））

当事者　原告X：被告Y1の元夫、被告Y1：原告Xの元妻、被告Y2：被告Y1の不貞相手（男性）

事実関係

| 認　容　額 | | 150万円（Y1・Y2連帯） | | |
|---|---|---|---|---|
| 請　求　額 | | 700万円（Y1・Y2連帯） | | |
| 不貞までの家族・婚姻関係 | 婚姻生活の状況 | Xも不貞をしており、YらもXとY1の婚姻前からかなり親密 | | |
| | 不貞開始までの婚姻期間 | 2年半 | | |
| | 同居の有無 | 同居 | | |
| | 子の人数 | 無 | | |
| 不貞の態様 | 不貞期間 | 平15夏〜平18（3年間） | 不貞回数 | 複数回 |
| | 中断の有無 | 無 | 年齢差 | — |
| 不貞の被害に関する事項 | 婚姻関係 | 破綻（離婚） | 別居の有無 | 別居 |
| | 備考 | — | | |
| 当事者の態様 | 請求相手 | Y1（元配偶者）、Y2（不貞相手）（Y1とY2はいとこ同士） | | |
| | 当事者の認識 | — | | |
| | 不貞行為の主導 | — | | |
| | 請求相手の経済力等 | — | | |

|  | 妊娠・出産の有無 | 有（出産） |
|---|---|---|
|  | 謝罪の有無 | ― |
| その他考慮される事項 | | ― |

### 算定のポイント

#### 増額要素

◆XとY₁が別居したこと自体の直接的契機となったY₁の借金をどのように返済するかについて夫婦間で解決することができなかったことについて、Y₁が金員の使途（Y₂との交際にかなりの出費をしていたことが推認されると判示されている）について真実を率直に言えず、Xを説得することができなかったことが主要な原因であったのではないかと強く疑われること

◆Y₁は、Xと婚姻した当初から、Y₂とかなり親しい関係を続けていたものであり、平成14年9月以降はその連絡もかなり頻繁になり、遅くとも平成15年夏頃には肉体関係を持っていたことに比べ、Xと職場の同僚女性との関係は平成15年12月より前に存在したことの証拠がなく、その交際の程度についてもY₁とY₂との間におけるような子の出生という決定的な事実又は客観的な証拠がないこと

#### 減額要素

◆Xも他の女性と不貞関係にあったこと

第3章　不貞相手と配偶者を被告とする事例　　325

[150]　夫が不貞関係を秘匿したまま2人の乳幼児を抱える妻に理不尽な言
　　　　動を続け、一方的に別居を強行して不貞相手と同居し、不貞相手が子
　　　　を出産し、現在も関係を継続する事例

（東京地判平21・3・25（平20(ワ)35721））

当事者　原告X：被告Y₁の妻、被告Y₁：原告Xの夫、被告Y₂：被告Y₁の不
　　　　貞相手（女性）

## 事実関係

| 認 容 額 | | 400万円（Y₁・Y₂連帯） | | | |
|---|---|---|---|---|---|
| 請 求 額 | | 700万円（Y₁・Y₂連帯） | | | |
| 不貞までの家族・婚姻関係 | 婚姻生活の状況 | 特段の事情は指摘されない | | | |
| | 不貞開始までの婚姻期間 | 2年9か月 | | | |
| | 同居の有無 | 同居 | | | |
| | 子の人数 | 2人 | | | |
| 不貞の態様 | 不 貞 期 間 | 平19・12〜（継続）<br>（2年） | 不 貞 回 数 | — | |
| | 中断の有無 | 無 | 年 齢 差 | — | |
| 不貞の被害に関する事項 | 婚 姻 関 係 | 破綻 | 別居の有無 | 別居 | |
| | 備 考 | 家庭生活は完全に破壊され、XとY₁の婚姻関係は回復が不可能なところまで破綻させられている | | | |
| 当事者の態様 | 請 求 相 手 | Y₁（配偶者）、Y₂（不貞相手） | | | |
| | 当事者の認識 | Y₂は、Y₁がXと婚姻して2子があることを知りながら不貞関係を継続した | | | |

| | | |
|---|---|---|
| 不貞行為の主導 | — | |
| 請求相手の経済力等 | — | |
| 妊娠・出産の有無 | Y₂が懐胎し女児を出産 | |
| 謝罪の有無 | 無 | |
| その他考慮される事項 | ・Y₁は、Y₂との関係を秘匿したまま、不和の原因をXに転嫁しようとして、Xの全人格を否定するような暴言やメールでの誹謗中傷を浴びせ、Xに離婚を求める等の理不尽な言動を続け、一方的に別居した<br>・Y₁は、離婚が成立していないにもかかわらず、Y₂と同居して重婚的内縁関係に入った<br>・Y₁は、Y₂との関係をXに告げないまま、婚姻費用の支払を打ち切るなどというメールをXに送信するなど更なる違法行為を重ねようとしている<br>・Xは、調査手数料として142万8,000円を要し、弁護士着手金42万円及び弁護士報酬を要し、これらを包含するものとして慰謝料を請求する | |

## 算定のポイント

### 増額要素

◆Yらは、Y₁がXと別居する前から不貞関係を続け、それが原因で、Y₁が、Xに対する理不尽な言動に出たこと

◆Y₁が一方的に別居して、離婚が成立していないにもかかわらず、Y₂と同居して重婚的内縁関係に入り、Y₂がYらの子を出産したこと

◆2人の子と共にY₁に捨てられた形になったXが、Yらの不法行為によって被った精神的苦痛は極めて大きいといわざるを得ないこと

◆Xが、Yらの不貞行為の調査のため、調査手数料として142万8,000円を支払ってお

り、依頼した弁護士に対する着手金として42万円を支払っており、さらに弁護士報酬の支出も必要になるところ、これらを包含するものとして慰謝料を請求すること

減額要素

◆Y₁の言動等には、不貞行為そのものによる慰謝料の発生原因事実ではなく、離婚慰謝料の発生原因事実というべきものがあること

328　　第3章　不貞相手と配偶者を被告とする事例

[151]　元夫婦間の子として届出がされた子供が不貞配偶者と不貞相手との間にできた子供であったことが判明した事例

（東京地判平24・12・25（平24(ワ)2104））

| 当事者 | 原告X：被告Y₁の元夫、被告Y₁：原告Xの元妻、被告Y₂：被告Y₁の不貞相手（男性） |

## 事実関係

| 認　容　額 | 180万円（Y₁・Y₂連帯）（既払金20万円を控除） | | |
|---|---|---|---|
| 請　求　額 | 300万円（Y₁・Y₂連帯） | | |
| 不貞までの家族・婚姻関係 | 婚姻生活の状況 | 平成19年頃から不仲 | |
| | 不貞開始までの婚姻期間 | 1年半 | |
| | 同居の有無 | 同居 | |
| | 子の人数 | 2人（平成19年生と平成21年生。ただし、2人ともXの子ではなく、99.9999％以上、Y₂の子であるとのDNA結果有（⇒平成23年10月19日に親子関係不存在確認請求訴訟において、Xと子らとの間に親子関係が存在しないとの判決が出た）） | |
| 不貞の態様 | 不貞期間 | 平18年末〜平21・7・9離婚まで（約2年7か月） | 不貞回数　複数回 |
| | 中断の有無 | 無 | 年齢差　— |
| 不貞の被害に関する事項 | 婚姻関係 | 破綻（離婚） | 別居の有無　別居 |
| | 備　考 | — | |
| 当事者の態様 | 請求相手 | Y₁（元配偶者）、Y₂（不貞相手） | |
| | 当事者の認識 | 当初から既婚者の認識有 | |
| | 不貞行為の主導 | — | |

| | 請 求 相 手 の 経 済 力 等 | 飲食店勤務 |
|---|---|---|
| | 妊 娠 ・ 出 産 の 有 無 | 2人を出産（当初、XとY₁間の子として届出） |
| | 謝 罪 の 有 無 | Y₁が謝罪した |
| その他考慮される事項 | | ― |

### 算定のポイント

#### 増額要素

◆Y₁は、約4年間の婚姻期間中、約2年7か月にわたり不貞を行ったこと

◆Y₂は、当初からY₁が婚姻していることを認識しながら、不貞を行ったこと

◆Yらが、Xに不貞の事実を秘し、不貞行為により子供をもうけながら、子供らがYらの間の子であることあるいはその可能性があることを秘し、Xをして、子供らをXとY₁の間の子として出生届を出させ、第一子については自らの子として養育させることになったが、Xが不貞を知り、子供らが自らの子でないことを知った際に受けた精神的衝撃が大きかったことは、想像に難くないこと

◆婚姻関係が破綻した主たる原因は、Yらの不貞行為にあったことは明らかであること

#### 減額要素

◆婚姻期間が約4年間と比較的短期間であったこと

◆Xが離婚時に35歳であったこと

◆Xが離婚時の平成21年度には約570万円の収入を得ていたこと

◆Xには養育費の負担がなく、財産分与による資産減少がなかったこと

◆Y₂がXに2回にわたり、「各10万円、合計20万円」を支払った事実があり、これは、慰謝料の一部の弁済がされたものであること

[152] 婚姻関係が破綻する直接的な原因は元妻の不貞行為であるが、不貞行為以前の元夫にも原因の一端があると認めて慰謝料額を算定した事例 （東京地判平27・6・24（平26（ワ）28504））

| 当事者 | 原告X：被告Y₁の元夫、被告Y₁：原告Xの元妻（仏国籍）、被告Y₂：被告Y₁の不貞相手（男性）（米国籍） |

## 事実関係

| 認 容 額 | | 50万円（Y₁・Y₂連帯） | | |
|---|---|---|---|---|
| 請 求 額 | | 1,000万円（Y₁・Y₂連帯） | | |
| 不貞までの家族・婚姻関係 | 婚姻生活の状況 | ・Y₁は、平成22年5月から、Xから離婚を持ち掛けられるなどしているとして、Xと離婚した場合の在留資格のことなどについてフランス大使館に相談していた<br>・Xは平成23年7月頃、Y₁が使用していたクレジットカードを使用できないようにし、Y₁に対して「怒鳴られたくなかったら、この家を出ていけ。」などと言った | | |
| | 不貞開始までの婚姻期間 | 6年 | | |
| | 同 居 の 有 無 | 同居 | | |
| | 子 の 人 数 | 2人 | | |
| 不貞の態様 | 不 貞 期 間 | 平23・10頃〜平23・12（2か月） | 不 貞 回 数 | 複数回 |
| | 中 断 の 有 無 | 無 | 年 齢 差 | ― |
| 不貞の被害に関する事項 | 婚 姻 関 係 | 破綻（離婚） | 別 居 の 有 無 | 別居 |
| | 備 考 | ― | | |
| 当事者の態様 | 請 求 相 手 | Y₁（元配偶者）、Y₂（不貞相手） | | |
| | 当事者の認識 | 有 | | |

第3章　不貞相手と配偶者を被告とする事例　　331

| | 不貞行為の主導 | ― |
|---|---|---|
| | 請 求 相 手 の 経 済 力 等 | ― |
| | 妊 娠 ・ 出 産 の 有 無 | 無 |
| | 謝 罪 の 有 無 | ― |
| その他考慮される事項 | | ― |

算定のポイント

増額要素

◆XとY1の婚姻関係が決定的に破綻するに至った直接的な原因は、Y1がY2及び別の
　男性と肉体関係を持ったことにあったこと

減額要素

◆不貞行為以前に、Xの言動などにより、XとY1の夫婦としての亀裂が決定的なもの
　になっていたことなどにみられるように、婚姻関係が破綻した責任の一端は、Xに
　もあること

332　第3章　不貞相手と配偶者を被告とする事例

## [153]　500万円の慰謝料が認定された事例

(東京地判平27・7・23（平25(ワ)15391・平26(ワ)3876))

| 当事者 | 原告X：被告Y₁の元妻、被告Y₁：原告Xの元夫、被告Y₂：被告Y₁の不貞相手（女性） |
|---|---|

### 事実関係

<table>
<tr><td colspan="2">認 容 額</td><td colspan="3">500万円（Y₁・Y₂連帯）</td></tr>
<tr><td colspan="2">請 求 額</td><td colspan="3">1,000万円（Y₁・Y₂連帯）</td></tr>
<tr><td rowspan="4">不貞までの家族・婚姻関係</td><td>婚姻生活の状況</td><td colspan="3">・平成22年7月頃まで2人で食事に出かけるなどしていた<br>・XがY₁の浮気を疑い探偵に依頼して調査するなどして、XとY₁の関係が悪化したことは推測できるものの、平成22年8月にXが自宅マンションを出て別居するまで離婚等の話がされたことはない</td></tr>
<tr><td>不貞開始までの婚姻期間</td><td colspan="3">3年</td></tr>
<tr><td>同居の有無</td><td colspan="3">同居</td></tr>
<tr><td>子の人数</td><td colspan="3">無</td></tr>
<tr><td rowspan="2">不貞の態様</td><td>不貞期間</td><td>平20・6頃〜平23・7（離婚）（3年）</td><td>不貞回数</td><td>―</td></tr>
<tr><td>中断の有無</td><td>無</td><td>年齢差</td><td>2歳</td></tr>
<tr><td rowspan="2">不貞の被害に関する事項</td><td>婚姻関係</td><td>破綻（離婚）</td><td>別居の有無</td><td>別居</td></tr>
<tr><td>備考</td><td colspan="3">不貞相手と婚姻</td></tr>
<tr><td rowspan="4">当事者の態様</td><td>請求相手</td><td colspan="3">Y₁（元配偶者）、Y₂（不貞相手）</td></tr>
<tr><td>当事者の認識</td><td colspan="3">有</td></tr>
<tr><td>不貞行為の主導</td><td colspan="3">―</td></tr>
<tr><td>請求相手の経済力等</td><td colspan="3">―</td></tr>
</table>

| | 妊娠・出産の有無 | 無 |
|---|---|---|
| | 謝罪の有無 | 無 |
| その他考慮される事項 | | — |

算定のポイント

増額要素

◆婚姻関係が不貞行為を原因として破綻し、離婚に至ったこと

◆Xには婚姻関係破綻に至るような落ち度は認められないこと

◆Yらは不貞関係を隠匿するため虚偽の事実を供述するなどしていること

[154] 妻の認識と外形的事実から婚姻関係の破綻が認められないとされた事例

（東京地判平27・12・21（平26(ワ)21040)）

| 当 事 者 | 原告X：被告Y₁の妻、被告Y₁：原告Xの夫、被告Y₂：被告Y₁の不貞相手（女性） |

## 事 実 関 係

| 認 容 額 | | 180万円（Y₁・Y₂連帯） | | |
|---|---|---|---|---|
| 請 求 額 | | 500万円（Y₁・Y₂連帯） | | |
| 不貞までの家族・婚姻関係 | 婚姻生活の状況 | ・良好ではない<br>・平成24年3月頃までは、長女及び長男の誕生や、子供らの成長にあわせた転居など、Xとの実質的な夫婦関係を前提としなければ通常理解できない出来事が生じている | | |
| | 不貞開始までの婚姻期間 | 5年弱 | | |
| | 同 居 の 有 無 | 同居（週1、2回帰宅） | | |
| | 子 の 人 数 | 2人 | | |
| 不貞の態様 | 不 貞 期 間 | 平24・6・10～（継続）（3年半） | 不 貞 回 数 | － |
| | 中 断 の 有 無 | 無 | 年 齢 差 | － |
| 不貞の被害に関する事項 | 婚 姻 関 係 | 破綻 | 別 居 の 有 無 | 別居（不貞相手と同居） |
| | 備 考 | － | | |
| 当事者の態様 | 請 求 相 手 | Y₁（配偶者）、Y₂（不貞相手） | | |
| | 当事者の認識 | 有 | | |
| | 不貞行為の主導 | － | | |

| | 請求相手の経済力等 | 会社代表取締役（Y₁） |
|---|---|---|
| | 妊娠・出産の有無 | — |
| | 謝罪の有無 | — |
| その他考慮される事項 | | — |

## 算定のポイント

### 増額要素

◆XとY₁の婚姻期間

◆XとY₁の間に未成熟子が2人いること

◆Y₁が1年4か月にもわたってY₂との関係をXに秘して生活していたこと

◆Y₂も以上の事実を認識していたこと

### 減額要素

◆不貞行為以前から、XとY₁の性格の不一致は顕在化しており、必ずしも円満な夫婦関係とはいえない状態であったこと

336　　第3章　不貞相手と配偶者を被告とする事例

[155]　不貞関係や婚外子の妊娠の事実を隠して、清算条項を含む本件協議離婚書を元妻に示し署名させたことは、不貞配偶者が、慰謝料の支払を免れて不貞相手との再婚を果たすためであったものと認められ、その清算条項は、要素の錯誤により無効であるから、元妻は、不貞配偶者と不貞相手に対し、不貞行為による慰謝料の請求ができるとした事例

（東京地判平28・6・21（平27(ワ)5820））

| 当 事 者 | 原告X$_1$：被告Y$_1$の元妻、原告X$_2$：原告X$_1$と被告Y$_1$の間の子その1、原告X$_3$：原告X$_1$と被告Y$_1$の間の子その2、被告Y$_1$：原告X$_1$の元夫、被告Y$_2$：被告Y$_1$の不貞相手（女性） |

## 事 実 関 係

| 認 容 額 | | 200万円（X$_1$からY$_1$・Y$_2$連帯） | | |
|---|---|---|---|---|
| 請 求 額 | | 500万円（X$_1$からY$_1$・Y$_2$）<br>300万円（X$_2$からY$_2$）<br>300万円（X$_3$からY$_2$） | | |
| 不貞までの家族・婚姻関係 | 婚姻生活の状況 | 破綻はしていなかった | | |
| | 不貞開始までの婚姻期間 | 7年 | | |
| | 同 居 の 有 無 | 同居 | | |
| | 子 の 人 数 | 2人 | | |
| 不 貞 の 態 様 | 不 貞 期 間 | 平23・4～平26・6・6（離婚日）（3年） | 不 貞 回 数 | 複数回 |
| | 中 断 の 有 無 | 無 | 年 齢 差 | － |
| 不貞の被害に関する事項 | 婚 姻 関 係 | 破綻（離婚） | 別 居 の 有 無 | 別居 |
| | 備 考 | － | | |
| 当 事 者 の 態 様 | 請 求 相 手 | Y$_1$（元配偶者）、Y$_2$（不貞相手） | | |
| | 当事者の認識 | Y$_1$が既婚であることの認識有 | | |

第3章 不貞相手と配偶者を被告とする事例 337

| | 不貞行為の主導 | ― |
|---|---|---|
| | 請 求 相 手 の 経 済 力 等 | ― |
| | 妊 娠 ・ 出 産 の 有 無 | 有（X₁・Y₁離婚後、出産） |
| | 謝 罪 の 有 無 | ― |
| その他考慮される事項 | | ― |

### 算定のポイント

#### 増額要素

◆婚姻生活の期間や状況及び子の状況

◆協議離婚書の清算条項は$X_1$の錯誤により無効であるから、$X_1$はYらに対し不貞行為による慰謝料の請求ができる

#### 減額要素

◆$Y_1$が$X_1$に対し既に100万円を支払ったこと

◆$Y_1$が$X_2$らに対し、約束した養育費を支払っていること

◆$Y_2$は$Y_1$と交際していたが、Xら家族に接近して働きかけたものではないこと

## 【婚姻期間　10年以上】

[156]　元妻が元夫に対して財産分与請求権を有するとして扶助的性格を
　　　　有する慰謝料については否定した事例

（広島家判平18・11・21（平18（家ホ）52））

**当事者**　原告X：被告Y₁の元妻、被告Y₁：原告Xの元夫、被告Y₂：被告Y₁
の不貞相手（女性）

### 事　実　関　係

| 認　容　額 | | 100万円（Y₁・Y₂連帯） | | |
|---|---|---|---|---|
| 請　求　額 | | 1,000万円（Y₁・Y₂連帯） | | |
| 不貞まで<br>の家族・<br>婚姻関係 | 婚姻生活の状況 | 平穏 | | |
| | 不貞開始まで<br>の婚姻期間 | 28年 | | |
| | 同 居 の 有 無 | 同居 | | |
| | 子 の 人 数 | 1人 | | |
| 不 貞 の<br>態　　様 | 不 貞 期 間 | 平14・1〜平18・11（離<br>婚判決日）（4年10か<br>月） | 不 貞 回 数 | 複数回 |
| | 中 断 の 有 無 | 無 | 年 　齢 　差 | － |
| 不貞の被<br>害に関す<br>る事項 | 婚 姻 関 係 | 破綻（離婚） | 別居の有無 | 別居 |
| | 備　　　　考 | － | | |
| 当 事 者<br>の 態 様 | 請 求 相 手 | Y₁（元配偶者）、Y₂（不貞相手） | | |
| | 当事者の認識 | － | | |
| | 不貞行為の主導 | － | | |
| | 請 求 相 手 の<br>経 済 力 等 | － | | |

| 妊娠・出産の有無 | 無 |
|---|---|
| 謝罪の有無 | — |
| その他考慮される事項 | 婚姻関係破綻後にYらが同居を継続したとしても、これを不法行為と評価することはできないが、個々の行為がそれ自体として不法行為を構成するに足らなくとも、当該行為の結果、婚姻解消のやむなきに至らしめた行為者は、不法行為の責任を負うものと解するのが相当であるとした |

## 算定のポイント

### 減額要素

◆Xは、Y₁に対する財産分与請求権を有するから、扶助的性格を有する慰謝料を考慮する必要はないこと

340　第3章　不貞相手と配偶者を被告とする事例

[157]　夫が、妻との離婚届を偽造して無断で届け出ると同時に不貞相手との婚姻を届け出て、妻と子らを10余年にわたって経済的に困窮させてきた一方で、不貞相手とその間の子2名と共に平穏な生活を送っている事例

（東京地判平21・4・8（平18(ワ)25901））

| 当 事 者 | 原告X：被告Y₁の妻、被告Y₁：原告Xの夫、被告Y₂：被告Y₁の不貞相手（女性） |

## 事 実 関 係

| 認　容　額 | | 800万円（Y₁・Y₂連帯） | | |
|---|---|---|---|---|
| 請　求　額 | | 2,000万円（XからY₁）<br>1,000万円（XからY₂） | | |
| 不貞までの家族・婚姻関係 | 婚姻生活の状況 | 特段の問題は指摘されない | | |
| | 不貞開始までの婚姻期間 | 12年 | | |
| | 同 居 の 有 無 | 同居 | | |
| | 子 の 人 数 | 2人 | | |
| 不 貞 の態　様 | 不 貞 期 間 | 平4〜（継続）（17年） | 不 貞 回 数 | － |
| | 中 断 の 有 無 | 無 | 年 齢 差 | － |
| 不貞の被害に関する事項 | 婚 姻 関 係 | 破綻 | 別 居 の 有 無 | 別居 |
| | 備　　　考 | Y₁が平成8年に離婚届を偽造して届出をし、同時にY₂との婚姻を届け出た | | |
| 当 事 者の 態 様 | 請 求 相 手 | Y₁（配偶者）、Y₂（不貞相手） | | |
| | 当事者の認識 | Y₂は、Y₁が婚姻していることを知っていた | | |
| | 不貞行為の主導 | － | | |

第3章　不貞相手と配偶者を被告とする事例　341

| 請求相手の経済力等 | Y₁：株式会社の元代表取締役<br>Y₂：Y₁が経営する会社の現代表取締役<br>Y₁・Y₂：約8,000万円で購入した土地建物に居住 |
|---|---|
| 妊娠・出産の有無 | Y₂が2子を出産し、平成7年からY₁・Y₂同居 |
| 謝罪の有無 | 無 |
| その他考慮される事項 | ・Yらの不貞関係が深まるにつれ、Y₁が嘘をついて帰宅頻度を減らし、生活費を減らし、Xが精神的に極めて辛い日々を送り、また経済的困窮も著しいものであった<br>・Y₁は、Xとの偽造離婚を届け出た後に限っても、Xの母から、事業資金名目で優に1,000万円を超える金員を借り入れて、1円も返済していない |

## 算定のポイント

### 増額要素

◆Y₁が、遅くとも平成4年頃から現在に至るまでの約17年間、Y₂との不貞関係を継続し、その間にY₂との間に2人の子までもうけたこと

◆Y₁が、Y₂との不貞関係が深まるにつれて、XやXとの間でもうけた2人の子のもとへ帰宅することが少なくなり、しかも、その間、Xに対して十分な生活費等を渡さなかったというのであって、Xが長年にわたって精神的に極めて辛い日々を送り、また、その間の経済的困窮も著しいものであったこと

◆Xが、Y₂との不貞関係を隠蔽しようとしたY₁の嘘を、XがYらの自宅を訪れた平成18年9月2日までの長期間にわたって信じ続け、精神的にも経済的にも多大な苦しさを耐え続けてきたのであって、そのXが真実を知った際に受けた精神的衝撃の強さは、察するに余りあること

◆Xが、Y₁がXの署名を偽造して離婚届を提出したことにより、現在、戸籍の記載上、Y₁の妻たる地位を喪失していること

◆Y₁は、平成7年4月頃以降、Y₂及びY₂との間でもうけた子と同居するようになり、平成13年4月には現住所地の土地建物を購入して、現在、一応平穏な生活を送っており、

ＸとＸとの間にもうけた2人の子の生活を顧みず、一人一応平穏な生活を送っているＹ₁の態度が、実に不誠実であること

◆Ｙ₁はＸの母から、事業資金に充てるという名目で、戸籍簿の記載上Ｘと離婚した平成8年9月4日以降に限っても、優に1,000万円を超える金員を借り入れた上、現在に至るまでそれを全く返済しておらず、このようなＹ₁の無責任な行為も、Ｘの親族に対する立場を著しく貶めているであろうことに鑑み、甚だ芳しくないこと

第3章　不貞相手と配偶者を被告とする事例　　343

[158]　妻から夫及び不貞相手に対する慰謝料請求につき、不貞関係にはな
　　　いとの反論を排斥し、連帯責任を認めた事例

（東京地判平21・6・17（平20(ワ)13074））

| 当 事 者 | 原告X：被告Y$_1$の妻、被告Y$_1$：原告Xの夫、被告Y$_2$：被告Y$_1$の不貞相手（女性） |

**事 実 関 係**

| 認 容 額 | | 300万円（Y$_1$・Y$_2$連帯） | | |
|---|---|---|---|---|
| 請 求 額 | | 500万円（Y$_1$・Y$_2$連帯） | | |
| 不貞までの家族・婚姻関係 | 婚姻生活の状況 | X（税理士）とY$_1$とは共同で会計事務所を経営 | | |
| | 不貞開始までの婚姻期間 | 27年 | | |
| | 同 居 の 有 無 | 同居 | | |
| | 子 の 人 数 | 2人（いずれも成人している） | | |
| 不 貞 の態 様 | 不 貞 期 間 | 平16・12・16〜判決時現在継続（約4年半） | 不 貞 回 数 | 複数回 |
| | 中 断 の 有 無 | 無 | 年 齢 差 | — |
| 不貞の被害に関する事項 | 婚 姻 関 係 | 破綻 | 別 居 の 有 無 | 別居 |
| | 備 考 | — | | |
| 当 事 者の 態 様 | 請 求 相 手 | Y$_1$（配偶者）、Y$_2$（不貞相手） | | |
| | 当事者の認識 | Y$_1$が既婚であるとの認識有 | | |
| | 不貞行為の主導 | — | | |
| | 請求相手の経 済 力 等 | Y$_1$は公認会計士 | | |
| | 妊 娠 ・ 出 産の 有 無 | — | | |

| | 謝 罪 の 有 無 | — |
|---|---|---|
| その他考慮される事項 | | — |

算定のポイント

増額要素

◆婚姻期間は、Yらの不貞関係が始まった当時既に27年間に及んでいたこと

◆Y₁は、公認会計士として稼働しており、相当の資力を有しているものと考えられること

◆Yらは、現在に至るまで不貞関係を継続しているものと推認されること

減額要素

◆Xは、自ら税理士として稼働しており、自立した経済力を有していること

◆XとY₁との間には2人の子がいるが、いずれも既に成人して独立していること

第3章　不貞相手と配偶者を被告とする事例　　　345

[159]　婚姻当初からの性的関係等の問題が婚姻関係破綻に至った大きな
　　　理由であったことを考慮して慰謝料額を算定した事例

（東京地判平27・7・2（平26(ワ)22733））

当 事 者　原告Ｘ：被告Y2の夫、被告Y1：被告Y2の不貞相手（男性）、被告
　　　　　Y2：原告Ｘの妻

事 実 関 係

| 認 容 額 | | 120万円（Y1・Y2連帯） | | |
|---|---|---|---|---|
| 請 求 額 | | 500万円（Y1・Y2連帯） | | |
| 不貞まで の家族・ 婚姻関係 | 婚姻生活の状況 | Xは婚姻当初から、Y2との間で金銭関係や二女出産時に おける対応を含む性的関係、Y2の両親との関係等におけ る問題を少なからず生じさせていた | | |
| | 不貞開始まで の 婚 姻 期 間 | 18年 | | |
| | 同 居 の 有 無 | 同居 | | |
| | 子 の 人 数 | 3人 | | |
| 不 貞 の 態 様 | 不 貞 期 間 | 平25・12・27～平26・ 2・17（2か月） | 不 貞 回 数 | － |
| | 中 断 の 有 無 | 無 | 年 齢 差 | － |
| 不貞の被 害に関す る 事 項 | 婚 姻 関 係 | 破綻（離婚について 合意） | 別居の有無 | 別居 |
| | 備 考 | － | | |
| 当 事 者 の 態 様 | 請 求 相 手 | Y1（不貞相手）、Y2（配偶者） | | |
| | 当事者の認識 | Y2が既婚であるとの認識有 | | |
| | 不貞行為の主導 | － | | |

| | 請求相手の経済力等 | ― |
|---|---|---|
| | 妊娠・出産の有無 | 無 |
| | 謝罪の有無 | 無 |
| その他考慮される事項 | | ― |

### 算定のポイント

#### 増額要素

◆不貞関係が一因となって婚姻関係が最終的に破綻し、離婚調停が行われた上、離婚については合意に至っていること

◆婚姻関係が約20年に及ぶものであったこと

◆XとY₂との間には未成年の子が3人いること

#### 減額要素

◆Yらの不貞関係の期間については必ずしも明らかではないが、その認定の根拠となったLINE送受信履歴（相互の恋愛感情をうかがわせるものが相当数認められる・性的関係を伴う交際関係にあることもうかがわせるやりとりが複数存在する）に記載されたやり取りが行われた期間は、2か月弱であること

◆Xが婚姻当初から、Y₂との間で金銭関係や二女出産時における対応を含む性的関係、Y₂の両親との関係等における問題を少なからず生じさせていたこと

◆XがY₂に対し、子供の学校の父兄などとの浮気を疑う発言をしたこと

◆平成25年6月15日には、XがY₂の携帯電話にY₁と不貞行為をしていることを疑う電話をし、代わって対応したY₁との間で口論となって、Y₂がA整骨院を一旦退職させられる事態を生じさせたこと

◆上記の事実が、婚姻関係が破綻するに至った大きな理由の一つとなっていたこと

第3章　不貞相手と配偶者を被告とする事例　　347

[160]　妻の夫と不貞相手に対する共同不法行為に基づく慰謝料請求が認められた事例　（東京地判平28・5・25（平27（ワ）18635・平27（ワ）35840））

当事者　原告X：被告Y₁の妻、被告Y₁：原告Xの夫、被告Y₂：被告Y₁の不貞相手（女性）、被告Y₃：被告Y₁の不貞相手（女性）

事実関係

| 認 容 額 | | ① 70万円（Y₁・Y₂連帯）<br>② 80万円（Y₁・Y₃連帯） | | |
|---|---|---|---|---|
| 請 求 額 | | ① 300万円（Y₁・Y₂連帯）<br>② 300万円（Y₁・Y₃連帯） | | |
| 不貞までの家族・婚姻関係 | 婚姻生活の状況 | Y₁がXに不満を抱いていたことはあっても破綻はしていなかった | | |
| | 不貞開始までの婚姻期間 | 11年 | | |
| | 同居の有無 | 同居 | | |
| | 子の人数 | 1人 | | |
| 不貞の態様 | 不貞期間 | ① 平26・5・23<br>② 平26・12・27〜平27・1・24（1か月） | 不貞回数 | ① 1回<br>② 複数回 |
| | 中断の有無 | 無 | 年齢差 | — |
| 不貞の被害に関する事項 | 婚姻関係 | 破綻 | 別居の有無 | 別居 |
| | 備考 | — | | |
| 当事者の態様 | 請求相手 | Y₁（配偶者）、Y₂・Y₃（不貞相手（女性2人）） | | |
| | 当事者の認識 | ① Y₂は、Y₁がXと婚姻しており、いまだ離婚に至っていないことを認識していた<br>② Y₃は、Y₁が婚姻しており、いまだ離婚に至っていないことを認識していた | | |

| | 不 貞 行 為 の 主 導 | ― |
|---|---|---|
| | 請 求 相 手 の 経 済 力 等 | ― |
| | 妊 娠 ・ 出 産 の 有 無 | 無 |
| | 謝 罪 の 有 無 | ― |
| その他考慮される事項 | | ① LINE以外に性交渉を持った具体的な証拠はないとした（Y₂との性交渉は1回のみ） |

## 算定のポイント

### 増額要素

◆XとY₁は、平成15年4月10日に婚姻した夫婦であり、その婚姻期間は13年近くに及び、同居期間も平成16年頃から平成27年4月まで11年間に達していること

◆XとY₁は、Y₁とY₂及びY₃との性的関係が発覚したことを契機として、別居に至り、Y₁によって夫婦関係調整調停（離婚）が申し立てられるに至っていること

◆Xは、Y₁とY₂及びY₃との性的関係を認識し、少なくない精神的苦痛を受けたこと

### 減額要素

◆Y₁とY₂は、Xとの婚姻関係を解消して再婚することに向けて密に連絡を取り合っていたものと認めることができるものの、平成26年5月23日に性的関係を持ったにすぎないこと

◆Y₁とY₃との交際期間も、平成26年12月27日から平成27年1月24日までの1か月間にとどまること

◆Xは、Y₁による不貞行為を宥恕し、婚姻関係の継続を希望する旨の意思を有していること

---

不貞慰謝料の算定事例集

－判例分析に基づく客観的な相場観－

平成30年10月2日　初版発行

編著　久保田有子

発行者　新日本法規出版株式会社
代表者　服部昭三

| 発行所 | 新日本法規出版株式会社 | |
|---|---|---|
| 本　社<br>総轄本部 | (460-8455) | 名古屋市中区栄 1 － 23 － 20<br>電話　代表　052(211)1525 |
| 東京本社 | (162-8407) | 東京都新宿区市谷砂土原町2－6<br>電話　代表　03(3269)2220 |
| 支　社 | | 札幌・仙台・東京・関東・名古屋・大阪・広島<br>高松・福岡 |
| ホームページ | | http://www.sn-hoki.co.jp/ |

※本書の無断転載・複製は、著作権法上の例外を除き禁じられています。＊
※落丁・乱丁本はお取替えします。　　　　ISBN978-4-7882-8461-6
5100030　不貞慰謝料算定　　　　　　　ⓒ久保田有子 2018 Printed in Japan